SIEGLINDE STARK

„Laßt Kinder malen!“

Malen und Zeichnen - Formen und Bauen
in der Grundschule

W0328355

SIEGLINDE STARK

„Laßt Kinder malen!“

Malen und Zeichnen – Formen und Bauen
in der Grundschule

Agentur Dieck

© 1991 Agentur Dieck, Heinsberg
Nachdruck und Vervielfältigungen jeder Art, auch auszugsweise, nur mit schriftlicher Genehmigung des Verlages.

Printed in Germany
ISBN 3-88852-088-6

Alleinvertrieb: Buchhandlung Elke Dieck · Postfach 1240 · D-5138 Heinsberg

Inhalt

Literatur

Fachspezifische Anmerkungen

Zu diesem Buch

Das vorliegende Buch ist ein Resultat der Unterrichtspraxis im Fach Kunst. Diese Praxis nimmt die Idee einer kindorientierten Pädagogik auf, die Grundlage aller Grundschulrichtlinien in der Bundesrepublik ist.
Das Kind in seiner Lebenswirklichkeit ist Thema und didaktischer Ansatz dieses Unterrichtes. Aus diesem Grunde ist das Buch nicht nach fachlichen Gesichtspunkten gegliedert, sondern nach Inhalten aus der Lebenswirklichkeit unserer Schülerinnen und Schüler. Fachspezifische Aspekte sind in allen Unterrichtsbeispielen enthalten.
Das Buch wendet sich nicht nur an Lehrerinnen und Lehrer, die im Fach Kunst ausgebildet sind, sondern vor allem an diejenigen, die als Klassenlehrerinnen und -lehrer den Kunstunterricht erteilen. Es will Hilfen geben für einen in das Schulleben eingebundenen Kunstunterricht, der Lebenswirklichkeit in der Integration mit anderen Fächern erschließen will und der als erziehender Unterricht die soziale Integration eines jeden Kindes ernst nimmt.
Die im Praxisteil dieses Buches wiedergegebenen Kinderarbeiten entstanden zwischen 1984 und 1988 in der Ostschule Lemgo. Jede Schule hat ihr eigenes Gesicht, das geprägt wird von der Individualität ihrer Schülerinnen und Schüler, ihrer Lehrerinnen und Lehrer und von den räumlichen und gesellschaftlichen Gegebenheiten ihres Standortes.

Grundlegung

Schulleben

Schulleben hat eine lange Tradition. Immer, wenn Schule in der Gefahr war, zu einer reinen Unterrichtsstätte zu verkümmern, entwickelten sich Formen des Schullebens. Das Wort wurde von Fröbel geprägt und ist als Idee schon in Pestalozzis Schulwohnstuben-Pädagogik enthalten.

Wilhelm Wittenbruch beschreibt Schulleben in seinem Buch „Das pädagogische Profil der Grundschule“[1] als den 1. Baustein der Grundschularbeit. Er zeichnet die Geschichte des Schullebens bis in die Gegenwart auf.

Schulleben gehörte zur Konzeption der Reformpädagogik in den ersten Jahrzehnten unseres Jahrhunderts und ist in den Schulen von Hermann Lietz, Peter Petersen, Maria Montessori, Adolf Reichwein, Celestin Freinet u. a. verwirklicht worden.

„Das »Verschwinden« des Begriffs Schulleben in den 70er Jahren wird als Folge eines Denkens gedeutet, das ganz auf schulische Veränderung, Förderung von »Chancengleichheit« und »Leistungssteigerung des Unterrichts« ausgerichtet war. Die »Neubelebung« des Schullebens wird in Verbindung gebracht mit dem Ruf nach einer »angstfreien«, »schülerorientierten« und »humanen« Schule. Mit der »Reaktivierung des Schullebens« soll die »Wiedergewinnung des Erzieherischen« gelingen.“[1]

Die Entwicklung eines Schullebens ist als Aufgabe für jede Schule in die Grundschulrichtlinien der 80er Jahre aufgenommen worden.

Rudolf W. Keck nennt in seinem Artikel „Schulleben – eine reale Utopie innerer Schulreform“ einige Erwartungen, die an die Gestaltung des Schullebens zu stellen sind:

Das Schulleben darf nicht als Addition, als neben dem Unterricht bestehend, aufgefaßt werden, sondern es soll die Einheit von Unterricht und Erziehung bewirken.

Es soll helfen, Schule als Lebenswelt von Kindern zu verstehen.

Schulleben ist offen für die Probleme, Bedürfnisse und Interessen der Schüler und „begreift den Lernort Schule als Erfahrungsort“. Es verbindet Schule mit Lernorten im außerschulischen Bereich.

Zum Schulleben gehört die „Herstellung einer erzieherischen Kontinuität zwischen Schule und familiärer Lebenswelt“. Am Leben der Schule können sich die Eltern in vielfältiger Weise beteiligen. Als Beispiel sei ihre Mitwirkung bei Festen und Feiern genannt, die eine gemeinschaftsbildende Aufgabe für die ganze Schulgemeinde sind.[2]

Das Fach Kunst ist in besonderer Weise in das Schulleben eingebunden:
Kunstunterricht ist erziehender Unterricht, der durch integrative Unterrichtsformen wie Partnerarbeit, Gruppenarbeit, Gemeinschaftsarbeit, projektorientierte Arbeit und gemeinsames Gespräch zu einem Miteinander im Klassen- und Schulleben beiträgt.
In ihm stellen die Kinder ihre Lebenswirklichkeit dar und machen sie für andere anschaubar. Die Ausstellungen der Schülerarbeiten in den Klassenräumen, in den Schulfluren und in der Pausenhalle dokumentieren, wie die Kinder ihre Schule, ihre Mitschüler, ihre Familie, ihre Umwelt erfahren und erleben. Sie zeigen ihre Neigungen, Wünsche, Ängste und Phantasien.
Die Schülerinnen und Schüler schmücken ihre Schule mit Wandbildern und malen, zeichnen, formen, bauen und basteln für Klassen- und Schulfeste, für Schulgottesdienste und die Aufnahmefeiern der Schulanfänger.
In eigenen kleinen Büchern halten sie in Schrift und Bild ihre Erlebnisse auf Schulwanderungen und -fahrten und auf den Schulwegen fest und illustrieren erlebte und selbsterfundene Geschichten.
Diese unterschiedlichen ästhetischen Tätigkeiten im Fach Kunst bereichern das Schulleben und helfen mit, die Grundschule zu einer Lebensstätte für Kinder zu machen.

Das Fach Kunst in der Grundschule

Polare Standorte

Innerhalb der letzten 20 Jahre fand zweimal eine Reform der Grundschule statt, die auch den Kunstunterricht betraf. Zwei Zitate aus der kunstpädagogischen Literatur sollen die unterschiedlichen Konzepte verdeutlichen:

1971
„Die Reform der Grundschulen wird für das gesamte Bildungsangebot des Primarbereichs einschneidende Konsequenzen haben. Das gilt auch für den Kunstunterricht. Schon jetzt steht fest, daß er nicht mehr länger in einen heimatkundlichen Gesamtunterricht integriert sein wird. Kunstunterricht wird nach den neuen Lehrplänen von Anfang an unter fachdidaktischem Aspekt erteilt werden."
Modelle „für einen fachspezifisch und lehrgangsmäßig aufgebauten Kunstunterricht in der Grundschule" wurden erstellt.[3)]

1986
„Dem Anspruch einer Schule für Kinder wird die Grundschule dann gerecht, wenn sie auch nach dem Rhythmus kindlichen Erlebens, Denkens und Handelns gebaut ist.
Insgesamt gesehen ist die Grundschule heute die Schulform und Schulstufe, in der ein spezifisch pädagogisches Konzept am weitesten entwickelt ist. »Dieses Konzept ist u. a. gekennzeichnet durch starke Beachtung des sozialen Lernens in der Klasse, durch den Ausbau des Klassen- und Schullebens, durch flexible Unterrichtsorganisation und Berücksichtigung des Individualisierungsprinzips. Reformerische Elemente wie Freie Arbeit, Wochenplanarbeit, Projektunterricht, Feste

und Feiern, Elternmitarbeit, Aufsuchen von Lernorten außerhalb der Schule gehören bereits zum Repertoire vieler Grundschulen.« (Barnitzky 1986)"[4)]

„Ästhetische Aktivitäten finden sich integriert in allen Reformvorschlägen: Projekte, Freie Arbeit, aber auch der klassenorientierte Leselehrgang oder die interkulturelle Begegnung mit ausländischen Kindern sind kaum denkbar ohne Malen und Zeichnen, Formen und Bauen, Spiele mit Masken und Verkleidungen, Bilder in Büchern und an den Wänden."[4)]

Der lehrgangsmäßig aufgebaute Kunstunterricht führte in der Praxis der Grundschule nicht zu den erwarteten Ergebnissen. Er wurde zu rezeptiv von den Lehrern übernommen, war zu wenig kindgemäß und führte zu Monotonie in den Schulen.

Kunst - Ästhetische Erziehung

Die traditionelle Fachbezeichnung Kunst oder Kunstunterricht ist in den neuen Grundschulrichtlinien beibehalten worden, während sie aus der aktuellen kunstpädagogischen Literatur fast ganz verschwunden ist und dem Begriff „Ästhetische Erziehung" Platz gemacht hat. Obwohl Ästhetische Erziehung im Fach Kunst geschieht oder geschehen sollte, eignet sich der Begriff wenig als Fachbezeichnung. Ästhetische Erziehung greift weit über das Fach hinaus, man könnte sie am ehesten als ein Erziehungsprinzip bezeichnen.

Die Konzeption der Ästhetischen Erziehung wurde in den 70er Jahren von Hartwig von Hentig, Diethart Kerbs, Gunter Otto u. a. entwickelt. Sie blieb durch ihre schülerorientierten Ansätze nicht ohne Wirkung auf die Grundschule. Es ist deshalb sicher kein Zufall, daß heute diejenigen Inhalte der Ästhetischen Erziehung in den Kunstunterricht der Grundschule einfließen, die eine besondere Nähe zur kindorientierten Pädagogik haben:

- Ästhetische Erziehung durch „Übung in der Wahrnehmung" (Hartmut von Hentig 1967)
- Ästhetische Erziehung durch „Lernen mit allen Sinnen" (Adelheid Staudte 1984)
- Ästhetisches Verhalten als „bestimmte Art und Weise zur Erfahrung und Kenntnis fähig zu werden: subjektiv betroffen, affektiv berührt, sinnlich aktiv, in sozialem Zusammenhang, ausprobierend und entdeckend, sowohl machend als auch denkend" (Gunter Otto 1974, 1986)
- Ästhetische Erziehung, die auf die Lebenswelt der Schüler bezogen ist (Gunter Otto 1974, 1986)

Diese Inhalte der Ästhetischen Erziehung haben fundamentale Bedeutung für das Fach Kunst heute und werden deshalb hier noch weiter erläutert.

Wahrnehmung

Hartwig von Hentig war einer der ersten, der ausgehend von Schillers Schrift „Über die ästhetische Erziehung des Menschen“ den Begriff „Ästhetische Erziehung“ wieder in das Bewußtsein der Pädagogen gerückt hat. Für ihn heißt ästhetische Erziehung „Ausrüstung und Übung des Menschen in der aisthesis - in der Wahrnehmung“ und er beklagt, daß sie „weder geübt, noch verändert, noch erweitert“ wird, „weil sie als gegeben vorausgesetzt wird“[5].

Unsere Kinder haben in ihrem täglichen Leben nur geringe Chancen, in Ruhe, aufmerksam und gesammelt wahrzunehmen. Zu viele und zu flüchtige optische und akustische Reize - Fernsehen, Radio, Straßenverkehr - wirken auf sie ein. Dabei sind Kinder von Natur aus mit ihren Sinnen, ihrer Neugierde, ihrer Wißbegier zum Wahrnehmen gut ausgerüstet. Es gehört zu den Aufgaben der Schule und des Elternhauses, ihnen die Ruhe und die Möglichkeit zu Erfahrungen durch Wahrnehmung zu geben, denn „wir werden der immer größeren Flut von Wahrnehmbarem nur durch größere Diskriminierung Herr werden; wir werden uns auch gegen die Wahrnehmung nur durch Wahrnehmung - nämlich durch kritischer und sinnvoll ausgewählte - wehren können“[6].

Bewußte Wahrnehmung wird durch Interesse gesteuert. Deshalb kann Übung in der Wahrnehmung nur dann gelingen, wenn sie sich an Phänomenen kindlichen Interesses entwickelt und wenn sie nicht isoliert, sondern in sinnvollen Zusammenhängen steht. Kinder nehmen nicht ausschließlich mit den Augen und den Ohren wahr. Bei ihnen sind haptische Bedürfnisse viel stärker ausgeprägt als bei Erwachsenen. Deshalb sollte man ihnen Zeit lassen, die Dinge anzufassen, auszuprobieren und mit den Händen zu erfahren.

Der kommunikative Anreiz, den Wahrnehmungen auslösen, ist groß. Kinder müssen ihre Beobachtungen, Empfindungen und Gedanken dazu mitteilen können. Da jede Wahrnehmung subjektiv ist, kann im Austausch mit Partnern Neues oder anderes entdeckt werden. Wahrgenommenes wird auf diese Weise intensiviert, erweitert oder verändert. Je vielseitiger und stärker die „Eindrücke“ ihrer Wahrnehmungen sind, desto reicher werden die Vorstellungen der Kinder sein und um so lebendiger ihre Phantasien. Die Phantasie entwickelt aus den durch Wahrnehmung erworbenen Vorstellungen durch vielfache Verknüpfungen neue Vorstellungen. „Phantasiewelten existieren nicht unabhängig von oder unbeeinflußt durch das reale Gegenüber, die Umwelt, die Mitmenschen . . .“[7] Phantasie geht nach Gunter Otto von Wirklichkeit aus und bringt neue Wirklichkeit hervor.
Hartmut von Hentig bezeichnet schon die Wahrnehmung als kreativ[8].

Mit allen Sinnen lernen

Lernen mit allen Sinnen ist das „Wie“ des Wahrnehmens und seine Ausbildung zu sinnlichen Erfahrungen.

Adelheid Staudte hat in mehreren Publikationen die Bedeutung der Sinne für „wahrnehmen - begreifen - gestalten“[9] dargestellt. Wir sehen als die Werkzeuge unserer Wahrnehmungen Auge, Ohr, Nase, Mund und Hand an. Sie macht darauf aufmerksam, daß unser ganzer Körper in die Wahrnehmungsprozesse einbezogen ist. Ein schon beim ungeborenen Kind entwickeltes Gleichgewichtssystem, verbunden mit dem haptischen System, verarbeitet die Berührungs- und Bewe-

gungsreize (kinästhetischer Sinn), die mit dem ganzen Körper aufgenommen werden.[10)]
Ein Beispiel für vielseitige sinnliche Wahrnehmung war die Begegnung eines 3. Schuljahres mit dem Wind.
Natürlich kannten die Kinder den Wind, aber kannten sie ihn wirklich? Ein windiger Herbstmorgen gab Gelegenheit, ihn besser kennenzulernen. Zunächst war das Spielen mit dem Wind natürlich vorrangig, sich von ihm treiben lassen, mit ausgebreiteten Armen ihm entgegenlaufen. Dabei spürten sie alle mit dem ganzen Körper wie er sie umflutete. Sie hoben mit Spucke benetzte Finger in die Höhe, weil sie glaubten, die Windrichtung so besser feststellen zu können. Dann warfen sie Laub in die Luft und sahen zu, wohin es flog. Sie beobachteten, was der Wind bewegte und wie er es tat. Sie horchten auf Geräusche, die er verursachte und schnupperten in den Wind. Brachte er Gerüche mit? Zum Schluß ließen sie einen Drachen und einen Luftballon steigen und sahen, wie der Wind unterschiedlich mit ihnen umging.
Mit allen Sinnen wahrnehmen ist ein Lernen, zu dem auch Empfindungen und Gefühle wie Spaß, Freude und Genuß gehören.
Es ist heute nicht mehr für alle Kinder selbstverständlich, in ihrer Umwelt solche Sinneserfahrungen zu machen. „Die allgegenwärtige Präsenz der zweiten Wirklichkeit, der Medien", führt „zu einem Verlust von unmittelbar erfahrener Sinnlichkeit".[11)]
Ein sehr hoher Prozentsatz aller Informationen wird nur noch über das Sehen und Hören aufgenommen. Der Tastsinn und die Körpersprache werden im Zeitalter der Automaten kaum noch gebraucht. Dabei macht das Kleinkind gerade mit ihrer Hilfe seine ersten Welterfahrungen. Es versucht immer wieder die Dinge seiner Umwelt mit Mund und Händen zu „begreifen". „Begriffe bilden sich erst dann, wenn viele Handlungen vorangegangen sind, wenn mit dem Begreifen auch ein Ergriffen-Sein einhergeht. So lehrt die Philosophie seit Aristoteles, daß Begriffe ohne Anschauung leer bleiben, allerdings auch, daß die Anschauung ohne den Begriff blind bleibt."[12)]
In diesem Sinne ist Lernen mit allen Sinnen kein Gegensatz zu kognitivem Lernen, sondern eine wichtige Bedingung.
„Daß Lernen immer auch - wenn es sich noch so kognitiv gebärdet - im Bereich sinnlicher Erfahrungen vor sich geht, daß es von seinen vorkognitiven Möglichkeiten zehrt, gerät allzu leicht in Vergessenheit, wenn die wissenschaftliche Beherrschung der Welt einseitig betont wird. Ästhetische Erfahrungen werden dann nur noch als Kompensation, aber nicht mehr in ihrer fundierenden Bedeutung beachtet."[13)]
In der Ästhetischen Erziehung sind allseitige sinnliche Erfahrungen wesentliche Voraussetzungen für Gestaltung.

Ästhetisches Verhalten

Wahrnehmen und Lernen mit allen Sinnen sind ästhetische Aktivitäten, die nicht nur auf das Fach Kunst bezogen sind. Sie haben, wie auch die Inhalte des „Ästhetischen Verhaltens", überfachliche Gültigkeit.
Gunter Otto legt Ästhetisches Verhalten als eine Art und Weise aus, sich gegenüber der Welt zu verhalten. Er grenzt es vom wissenschaftlichen Verhalten, das auf Objektivität gerichtet ist, ab. Ästhetisches Verhalten ist die subjektive, affektive Begegnung des Menschen mit der Welt und schließt seine daraus resultierenden Handlungen und Erkenntnisse ein.[14)]

Interessegeleitete Zuwendung zu Objekten der Lebenswirklichkeit, bewußte Wahrnehmung und eigene Stellungnahme, ausprobierendes, entdeckendes Tun und subjektives Engagement im sozialen Zusammenhang gelten als ästhetische Verhaltensweisen. Sie sind Motor in vielen Lernprozessen, für das Fach Kunst haben sie zentrale Bedeutung.
Am Thema „Familienbilder" entwickelte Gunter Otto ein Unterrichtsmodell mit drei Aktivitätsformen ästhetischen Verhaltens:[15]
Sammeln, Machen, Verstehen

Sammeln ist das Zusammentragen und Auswerten von Bildern oder Dingen, die zum Thema gehören, um Erwartungshaltung und Vorstellungen zu gewinnen.

Machen ist hier das Malen oder Zeichnen von Bildern, bei dem durch Probieren und Entdecken Erfahrungen in der ästhetischen Praxis gesammelt werden, die sich in einem Produkt manifestieren.

Verstehen soll in der Begegnung und Auseinandersetzung mit einem Kunstwerk gleichen Themas gewonnen werden.
Diesem Modell muß noch ein anderes zur Seite gestellt werden, in dem ausgegangen wird von der sinnlichen Erfahrung in der originalen Begegnung (Beispiel: Lemgo für Kinder S. 96).

Wahrnehmen:	Begegnung mit den Unterrichtsobjekten - Austausch von Wahrgenommenem
Sammeln:	Beschaffung weiterer Informationen - Auswerten und Ausstellen von gesammelten Bildern und Texten
Machen:	offene Planung - Objektivierung des Wahrgenommenen - Umsetzung in Bilder - Suchen eigener Lösungen
Integrieren:	Zusammenstellung aller Einzelarbeiten - Erfahrungsaustausch - Stellungnahmen - Würdigung

Lebenswelt - Lebenswirklichkeit
„Das ästhetische Verhalten der Schülerinnen und Schüler bezieht sich nicht primär auf die Kunst, sondern auf die Lebenswelt."[16]
Der Begriff Lebenswelt wird in der Literatur der Ästhetischen Erziehung verwandt, während sich in den Lehrplänen der Grundschulen der Begriff Lebenswirklichkeit durchgesetzt hat. Er wird hier übernommen.
Gewiß sind beide Begriffe nicht deckungsgleich, aber die Eingangssätze in „Strukturen der Lebenswelt" Bd. 2 von Schütz und Luckmann können für beide gelten: „Die Lebenswelt ist der Inbegriff einer Wirklichkeit, die erlebt, erfahren und erlitten wird." „Vor allem für die Lebenswelt des Alltags gilt, daß wir sie handelnd ergreifen und sie durch unser Tun verändern.[17] Aus den Sätzen geht hervor, daß die Begriffe mehr sagen wollen als „Umwelt". Sie beziehen die Interaktionen und das geistige und emotionale Leben des Menschen ein.
Es ist für Lehrerinnen und Lehrer nicht leicht, den Begriff mit Inhalt zu füllen, denn die Lebenswirklichkeit schlechthin gibt es nicht, und die individuelle Lebenswirklichkeit der Schülerinnen und Schüler ist nur ausschnittweise zu erkennen.
Werner G. Mayer vermutet, daß in den Lehrplänen mit Lebenswirklichkeit sehr viel eingeengter die „Alltagswirklichkeit, die das Kind umgibt, in die das Kind hineinwächst, in der das Kind sein Leben führt", gemeint ist.[18] Diese Alltagswirklichkeit, so führt er aus, ist Teil der Le-

benswirklichkeit. Er bezieht sich bei der Definition des Begriffes Lebenswirklichkeit auf die Drei-Welten-Theorie von Karl R. Popper:

Welt 1 Physische Welt

Welt 2 Bewußtseinswelt des Menschen

Welt 3 Objektivationen des menschlichen Geistes

„Alle drei Welten stehen in Wechselbeziehung, in gegenseitiger Verschränkung, zusammen bilden sie die eigentliche Lebenswirklichkeit des Menschen."[19] Sehr kurz zusammengefaßt besagt diese Drei-Welten-Theorie,

- daß jeder Mensch Teil der ihn umgebenden physischen Welt, der Natur ist, die auch den Makro- und Mikrokosmos umfaßt (Welt 1),
- daß die Entwicklung seiner Person sich in der Bewußtseinswelt vollzieht (Welt 2),
- daß zu dieser Entwicklung der Bereich menschlicher Kultur (Welt 3) wie auch die Objekte der physischen Welt (Welt 1) gehören.

Auf das Fach Kunst bezogen sind alle drei Bereiche für die Erschließung der kindlichen Lebenswirklichkeit gleichwertig.
Die Thematisierung der Lebenswirklichkeit im Kunstunterricht hängt wesentlich vom Standort der Schule ab, von dem Ort, in dem die Kinder leben. Das Schulleben selbst spielt eine große Rolle und alle Bereiche, die für Kinder im Grundschulalter lebensbedeutsam sind: Familie - Freunde - Tiere - Verkehr - Umwelt - Freizeit - Medien - Reisen, aber auch Ängste - Kummer - Wünsche - Phantasien und Religion.
Die in diesem Buch abgebildeten Plastiken, Bilder und Objekte sind Versuche unserer Schülerinnen und Schüler, Ausschnitte aus ihrer Lebenswirklichkeit darzustellen.

Integrativer Unterricht

Integration

Die den Lehrerinnen und Lehrern gestellte Aufgabe der Erschließung der Lebenswirklichkeit der Kinder bezieht sich auf alle Fächer. Von dieser Aufgabe und der Notwendigkeit erziehenden Unterrichts her ist integrativer Unterricht eine Antwort. Er hat es, wie das Wort sagt, mit Integration zu tun.
Ilse Lichtenstein-Rother interpretiert Integration in Zusammenhang mit Differenzierung: „Integration bezieht sich wie Differenzierung auf das Verhältnis von Vielheit und Einheit in einem gegliederten Ganzen. Integration meint Wahrung und Herstellung des Zusammenhanges, der Gemeinsamkeit, der Einheit."[20]
Integrativer Unterricht beinhaltet zweierlei: Fächerintegration und soziale Integration, beide sind miteinander verflochten.

Fächerintegration

Die Bereiche der Lebenswirklichkeit, die in der Grundschule Gegenstand des Unterrichtes sind, bieten sich nicht fachspezifisch geordnet dar. Sie sind komplexe Ganze, denen Grundschulkinder emotional und aktiv begegnen. Die Intensität, mit der sie entdecken, beobachten, untersuchen, ausprobieren, erfahren, ist grundlegend für den Erwerb von Kenntnissen und Fähigkeiten. Es ist die Form ästhetischen Verhaltens, die allem Fachunterricht vorausgeht, sie ist vorfachlich.

Um für die aus der Begegnung entstehenden Fragen und Probleme Antworten zu finden, differenzieren sich die Wege. „Der Mensch ist von Anfang an darauf angewiesen, analysierend seine Umwelt zu erarbeiten. Diese Analyse verweist ihn auf die Fächer, die ihm den Weg dazu zeigen."[21)]
Die Frage stellt sich, welche fachlichen Aspekte in einem Unterrichtsvorhaben zu berücksichtigen sind und wie sich fachspezifische Zugriffsweisen gegenseitig ergänzen, um Integration zu gewährleisten.
Die Fächerintegration muß sich aus der Notwendigkeit und der Effektivität für die Erschließung des Unterrichtsgegenstandes ergeben. Die Fächer dürfen nicht zu unterschiedlich in ihren Strukturen sein, damit sie integrierbar sind.

Ein wesentlicher Integrationsfaktor für alle Fächer ist die Sprache. Jedes Fach ist auf die Vermittlung durch Sprache angewiesen und drückt sich auch durch Sprache aus. In der Fachsprache schafft jedes Fach sich eigene Ausdrücke. Sprache und Kunst haben besondere Gemeinsamkeiten.
Es gibt die Bildsprache und die Wortsprache als Ausdrucksmittel der Kreativität.
Sprache kann umgesetzt werden in Bilder und Bilder umgesetzt in Sprache.
Die Integration von Kunstunterricht und Sachunterricht ist dann sinnvoll, wenn jedes Fach in seiner Eigengesetzlichkeit gesehen wird. Ästhetische Gestaltungsprinzipien und sachorientierte Arbeitsweisen unterscheiden sich. Während im Fach Kunst die individuelle Auffassung, Subjektivität und eigene Ausdruckskraft angestrebt werden, will man im Sachunterricht Objektivierung der Wirklichkeit erreichen. Das schließt nicht aus, daß gerade die unterschiedlichen, fachspezifischen Ausrichtungen sich erkenntnisfördernd aufeinander beziehen können.
Die Lernwege haben ohnehin viele Gemeinsamkeiten:
Sowohl Sachunterricht als auch Kunstunterricht sind handelnder Unterricht, der von der „Wahrnehmung an aufgesuchter oder bereitgestellter Wirklichkeit"[22)] ausgeht. Das Sammeln von Materialien und Objekten, Entdecken und Experimentieren haben zwar fachspezifische Ausrichtungen, sind aber gleiche Grundfunktionen. Am Ende steht bei beiden Fächern ein Produkt, beim Kunstunterricht: Bilder, Plastiken, Objekte und Sammlungen, beim Sachunterricht: Texte mit Sachzeichnungen, Schaubilder und Sammlungen.
Bei einer Ausstellung der Produkte zeigen sich die unterschiedlichen Aspekte und Zugriffsweisen in der Gesamtübersicht.

Sprache - Kunst - Musik - Bewegung haben ästhetische Funktionen. Sie sind integriert in Theateraufführungen und Spiele.
Solange es Menschen gibt, wird Religion in Sprache, Kunst und Musik ausgedrückt.
In der Grundschule bestehen gute Voraussetzungen, integrativen Unterricht durchzuführen. Das Klassenlehrerprinzip läßt Flexibilität in der Stundenverteilung zu. Zusammenarbeit zwischen Klassenlehrern und Fachlehrern wird gepflegt. Da die Fachlehrer in der Regel auch eine Klasse führen und dort zumindest den Sprach- und Sachunterricht erteilen, sind sie von ihren Fachkompetenzen her für integrativen Unterricht besonders geeignet.

Soziale Integration
Jeder Unterricht steht in Zusammenhang mit dem sozialen Leben in der Schule. Soziale Integration meint die Integration eines jeden Kindes in die Gruppe, die Klasse, die Schulgemeinschaft mit dem Ziel, „soziale Handlungsfähigkeit und -bereitschaft auf- und auszubauen".[23)]
Die Entwicklung sozialen Verhaltens vollzieht sich in vielfältigen, täglichen Situationen im Unterricht und in allen anderen Aktivitäten des Schullebens.
In besonderer Weise können sozialintegrative Unterrichtsformen wie der Gesprächskreis, die Partnerarbeit, die Gruppenarbeit und das Projekt soziales Lernen fördern.
Im Gesprächskreis erfahren die Kinder Umgangsformen, die Kommunikation erst möglich machen: sich gegenseitig zuhören, sich nicht vordrängen, warten können, durch Fragen Teilnahme und Interesse bekunden, niemanden auslachen, sich in den Gang des Gespräches einordnen. „Diskussionen" im Gesprächskreis „sind die Phasen erziehenden Unterrichts, in denen Toleranz, Duldsamkeit und Bescheidenheit besonders gefördert werden können."[24)]
Der Partner- und der Gruppenarbeit liegt der Gedanke zugrunde, die Schüler zu selbstverantwortlichem Lernen in sozialen Bezügen zu führen, um sie unabhängiger vom Lehrer und damit handlungskompetenter zu machen.
Die Partnerarbeit ist für Grundschulkinder ein hervorragender Einstieg in soziale Unterrichtsformen und sie behält ihren Wert für soziale Erziehung in allen Schuljahren.
In der Gruppenarbeit müssen mehrere Kinder lernen, miteinander auszukommen. Sie stellt größere Anforderungen an ihre Selbständigkeit und eignet sich deshalb neben Partnerarbeit besonders für die 3. und 4. Schuljahre. An ihrem Anfang stehen oft Unsicherheiten bei der Gruppenbildung. Es kommt zu Auseinandersetzungen um die Verteilung und den Verlauf der Arbeit. Das muß ausgehalten werden, bis die Gruppe kooperationsfähig wird und mit der gemeinsamen Arbeit anfangen kann. Arbeitsteilung wird erprobt. Im weiteren Verlauf, wenn sich erste Arbeitsergebnisse zeigen, entwickeln die Gruppenmitglieder ein Wir-Gefühl, das keine Rivalität aufkommen läßt. Gruppenarbeit ist ein besonders effektiver Lernprozeß für soziales Verhalten. Sie erfordert Einbringen eigener Ideen, sich verständigen können, Konflikte bewältigen, andere Meinungen aushalten, sich mit der Gruppe und ihrer Arbeit identifizieren können.
Auch in Projekten findet Gruppenarbeit statt. In der Grundschulpädagogik ist der Ausdruck „projektorientierte Arbeit" gebräuchlich, die den Rahmen etwas enger steckt.
Projektarbeit hat nach Gunter Otto folgende Ansprüche zu erfüllen: Ein Projekt soll:
- „Bedürfnisse der Lernenden berücksichtigen
- Bezug auf Lebenssituationen nehmen, nicht auf Dinge
- Fächer überschreiten
- von den Schülern selbst geplant, bzw. mitgeplant werden
- produktorientiert sein oder als Fallstudie wenigstens sekundäre Produkte hervorbringen
- subjektive Interessen zu gesellschaftlicher Relevanz ausweiten
- komplexe Aufgaben arbeitsteilig lösen"[25)]

Dieser Merkmalskatalog macht deutlich, warum man in den Lehrplänen für die Grundschule den Ausdruck „projektorientierte Arbeit“ bevorzugt. Erfüllbar für diese Arbeit sind die Bedingungen die Peter Struck in seinem Buch „Pädagogik des Schullebens“ herausstellt: „Unter Projekt ist eine schulische Arbeitsform zu verstehen, die von einer gemeinsamen Arbeitsaufgabe für eine Gruppe ausgeht und auf ein vorweisbares Ergebnis als Werk gerichtet ist. Die Aufgabenstellung orientiert sich dabei an den Möglichkeiten und - zum Teil erst durch das Projekt geweckten - Interessen der Schüler, von denen jeder einen Arbeitsteil, der zur Vollendung des Werkes oder zur Lösung des Problems notwendig ist, übernimmt und ausführt.“ „Es handelt sich noch nicht um ein Projekt, wenn alle Schüler der Klasse das gleiche tun . . ., sondern erst, wenn ein gemeinsames Werk in der Weise vollbracht wird, daß jeder Schüler nach seinen Kräften zum Gelingen beiträgt. Dem Lehrer obliegt es, geeignete Vorhaben auszuwählen. Entscheidend ist, daß die auszuführenden Werke auf das Interesse der Schüler stoßen oder ihr Interesse wecken und daß sie vollendet werden.“[26]
Eine Reihe projektorientierter Arbeiten sind in diesem Buch enthalten. Wir haben sie im Unterricht nicht als Projekte bezeichnet, da die Klassifizierung für Grundschüler nicht von Belang ist.
Über den Rahmen integrativer Unterrichtsformen hinaus haben Spiele und Feiern große Bedeutung für soziales Lernen.

Durch integrativen Unterricht wird das Fach Kunst aus seiner Isolation geholt. Es ist dann nicht mehr das „Erholungsfach“, das bei Stundenkürzungen als erstes ausfällt. Kein anderes Fach kann seine Aufgaben übernehmen, die Kinder dahin zu führen, das Ästhetische in der Lebenswirklichkeit wahrzunehmen, es darzustellen und zu verstehen. Wilhelm Ebert nennt diese Aufgabe „Die Erschließung der ästhetischen Wirklichkeit“.[27]

Schulanfänger

Vor dem Praxisteil dieses Buches steht als Einführung das Kapitel: Was bringen Schulanfänger in die Schule mit? In ihm werden drei sehr verschiedene Zeichnungen von Schulanfängern interpretiert, die ohne Einflußnahme in freier Themenwahl entstanden. Ein solches freies Zeichnen auf der Grundlage kindlicher Ich-Erzählungen gibt Auskunft über die Vorstellungen der Kinder, die Formbestände und den Bildaufbau, ihre Arbeitsweise und ihre Fertigkeiten im Umgang mit Material.

Was bringen Schulanfänger in die Schule mit?

Schulanfänger bringen eine individuelle sechsjährige Lebensgeschichte in die Schule mit. Während dieser sechs Jahre haben in Elternhaus und Kindergarten Prägungen stattgefunden, die der Lehrerin oder dem Lehrer bewußt machen, daß 25 Schulanfänger 25 Individuen sind.
Im morgendlichen Gesprächskreis lernen sie ihre Schülerinnen und Schüler von Tag zu Tag besser kennen. Dort berichten die Kinder von ihren täglichen Erlebnissen, von Freuden und Kummer.
Solche Berichte im Morgenkreis waren Anlaß zum Zeichnen in den ersten Tagen. Als Material boten sich Bleistifte an, weil sie keine technischen Probleme aufwerfen und prägnantes Zeichnen ermöglichen.

Drei Kinder fielen in ihren Ausdrucksweisen und -möglichkeiten besonders auf:

KATHRIN, 6,4 Jahre alt, zeichnete ein Erlebnis vom Vortage.
Sie bringt eine Tasche mit Eiern, die der „Eiermann" für die Nachbarin in ihrem Elternhaus abgegeben hat, zum Haus nebenan. Ihr Bruder steht auf der Mauer vor dem Zaun. Sie bittet ihn mitzukommen.
Auf dem Bild stellt sie ihre häusliche Umgebung dar. Sie hebt sich und ihren Bruder klar hervor. Es gelingt ihr, Zuwendung auszudrücken, Bruder und Schwester sind in Seitenansicht, einander ansehend, gezeichnet. Sie differenziert die Kleidung durch Linien, Punkte und dunkle Flächen. An ihrem Kopftuch und der Mütze des Bruders wird deutlich, welche große Rolle in ihrer Zeichnung die Erfahrungen spielen, die sie im Umgang mit den Dingen gewonnen hat. Das Binden des Kopftuches zur Schleife unter dem Kinn und das Herunterhängen des Zipfels am Hinterkopf werden von ihr als wesentliche Merkmale des Kopftuches empfunden. Die Seitenansicht eines umgebundenen Tuches ist ihr nicht bewußt, sie hätte sonst Hinterkopf und Ohren mitbedeckt. Die gleiche Darstellungsweise ist bei der Mütze des Bruders zu erkennen. Die Sehqualitäten der Dinge treten hier hinter den eigenen haptischen Erfahrungen zurück.
Die Überbetonung der Arme mit den Fransenfingern läßt darauf schließen, daß Proportionen, die das Kind sieht, denen die es fühlt, untergeordnet werden. Wolfgang Grözinger spricht von „Tastfransen", die weniger das Bild einer Hand als das Tastgefühl darstellen.[28)]
Beim Zeichnen der vier Birken im Vordergrund des Bildes äußerte das Kind: „Die haben so rauhe, schwarze Stellen" und zeichnete die ertasteten Stellen in seine Birkenstämme ein. Die Birken an der Straße entstanden zuletzt. Sie gerieten so klein, weil sie für die Bilderzählung keine Bedeutung hatten und nicht viel Platz für sie übrig geblieben war.
Das Kind versucht in seinem Bild, Überschneidungen zu vermeiden, weil sie die Klarheit des Gemeinten beeinträchtigen könnten. Die Birkenkronen dürfen wohl den Zaun überdecken, aber nicht das Tor. Darum ist die Birke vor dem Tor besonders klein geraten. Das Tor ist für das Kind von großer Wichtigkeit und wird mit dicken Strichen betont. Hinter ihm ist es geborgen, es ist aber auch sein Tor zur Welt.

Das Haus, in dem es wohnt, wird liebevoller ausgestaltet als das Haus der Nachbarin. Das Hausdach bietet Schutz, es ist darum hoch und wuchtig. Der Raum ist in der Bewegung erfahren. Das Kind zeichnet die Wege, die es gegangen ist. Eigentümlich sind die großen, runden Gebilde auf langen Stengeln in der Bildmitte. Es bezeichnete sie als Mohnknospen, die neben seinem Spielplatz im Garten wachsen. Sie scheinen sich ihm durch die räumliche Nähe so eingeprägt zu haben, daß es ihnen einen bevorzugten Platz im Bild gab.
Der Tannenbaum daneben ist weniger mit den Augen als mit den Händen erfahren. Er stellt das Spitze, Stachelige der Nadeln dar.

Bild 1

Dieses Kind arbeitete ruhig und konzentriert. Es war von seiner Arbeit ganz gefangen und machte einen zufriedenen Eindruck. Es konnte alles, was ihm wichtig war, klar ausdrücken. In seine eigene kleine Geschichte brachte es seine sinnlichen Erfahrungen, seine Gefühle und seine Vorstellungen ein. Es setzte seine Wirklichkeit auf seine Weise in ein Bild um und machte sie anschaubar.
Die Äußerungen der Kinder zu ihren Bildern sind für den Lehrer oft der Schlüssel zum Verständnis. Ein Kind merkt, ob ein Lehrer an seinem entstehenden Bild wirklich teilnimmt. „Immer muß der Schüler den Eindruck haben, daß seine Arbeiten beim Lehrer Verständnis finden oder daß Verstehensbereitschaft vorhanden ist.“[29)]

ANGELIKA kam erst mit 7,2 Jahren in die Schule.
Sie war im Morgenkreis sehr still und erzählte nicht aus eigenem Antrieb. Beim Zeichnen war sie ratlos und wußte nicht, was sie machen sollte. Erst im Einzelgespräch kam sie etwas aus sich heraus und äußerte einen Wunsch. Sie wollte ein Pilzhaus zeichnen, wie es in einem Bilderbuch steht, das sie zu Hause hatte und das ihr gut gefiel. Zögernd fing sie damit an und korrigierte viel. Sie erzählte, daß sie zu Hause gern aus ihren Bilderbüchern etwas abmalt. Nun hatte sie keine Vorlage, und das machte sie unsicher. Dann aber entstand doch langsam, mit viel Sorgfalt gezeichnet, das Pilzhaus. Ein kleiner Wichtelmann guckt oben aus dem runden Fenster. Der Pilzkopf ist wie ein großes, schützendes Dach. Seine schraffierte Unterseite, im Bilderbuch gesehen, läßt ihn räumlich erscheinen. Schornstein und Rauch dürfen nicht fehlen. Auf die Frage, warum der Weg neben dem Pilzhaus im Kreise verläuft, wußte sie keine Antwort. Das hatte sie nur so gezeichnet. Über den Weg stellte sie die Pfeiler mit der Wäscheleine, auf der die Wichtelmannwäsche hängt. Dann setzte sie noch eine Tür zwischen Wäschepfeiler und Pilzhaus, die auch nur so gezeichnet wurde und für die sie keine Funktion angeben konnte. Mit den Bäumen am Bildrand deutete sie an, daß das Pilzhaus im Walde liegt.
Es ist offensichtlich, daß Angelika mit dem Bleistift schon vielseitig umgehen konnte, dunkle und helle mehrtönige Schraffuren gelangen ihr gut.
Wenn man aber Angelikas Bild mit Kathrins Bild vergleicht, wird deutlich, daß auf dem ersten Bild alles in einem Bedeutungszusammenhang steht und sinnliche Erfahrungen ihren Ausdruck finden. Diese Grundlagen fehlen in Angelikas Bild. Deshalb verfällt sie auch in Klischees. Die Bäume zum Beispiel: Angelika verwendet das übliche Zickzack-Tannenbaumklischee und das dreibogige Laubbaumklischee. Der Nadelbaum in Kathrins Bild entspricht zwar nicht dem Nadelbaumbild des Erwachsenen, aber auf dieser Linie wird das Kind später durch die Differenzierung seiner Wahrnehmungen andere Nadelbaumbilder entwickeln können.

Bild 2

Ein Klischee verwenden, ist immer der mühelosere Weg, aber aus ihm kann keine Entwicklung der Formen entstehen, weil das Klischee nicht auf eigenen, sich differenzierenden Wahrnehmungen beruht.
„Wenn Kinder eine Sonne malen: einen gelben Kreis mit Strahlen und einem lachenden Gesicht darin; wenn sie Vögel am Himmel malen wie die quergelegten Hälften einer längsgeschnittenen 8; wenn sie heute in einer Großstadt ein Haus malen mit schrägem roten Dach, einem Schornstein darauf und Rauch, der als konturierter Wattebausch hervorquillt - dann malen sie weder was sie sehen, noch Archetypen, sondern Klischees."[30]
Das Kind hat keine Kritik verdient. Es hatte sich redlich bemüht und war mit seinem Bild zufrieden. Nur langsam kann man es aus seinen Klischees lösen, indem man sinnliche Wahrnehmungen zum Ausgangspunkt des Unterrichtes macht. Auch allen Phantasien liegen ja sinnliche Wahrnehmungen zugrunde.

FRANK kam mit 6,8 Jahren in die Schule.
Im Morgenkreis war er sehr unruhig. Er hörte kaum zu, wenn seine Mitschüler berichteten. Er selbst äußerte sich aber gern, doch immer sehr kurz. In ein bis zwei Sätzen war für ihn alles gesagt.
Am Vortage hatte er im Fernsehen die Sendung von der Biene Maja gesehen. Das zeichnete er nun und hatte offensichtlich Spaß daran. Sein Bild kommentierte er so: „Ich bin im Sessel und gucke Biene Maja, Papa liegt auf dem Sofa und schläft, und Mama ist in der Küche."
Frank verwandte für die Darstellung des elterlichen Wohnzimmers den ganzen Zeichenbogen. Er begann im oberen Teil des Blattes mit dem Hauptmotiv, seiner eigenen Person und dem Fernsehapparat. Sein Selbstbildnis ist noch undifferenziert, aber die Haltung eines Fernsehzuschauers ist ihm gelungen. Der überlange Hals und der vorgeneigte Rumpf deuten die „Guckhaltung" an. Die Beine sind gemütlich im Sessel ausgestreckt. Augenpunkte, Nasenstrich und der aufwärtsgebogene Mundstrich geben dem Gesicht ein fröhliches Aussehen. Die ganze Gestalt drückt Spannung und Freude aus. Mühe gab sich Frank auch mit dem Fernsehapparat. Er hat ihn in seiner charakteristischen Form wahrgenommen und wiedergegeben. Die schwarze Fläche der Küchentür, hinter der sich die Mutter befindet, und das große Fenster setzte er in eine Reihe mit seinem Hauptmotiv. Hier ist schon zu sehen, daß seine Motivation abflaute, er arbeitete zusehends unkonzentrierter. Die Wellenlinie am unteren Fensterrand soll die Gardine andeuten, zwei Blumentöpfe stehen auf der Fensterbank und ein Band hängt am Fenster herunter.

Frank begann dann im unteren Teil des Blattes mit einer zweiten Reihung. Sein Interesse an der Weiterarbeit lebte bei der Zeichnung des Sofas und der Vogelkäfige wieder auf. Daß das Sofa sich auf vier Rollen verschieben läßt, war ein technisch interessantes Detail, das er mitteilen wollte, und zu den Vögeln im Käfig hatte er ein emotionales Verhältnis. Die Kommode und der überdimensional große Schrank gerieten aus der mit dem Sofa begonnenen Reihe heraus. Franks ohnehin geringe Ausdauer war erschöpft. Der Vater auf dem Sofa wurde nur noch mit wenigen Strichen angedeutet und die Biene Maja, die er noch auf die Scheibe des Fernsehapparates zeichnen wollte, erschien gar nicht mehr.

Bild 3

Der Junge zeichnete unbekümmert und mit wechselndem Engagement ein Bild von seinem Zuhause.
Die Formbestände in seiner Zeichnung sind noch arm und wenig gegliedert, aber er kann sich damit ausdrücken.
Wie beim Erzählen hatte er auch beim Zeichnen, das ihm eigentlich Spaß machte, keine Ausdauer. Seine Konzentration ließ sehr schnell nach.
Ein motivierender Bildanlaß, Anregungen zu differenzierterer Wahrnehmung und die Gewöhnung an stetiges Arbeiten regen den bildnerischen Entwicklungsprozeß an und bedeuten Hilfe für ein solches Kind.

Praxis

1. In der Schule

Das Leben in der Schule nimmt zeitlich und erlebnismäßig einen großen Raum im Tageslauf der Kinder ein. Dieses Leben in seinen Variationen durch Darstellungen bewußt zu machen, hatte für Lehrer und Schüler einen besonderen Reiz. Die Kinder begannen ihren Lebensraum Schule gezielter wahrzunehmen.
Es war nicht nur die räumliche Nähe, die motivierend wirkte, sondern vor allem die Klärung eigener Erfahrungen, Erlebnisse, Gefühle und Vorlieben, denen sie Ausdruck verleihen konnten.
Der Wunsch, Schule zu entdecken, zu erfahren und am Schulleben teilzunehmen, war bei den Schulanfängern besonders groß, weil sie Neuland betraten. Ein Grund, das Leben in der Schule in den Mittelpunkt des Schulbeginns zu stellen!

Mein Ranzen und ich kommen zur Schule (1. Schuljahr)

Anlaß und Intention
Der Beginn der Schulzeit ist ein bedeutsamer Einschnitt im Leben des Kindes. Wie es ihn erlebt, kann prägend für seine Einstellung zur Schule werden. Da sind neue Räume, in denen es sich bewegt, viele Mitschüler, die es noch nicht kennt, eine Lehrerin, die noch keine Bezugsperson ist und Aufgaben und Dinge, mit denen es erst vertraut werden muß.
Es war die Intention der ersten bildnerischen Gemeinschaftsarbeit, den Prozeß der Eingewöhnung in die Schule zu fördern und den Kindern eine erste Objektivierung von Erfahrungen in einer neuen sozialen Gruppe und in einem neuen Lebensraum zu ermöglichen.
Das zentrale Thema der Anfangswochen war „Ich in der Schule". Aus der Situation, die das Kind in den ersten Schultagen erlebt, wenn es allein auf den Schulhof kommt, nach seinen Mitschülern Ausschau hält und sich zu ihnen gesellt, erwuchs das Motiv „Mein Ranzen und ich kommen zur Schule".
Von der Einzelarbeit führte der Weg in eine Gemeinschaftsarbeit, die dann die Wand des Klassenraumes schmückte.

Material
Die Kinder brachten beim Schulanfang mit:
- einen DIN-A3-Zeichenblock
- einen Deckfarbenkasten
- einen dicken und einen mittleren Haarpinsel Nr. 12 und Nr. 8
- einen Borsten-Flachpinsel Nr. 12
- einen Kasten mit 24 Pastell-Öl-Kreiden (Jacksonkreiden)
- eine Schere
- eine Tube oder Flasche Klebstoff

Dieses Material bewahrten sie in ihren Plastikkästen in den Wandborden auf.
Für das erste Bild wählten wir Jacksonkreiden, weil sie sich sowohl zum Zeichnen als auch für flächenhafte Darstellung gut eignen und von Anfängern ohne Kenntnis der Mal- oder Zeichenverfahren einfach zu handhaben sind. Weißes Zeichenblockpapier war der Malgrund. Für das Gemeinschaftsbild klebten wir 8 Tonpapierbögen zusammen.

Realisation
Ein Gespräch über den Schulweg und das Zusammentreffen mit den Mitschülern vor der Schule führte zum Motiv hin.
Der Auftrag zur Selbstdarstellung mit Ranzen wurde von den Kindern freudig aufgenommen. Der Arbeitsbeginn verlief problemlos. Alle Kinder malten sich in der für dieses Alter typischen Frontalansicht. Da der Ranzen auf dem Rücken bei dieser Darstellungsform nicht zu sehen ist, fanden sie andere Lösungen. Er wurde in der Hand getragen oder neben die Figur gesetzt. Welche emotionale Bedeutung der Ranzen für Schulanfänger hat, zeigte sich bei der Genauigkeit der Wiedergabe bis in das Detail hinein und der Ausdauer, die sie dabei bewiesen.
Nachdem die klare Ausformung der eigenen Gestalt und des Ranzen und der deckende Auftrag mit den farbigen Kreiden allen Kindern gelungen war, wurden die Selbstbildnisse ausgeschnitten und auf den große Bogen aus Tonpapier gelegt. Es sollte nun das Bild der Klassengemeinschaft entstehen.
Bei der Legearbeit wurde deutlich, daß die Reihung ein wesentliches

Bild 4

Element im Bildaufbau von Schulanfängern ist. So legten sie eine erste Reihe Kinder, darüber eine zweite Reihe, aber für eine dritte war kein Platz mehr auf dem Bogen. Was nun? Es wurde hin- und hergeschoben, aber es gelang nicht, alle „Kinder" neben- oder untereinander zu plazieren.

Um das Problem zu lösen und eine neue Möglichkeit des Bildaufbaus anzubahnen, wurde mit wechselnden Gruppen das Ankommen vor der Schule dargestellt. Jeweils eine Gruppe spielte den Vorgang, die andere schaute zu. Drei Kinder machten den Anfang, und nach und nach gesellten sich mehrere Mitschüler dazu. Dabei bemerkten die beobachtenden Kinder, daß sich gar keine Reihen bildeten, sondern Gruppen und daß einige Kinder nicht ganz zu sehen waren, weil sie teilweise von den nachkommenden verdeckt wurden.

Diese durch Tun und Zuschauen erlebte erste Erfahrung mit Überdeckung wurde auf dem Gemeinschaftsbild angewandt, wobei das Nacheinanderkommen mit den ausgeschnittenen Selbstbildnissen nachvollzogen wurde: Zuerst wurden drei Figuren hingelegt und um diese zentrierten sich dann nach und nach alle übrigen. Durch Überdeckung paßten nun alle Kinder auf den großen Bogen. In dieser spielerischen Form wurde sie in der Darstellung angenommen und auch verstanden. Wir hatten nun sogar noch Platz genug, um die Schule anzudeuten.

Charakteristisch für sie ist die zum Schulhof gerichtete Fensterreihe der Flure, und so entstanden die Fenster, aus denen die älteren Schüler zu den neuen heruntergucken.

Diese Fensterreihe setzte Figuren und Hintergrund in eine Beziehung zueinander, nicht nur im bildnerischen, sondern auch im emotionalen Sinne, dem Gefühl, mit in der Schule zu sein.

Das große Gemeinschaftsbild wurde im Klassenraum aufgehängt. Es hatte nicht nur schmückenden Charakter. Im Raum stand nun jedem Kind das Abbild seiner selbst gegenüber. Das bewirkte Distanz zu sich selbst. Es verstärkte aber auch das Gefühl, im Klassenraum immer anwesend zu sein und zu einer Klassengemeinschaft zu gehören. Der Raum begann, persönlicher Raum zu werden.

Fachspezifische Anmerkungen

Zum Problem der Überdeckung: Bei diesem Gemeinschaftsbild ergab sich die Möglichkeit, die Kinder durch Spiel, Wahrnehmung und Probieren das Prinzip der Überdeckung erkennen zu lassen und damit den „Horror der Frühstufen vor Überdeckungen"[31] abzubauen.

Meike Aissen-Crewett schreibt in einem Artikel über „Räumliche Vorstellung und Darstellung bei Kindern", daß jüngere Kinder in ihren Bildern versuchen, „über die Gegenstände und deren räumliche Anordnung die größtmögliche Information zu vermitteln". Darum ordnen sie die Gegenstände klar getrennt über- oder nebeneinander. Mit der Entwicklung ihrer visuellen Wahrnehmung verändert sich auch ihr räumliches Sehen, und sie versuchen nun „die Sicht des zeichnenden Betrachters auf die Gegenstände wiederzugeben"[32], dabei bedienen sie sich der Überdeckung. Nach neueren Untersuchungen (1981) beträgt der „Anteil der Verdeckt-Darstellungen, die ja eindeutig betrachterbezogen sind", bei den 6jährigen 22 % und bei den 7jährigen schon 52 %[32]. Das deckt sich mit eigenen Beobachtungen, etwa ein Drittel der Kinder der ersten Schuljahre wenden die Überdeckung in ihren Bildern an, wenn sie sie einmal verstanden haben. Neue Raumvorstellungen entwickeln sich, die die Darstellungsmöglichkeiten bereichern.

Mit dem Polizisten unterwegs (1. Schuljahr)

Anlaß und Intention
Für dieses 1. Schuljahr war das Erscheinen des Verkehrspolizisten in der Klasse und der anschließende Verkehrsunterricht das große Ereignis in der zweiten Schulwoche. Der Polizist übte mit den Kindern verkehrssicheres Verhalten an gefährlichen Stellen ihres Schulweges. Dieser Unterrichtsgang war das erste gemeinsame Erlebnis außerhalb der Schule und hatte einen besonderen Stellenwert, weil der Unterricht vom Polizisten draußen in den Straßen gegeben wurde.
Wir beschlossen, dieses Ereignis zu dokumentieren. Das war nur in einer Gemeinschaftsarbeit zu schaffen.

Material
- Jacksonkreide
- schwarze Tonpapierbögen DIN A3
- graues Tonpapier zum Kleben des Bürgersteiges
- Packpapier als Bilduntergrund 100 x 190 cm

Bild 5

Realisation
Die Einstiegssituation war günstig. Weil der Klassenlehrer und nicht ich an dem Unterrichtsgang teilgenommen hatte, entstand für die Kinder eine echte Erzählmotivation.
Aus den Erzählungen entwickelten sich Motive für ein Gemeinschaftsbild der ganzen Klasse. Die Situation an der Ampel, als alle auf grünes Licht warten mußten, fand die größte Zustimmung.
Um die Kinder zu differenzierteren Darstellungen anzuregen, bekamen sie die Aufgabe, sich in der Kleidung zu malen, die sie beim Unterrichtsgang getragen hatten. Sie sollten außerdem ihren Tonpapierbogen in seiner ganzen Länge nutzen.
Der schwarze Bogen löste bei einigen Kindern Erstaunen aus, aber sie entdeckten bald, daß ihre farbigen Kreiden den dunklen Untergrund verschwinden lassen konnten.
Für die gemalten und ausgeschnittenen Selbstbildnisse lag ein großer Packpapierbogen auf einer Tischgruppe. Nach und nach füllte sich der Bogen mit Figuren. Sehr bald bemerkten einige Kinder, daß das Bild von der Ampel so nicht vollständig sein würde. Sie vermißten den Polizisten, den Klassenlehrer, die Ampel, den Bürgersteig und Häuser und Bäume an der Straße. So suchte sich jedes Kind noch eine zweite Malaufgabe. Als sie beendet war, begann der Prozeß des Legens, nicht am gleichen Tage, sondern in den nächsten Kunststunden.
Alle Kinder stellten sich so um den Packpapierbogen, daß sie sehen und mitwirken konnten. Was zuerst zu legen war, mußte überlegt und probiert werden. Diese Phase ist für die Entwicklung kindlicher Raumvorstellungen sehr wichtig. Bei diesem Bild war Überdeckung nicht das Hauptproblem, sondern die Zuordnung von Bürgersteig, Häusern und Bäumen einerseits und Kindern, Polizisten und Lehrer andererseits.
Es wurde viel hin- und hergeschoben, ehe ein der erlebten Situation entsprechendes Bild entstand.
Ein solches gemeinsames Arbeiten bringt Organisationsprobleme mit sich. Beim Kleben empfiehlt es sich, mit wechselnden Gruppen von 3–5 Kindern zu arbeiten. Sie müssen lernen, mit dem flüssigen Klebstoff umzugehen und sich die Lage der einzelnen Figuren gut zu merken, damit sie an der richtigen Stelle aufgeklebt werden. Wenn nacheinander alle Kinder beteiligt werden, bleibt auch bei Schulanfängern das Interesse an der Arbeit erhalten, bis sie ganz fertig ist.
Als das große Bild an der Wand hing, war es für die Kinder erst richtig zu überschauen. Es machte ihnen viel Spaß, sich selbst zu zeigen und Mitschüler und Freunde herauszusuchen. Sie zeigten in der Pause Freunden aus anderen Klassen ihr Bild, und den Müttern, die nach dem Unterricht ihr Kind abholten, mußte es auch erst vorgestellt werden. Die Kinder waren mit ihrem Bild sehr verbunden, und nach und nach bekam der Klassenraum durch ihre eigenen Arbeiten sein unverwechselbares Aussehen.

Fachspezifische Anmerkungen

Zum Malen mit Pastell-Öl-Kreiden (Jacksonkreiden): Pastell-Öl-Kreiden eignen sich zum Zeichnen und Malen für Grundschulkinder in besonderer Weise. Sie besitzen eine gute Konsistenz, sie sind nicht so hart wie Wachsmalstifte.
Die Kinder können mit ihnen zeichnend klare Formen entwickeln und malend diesen Formen Farbe geben. Die Farbe wirkt am besten, wenn sie deckend aufgetragen wird. Aber als Kontrast kann auch ein dünner Auftrag, der den Papiergrund durchscheinen läßt, interessant sein.
Man kann die Kreidefarben mischen, indem man die hellere Farbe über die dunklere Farbfläche malt.
Man kann sie trüben, indem man die leuchtenden Farben mit Grau übermalt
Man kann sie mit dem Finger verwischen und so die Farben ineinander übergehen lassen.
Mit einem Messer kann man die Kreideschicht abschaben, wenn eine Farbe nicht gefällt. Durch Abschabungen kann man auch Musterungen erzielen.
Auf schwarzem Untergrund wirken selbst wenig zusammenpassende Farben harmonisch, weil sie durch den schwarzen Grund gedämpft werden, ohne ihn durchscheinen zu lassen. Sehr leuchtend wirken die Farben auf weißem Papier, dann ist eine Farbbeschränkung auf 4–6 Farben oft angebracht. Auch auf grünen, grauen oder blauen Tonpapiergründen lassen sich gute Ergebnisse erzielen. Man läßt die Farbe des Untergrundes dann mitwirken.

Was im Unterricht Spaß macht (1. Schuljahr)

Anlaß und Intention
Die Schule als neuer Lebensraum war für die Kinder des ersten Schuljahres auch nach einigen Wochen noch sehr aktuell. Sie hatten sich inzwischen eingewöhnt und schon begonnen, besondere Vorlieben zu entwickeln, Vorlieben für bestimmte Lernbereiche, von denen sie erzählten und nach denen sie fragten: „Wann haben wir wieder . . .“ oder bestimmte Tätigkeiten und Aufgaben, um die sie baten: „Können wir heute nicht wieder . . .“ Diese persönlichen Vorlieben, die Kinder in einem bestimmten Lebensabschnitt haben, festzuhalten, auszustellen, gemeinsam zu betrachten und zu vergleichen, konnte sicher recht interessant für Schüler und Lehrer werden.

Material
- Dispersionsfarben
- flache Borstenpinsel Nr. 12
- graues Tonpapier

Realisation
Eine Malstunde mit Dispersionsfarben muß sorgfältig vorbereitet werden: Unter Mithilfe von einigen Kindern wurden vor Unterrichtsbeginn die Tischgruppen mit Zeitungen abgedeckt, in die Mitte je ein großes Wassergefäß gestellt, zwei Plastikteller mit kleinen Mengen weißer, roter, blauer und gelber Dispersionsfarbe dazugesetzt und auf jeden Platz ein halber Bogen Tonpapier gelegt. Breitere Borstenpinsel aus Schulbesitz lagen bereit. Jedes Kind holte zum Malen seinen Borstenpinsel und einen Lappen aus seinem Kasten. Als Malkittel dienten alte, ausrangierte Oberhemden von Vätern.
Die Technik des Malens wurde nicht vorgestellt und auch nicht besprochen. Kinder dieses Alters gehen noch unbekümmert und experimentierend mit Farbe und Pinsel um.
Die vier Farben auf dem Teller genügen ihnen natürlich nicht, grün und orange zum Beispiel werden immer gebraucht. Diese Farben entstehen auch durch Mischen, und das sollte von ihnen selbst entdeckt werden. Auf den Tellern vermischen sich die Farben bald, besonders dann, wenn der Pinsel nicht ausgewaschen wird, was im Eifer oft nicht geschieht.
Die Erkenntnis, daß beim Farbenmischen neue Farben entstehen, prägt sich viel wirksamer ein, wenn die Kinder sie im handelnden Umgang selbst gewinnen können.
Das Thema „Was im Unterricht Spaß macht“ löste bei ihnen zu Beginn der Malstunde eine rege Teilnahme aus. Sie nannten verschiedene Tätigkeiten, Schreiben und Rechnen hatten einen besonders hohen Stellenwert.
Das Thema beinhaltet die Selbstdarstellung in einem bestimmten Schulraum. Hier konnte jedes Kind nur seine eigene Antwort finden. Hilfen zur Motivfindung und zur Ausführung wurden aber gegeben: Es ist wichtig, daß man auf dem Bild sieht, was ihr tut. Das kann man am besten erkennen, wenn sich jeder auf dem großen Bogen auch ganz groß malt. Ihr müßt euch auch überlegen, ob ihr nur euch selbst oder auch andere Mitschüler malen wollt. Man soll erkennen können, in welchem Schulraum ihr seid, in eurer Klasse oder in der Turnhalle. Wie kann man z. B. zeigen, daß man in der Klasse ist?
Ein Junge ging zur Wandtafel und machte vor, wie er dort ein Bild malt und etwas schreibt. Andere Kinder nannten als die für den Klassenraum charakteristischen Kennzeichen

Bild 6

Bild 7

Bänke, Stühle und Bilder und für die Turnhalle das Klettergerüst.

Die Farben und die großen Bögen wirkten sehr motivierend auf die Kinder. Auf allen Blättern waren bald Köpfe erkennbar, die meisten flächig deckend gemalt, wenige als Umrißzeichnung. Probleme bereitete die Gesichtsfarbe. Es schien nicht so ganz zu befriedigen, wenn man einen gelben, roten oder weißen Kopf auf dem Papier hatte. Ein paar Kinder hatten durch Weiß-rot-Mischung rosa entdeckt. Das wurde von den anderen schnell als Lösung des Farbproblems Kopf übernommen.

Mehrere Überdeckungen waren mit den pastosen Farben möglich, dadurch entstanden immer neue Farbmischungen. Nur ein kräftiges Braun entstand nicht, und so wurde die Frage nach brauner Farbe immer dringender, weil sie als Gegenstandsfarbe für das Malen der Haare, der Bänke und Stühle als unbedingt erforderlich angesehen wurde. Deshalb wurde braune Farbe zusätzlich auf die Teller gegeben.

Das, was in der Schule Spaß macht, die ausgewählte Lieblingstätigkeit, war in den Darstellungen für den Erwachsenen kaum erkennbar, da den Kindern noch die Möglichkeit der Bewegungsdarstellung fehlte. Es war ersichtlich, daß sie selbst das gar nicht so empfanden. Ein stehendes Kind mit ausgebreiteten Armen konnte sowohl schreiben, als auch rechnen oder malen. Oft wurde der Tisch noch dazugesetzt (Abb. 6).

Einige Kinder differenzierten noch weiter, Heft und Federetui lagen auf dem Tisch und der Ranzen darunter. Die Klarheit der Aussage wurde dadurch verstärkt, daß an der gemalten Wandtafel entweder Zahlen, Buchstaben oder Zeichnungen standen.

Damit stellten die Kinder ganz klar ihre Lieblingsbeschäftigung in der Schule dar, und kein Mitschüler wäre auf den Gedanken gekommen, zu sagen: „Du schreibst auf deinem Bild ja gar nicht!"

Jonas wollte sich und seinen Freund beim Turnen in der Halle malen. Er begann mit einem Klettergerüst in der oberen Hälfte des Bogens, so daß für die eigene Darstellung und die des Freundes nur wenig Platz blieb. Er setzte sie deshalb auf den unteren Blattrand. Die anderen Kinder hatten sich in die Bildmitte gestellt und dann den umgebenden Raum gemalt. Die meisten von ihnen stellten sich im Klassenraum dar, mit dem für sie wichtigsten Requisit, der Wandtafel. Jonas geriet dann wohl in den Sog der Wandtafelmalerei, denn plötzlich war das Klettergerüst übermalt und zur Wandtafel umfunktioniert worden. Er wechselte vom Lieblingsfach Sport zum Schreiben über, blieb aber selbst auf seinem Bild in der Turnerstellung mit abgespreizten Beinen und Armen. Auf die Frage, warum er das Klettergerüst übermalt hätte, antwortete er: „Schreiben tue ich auch ganz gern." Für ihn war das Bild auch so eindeutig. Obwohl in den Figuren nicht erkennbar, war er längst schon in seinen Vorstellungen von der Aktion Turnen zur Aktion Schreiben übergegangen und empfand seine Darstellung als stimmig.

Das, was der Erwachsene nur als Zeichen versteht, Wandtafel als Zeichen für Klassenraum, stehendes Kind als Zeichen für schreibendes, rechnendes oder malendes Kind, bedeutet dem Schulanfänger Darstellung seiner Wirklichkeit als Handelnder in einem bestimmten Raum.

Nils, der noch Kopffüßler zeichnete, setzte beim Malen seine Gestalt sehr locker ins Bild, so daß man fast den Eindruck von Bewegung hat. Auch er hatte eine realistische Vorstellung von dem, was er gemalt hatte und glaubte seine Vorliebe Malen auch ausgedrückt zu haben. Als Anne ihn beim Betrachten des Bildes fragte: „Was machst du denn am liebsten?" antwortete er: „Das siehst du doch! Malen!" Inhalt und Tätigkeit waren für ihn eins. Die Malaktion war für ihn so wichtig, daß er auch nach zwei Schulstunden noch nicht mit dem Malen aufhören wollte. Er hatte durch mehrfaches Übermalen und Vermischen immer andere Farbtöne bekommen und, wenn auch unbewußt, eine besondere Farbgebung und Farbharmonie erreicht, die sein Bild aus allen anderen hervorhob (Abb. 7).

Obwohl sie es nicht sagten, merkte man den Kindern an, daß ihnen dieses Bild nicht gefiel. Erst durch den Hinweis, daß der Nils ganz andere Farben beim Mischen bekommen hatte, als alle übrigen, wurden sie neugierig und fragten ihn, wie er das gemacht hätte. Er konnte es ihnen natürlich nicht sagen, aber von Mißachtung war nichts mehr zu spüren, weil Nils mit den Farben etwas Besonderes gelungen war.

Bild 8

Bild 9

Bild 10

2. Schuljahr

Anlaß und Intention

Das gleiche Thema wurde auch in einem zweiten Schuljahr aufgegriffen. Würden diese Kinder dieselben Vorlieben haben? Wie würden sie das gleiche Thema angehen? Würden sie so motiviert wie die Schulanfänger sein? Würden andere Darstellungsformen sichtbar werden? Die ebenfalls lebhafte Reaktion auf das Thema und der Arbeitsverlauf beantworteten diese Fragen.

Waren bei den Schulanfängern Schreiben und Rechnen besonders beliebt, so standen in diesem zweiten Schuljahr Kunst und Sport an erster Stelle. Diese differierenden Vorlieben mögen darin begründet sein, daß Schulanfänger mit der Erwartung zur Schule kommen, nun endlich schreiben, lesen und rechnen zu lernen. Gemalt, gebastelt und geturnt hatten die meisten von ihnen schon in der Zeit vor dem Schuleintritt. Attraktiv war das Neue, der Umgang mit dem Lese- und Rechenmaterial, das Erlebnis erster Schreibversuche an der Tafel und im Heft. Für die Kinder des zweiten Schuljahres waren Schreiben und Rechnen schon etwas Alltägliches geworden, da gewannen Fächer, die ihnen einen größeren Freiraum gaben, wie Sport und Kunst, einen höheren Stellenwert.

Material

Dieses zweite Schuljahr wählte sein Material selbst aus und entschied sich für

- Pastell-Öl-Kreiden und
- grüne Tonpapierbögen DIN A3

Realisation

An großflächiges Malen war die Klasse bereits gewöhnt und auch an den Umgang mit Kreiden. Mit Kreiden läßt sich natürlich nicht so spontan malen wie mit Pinseln, weil sie härter sind und dadurch der Widerstand beim Farbauftrag größer ist.

Aber Flächen können mit ihnen besser eingegrenzt und Binnenzeichnungen differenzierter ausgeführt werden. Das kommt der Tendenz nach klarer Abgrenzung des Bildgegenstandes, die auf dieser Altersstufe vorherrscht, entgegen.

Es bereitete den Schülerinnen und Schülern dieses zweiten Schuljahres keine Schwierigkeiten, ihr Motiv zu finden. Im Einführungsgespräch machten sie sehr gute Vorschläge, die sie in Bilder umzusetzen wußten.

Bei aller individuellen Ausprägung machen sich in den Darstellungen von Grundschulkindern allgemeine Entwicklungstendenzen bemerkbar. Beim Vergleich mit den Bildern der Schulanfänger ist beim zweiten Schuljahr eine Weiterentwicklung in der visuellen Wahrnehmung zu erkennen.

Der Figur-Grund-Bezug, die gute Einpassung der Figur in die Grundfläche, gelingt besser. Neue Raumdarstellungen bahnen sich an. Die Figuren werden weiter differenziert. Die Frontalansicht ist zwar noch vorherrschend, aber Bewegungsfunktionen werden nun in Ansätzen dargestellt. Der Junge in Bild 8 hebt den Arm und führt die Hand mit der Kreide zum Tisch. Das Kind in der Turnhalle (Bild 9) winkelt die Knie zum Seilspringen an.

Es gelingt, Beziehungen zum Raum und zu den Gegenständen im Raum auszudrücken und zu vermitteln. In Bild 8 stellt der Junge mit der Bilderwand die Verbindung zu seiner Tätigkeit her. Auf der leuchtenden hellgrünen Fläche des Papiers entwickelte er ein harmonisches Farbgefüge, in dem der Komplementärkontrast rot-grün dominant ist.

In den Bildern 9 und 10 erscheint eine neue räumliche Ordnung. Der Raum bekommt Tiefe. Sie entsteht durch die waagerechten Linien und Flächen, die den Eindruck einer räumlichen Staffelung zum oberen Bildrand hin erzeugen und Raumtiefe suggerieren. Dieser Eindruck wird verstärkt durch die kleiner gezeichneten und dadurch entfernt wirkenden Mitschüler.

Man kann allerdings nicht annehmen, daß Grundschulkinder schon eine tiefendimensionale Raumauffassung haben, die Staffelung könnte jedoch eine Vorstufe sein.

Fachspezifische Anmerkungen

Zum Malen mit Dispersionsfarben: Die Dispersionsfarben, die in diesem Beispiel im 1. Schuljahr verwandt wurden, sind ein verhältnismäßig preiswertes Material. Sie sind in Fachgeschäften und Supermärkten als Vollton- und Abtönfarben erhältlich.

Schulanfänger bevorzugen in der Regel dekorative Malweisen, weil sie durch klare Farbflächen die Formen hervorheben wollen. Dafür eignen sich die deckenden, dickflüssigen Dispersionsfarben neben den Leimfarben besonders gut. Sie sind wasserverdünnbar und lassen je nach Wasserzusatz auch einen transparenten, verlaufenden Farbauftrag zu.

Die einseitige Beschränkung auf die Deckfarben, die immer in der Klasse vorhanden sind und keine besonderen Vorbereitungen erfordern, sollte durch den Einsatz eines anderen Materials vermieden werden, denn nur im Umgang mit unterschiedlichem Farbmaterial können die Kinder Erfahrungen mit Farben und ihren Wirkungen machen.

Grundschulkinder brauchen beim Malen mit Dispersionsfarben unbedingt einen Schutz für ihre Kleidung, weil einmal angetrocknete Farbflecken sich kaum wieder auswaschen lassen und mit Verdünnung behandelt werden müssen. Dispersionsfarben unterscheiden sich dadurch von Leimfarben, die mit Wasser wieder auswaschbar sind. Aber farbiges Leimfarbenpulver, das man selbst mit Leim anrührt, ist leider im Handel heute kaum noch zu erhalten. Auf jeden Fall muß beim Malen mit pastosen Farben ein Kleiderschutz vorhanden sein. Wir bewahren in einem Kasten ca. 30 ausrangierte alte Oberhemden auf, die beim Malen immer zur Hand sind. Sie schützen die Kleidung besonders gut, wenn sie im Rücken zugeknöpft werden.

Der größere Arbeitseinsatz der Lehrerin oder des Lehrers für das Malen mit Dispersionsfarben in der Klasse lohnt sich, weil dieses Malen sehr motivierend auf Kinder wirkt. Der deckende, großflächige Farbauftrag bereitet ihnen keine Schwierigkeiten, so daß sie sich ganz der Lust des Malens hingeben können.

Größere Borsten-Flachpinsel sollten zum Ausleihen bereitliegen.

Auf dem Schulhof

Das Pausenzeichen ertönt. Kinder drängen durch die Schultür nach draußen. Bald wimmelt es von laufenden, lachenden, schreienden Kindern auf dem Schulhof. Es ist ein fröhliches Bild.
Die Pausen im Schulrhythmus bedeuten den Kindern viel: Ungebundenheit, Spaß, Spielmöglichkeiten, Bewegung.
Der große Schulhof mit aufgemalten Hüpffeldern, Murmelbahnen, Spielfeldern, Laufbahnen, Klettergerüsten im Sandfeld und dem Wagen mit Spielgeräten bietet ihnen Anreiz und viele Möglichkeiten zum Spielen in der Pause.
Dieses Bild einer sich tummelnden, fröhlichen Kinderschar auf dem Schulhof ist eine Seite. Die andere Seite bemerkt man erst, wenn man unter den Kindern ist. Streitigkeiten entstehen oder werden erst auf dem Schulhof ausgetragen, Kinder werden von ihren Mitschülern vom Spiel ausgeschlossen, von Spielfeldern verdrängt und manchmal tätlich angegriffen. Kinder rempeln sich an, fallen und verletzen sich. Die schmerzlichen Seiten des Kindseins gibt es ebenso auf dem Schulhof wie die fröhlichen. Man sollte sie nicht übersehen, wenn sie auch nicht so sichtbar werden.
Im Sprach- und im Religionsunterricht werden sie beide angesprochen und zum Thema des Unterrichts gemacht.
Die Grundschullesebücher und die Religionsbücher bringen eine Reihe von Geschichten und Gedichten, wenige, die die fröhliche Seite beinhalten und viele die Konfliktsituationen darstellen als Anstoß, Möglichkeiten zur Konfliktbewältigung zu suchen.

Schulhofspiele (2. und 3. Schuljahr)

Anlaß und Intention

Jedes Kind ist in das Leben auf dem Schulhof eingebunden. Es hat viele Gelegenheiten zu unmittelbarer sinnlicher Wahrnehmung und kann Erfahrungen durch eigene Aktionen machen. Schulhofspiele bieten daher vielfältige Möglichkeiten zur Darstellung und zu individuellen Lösungswegen.
Menschliche Bewegungen, die das Thema impliziert, können von jüngeren Kindern besser plastisch als zeichnerisch dargestellt werden. Ihre haptischen Fähigkeiten sind noch nicht reduziert. Deshalb wurde Ton als Arbeitsmaterial gewählt.
Kleine Kinder lieben das Spielen mit Sand, Lehm und Erde. Das sind Materialien, die sie mit ihren Händen formen können, mit denen sie bauen können, in die sie etwas hineinstekken können. Die vielen Möglichkeiten, die die Hände haben, um mit einem Material etwas anzufangen, machen auch den Ton für Kinder so attraktiv. Es ist spannend, was aus einem Klumpen Ton alles werden kann.

Material

- Ton
- Modellierhölzer
- Plastikbretter
- große Lappen
- große Plastiktüten

Die Vorbereitungen und die technischen Hinweise zum Arbeiten mit Ton sind auf Seite 33 zusammengefaßt worden.

Realisation

Sobald die Kinder ihre Tonstücke in den Händen hatten, fingen sie spontan an, sie zu kneten, zu rollen und zu formen.
Diese lustbetonte, freie Phase der Erprobung des Materials sollte auch dann einer Aufgabe mit einem gemeinsamen Thema vorausgehen, wenn die Kinder den Umgang mit Ton schon kennen. In Tonarbeiten fließen nicht nur visuelle Wahrnehmungen ein, die haptischen Wahrnehmungen, die in der vorschulischen Entwicklung der Kinder eine so große Rolle spielten, werden beim Formen wieder gefordert und können sich erweitern.
Die in der Erprobung gewonnenen taktilen Erfahrungen mit Ton kommen den nachfolgenden Arbeiten zugute und die Lehrerin oder der Lehrer haben hier Gelegenheit, Aufschlüsse über die Arbeitsweise und Phantasie ihrer Schüler zu bekommen.
Nach der Experimentierstunde fingen wir am nächsten Tag mit der Aufgabe „Schulhofspiele“ an. Die Darstellungswünsche waren sofort klar. Jeder wollte sich bei dem Spiel darstellen, das ihm selbst das liebste war. Die Gruppe der Fußballspieler war bei den Jungen besonders groß. Bei den Mädchen dominierten Kreis- und Hüpfspiele und Gummitwist. Aber auch Ballspiele, Seilspringen, Murmelspiele, Fangen, Suchspiele und Bockspringen wurden genannt.
Wenn Körpererfahrungen und Bewegungswahrnehmungen unmittelbar vorausgehen, ist die figürliche Darstellung in Ton für Grundschüler nicht problematisch. Wir gingen deshalb auf den Schulhof, wo die Kinder in ihren gewählten Spielgruppen die Bewegungen mit dem eigenen Körper bewußt erleben und sie auch bei ihren Mitspielern wahrnehmen konnten.

Bild 11

Bild 12

Bild 13

Bild 14

Eine Erfahrung, die in der Experimentierstunde gemacht wurde, war das Auseinanderfallen von zusammengesetzten Einzelteilen. Grundschülern gelingt es selten, die Ansatzstellen so gut zu verschmieren, daß die Teile auch noch beim Trocknen und Brennen zusammenhalten. Deshalb wurden die Spielfiguren aus dem Tonklumpen heraus geformt, dabei müssen Kopf, Arme und Beine herausgeknetet werden. Das bedurfte einiger Übung, gelang aber allen Kindern. Diese Gestalten sind gedrungener als die aus Teilen zusammengesetzten. Sie haben meistens kurze, stämmige Beine, aber eine sehr gut Stehfähigkeit.

Die Mädchen, die Hüpfspiele darstellen wollten, scheiterten an der Balance, die eine Hüpferin auf einem Bein halten muß. Sie entschieden sich dafür, Zuschauer zu formen, die es ja auch auf dem Schulhof immer gibt.

Bei der Ausformung der Bewegung müssen die Kinder dazu angehalten werden, die Figur zu drehen und von allen Seiten an ihr zu arbeiten, damit sie dreidimensional wird.

War die Grundform in Bewegung und Standfestigkeit zur Zufriedenheit des Kindes ausgefallen, wurden die Einzelheiten, Gesicht, Hände, Kleidung ausgeformt und die ganze, durch die Arbeit schon etwas angetrocknete Tonfigur mit angefeuchteten Fingern glattgestrichen. Haare, Augen und Mund wurden mit dem Modellierholz eingedrückt oder aufgesetzt und Taschen, Gürtel und Musterungen in die Kleidung eingeritzt. Einige Kinder preßten Ton durch eine Knoblauchpresse und setzten die langen Tonwürmer als Frisur auf die Köpfe.

Durch die sorgfältige Arbeit der Kinder ist keine Figur beim Trocknen oder Brennen gesprungen. Man darf allerdings den Luftkanal nicht vergessen (s. u.).
Ein zweites und ein drittes Schuljahr beteiligten sich an der Darstellung der Schulhofspiele. Die größere Anzahl an Tonfiguren, die wir durch die Teilnahme von zwei Klassen bekamen, erwies sich als günstig. In Form und Ausdruck waren die Ergebnisse in beiden Klassen gut. Es bestätigte sich, daß es Grundschülern leichter fällt, Körperbewegungen in der Plastik als in der Zeichnung darzustellen, weil sie nicht in die Fläche umgesetzt werden müssen.
Entwicklungsunterschiede waren in den Formen zu erkennen, die aber nicht mit den Jahrgangsstufen zusammenhängen mußten.
Zwei Jungen des 2. Schuljahres formten eine Boxgruppe. „Wir spielen immer Bud Spencer auf dem Schulhof", erklärten sie dazu (Abb. 12). In ihren Figuren werden in klarer Richtungsunterscheidung die Waagerechte und die Senkrechte betont. Dadurch wirken sie auf den Betrachter statisch, obwohl sie für die beiden Jungen die ganze Dynamik des Boxens enthielten.
Ein anderer Junge des zweiten Schuljahres formte den Murmelspieler (Abb. 14). Hier ist die Schematisierung in der Menschendarstellung durchbrochen. Der Junge hält einen Moment in der Bewegung des Spielers fest, das Ansetzen zum Rollen der Kugel. Abb. 13 zeigt Fußballspieler in Aktion.
Zwischen diesen beiden unterschiedlichen Darstellungsweisen waren alle anderen Plastiken angesiedelt (Abb. 11).
Alle Tonfiguren wurden gemeinsam zu einer Schulhofsituation aufgebaut. Die Schulhoffläche bildete ein großer grauer Tonpapierbogen, auf den zwei Mädchen des 3. Schuljahres Spielfelder gemalt hatten. Durch Umsetzen der Figuren entstanden immer neue Konstellationen. Bei diesem spielerischen Umgestalten gab es viele Anlässe zum Kommunizieren.

Fachspezifische Anmerkungen

Zum Arbeiten mit Ton: Den Ton kauft man am besten abgepackt in Plastikfolie. Er läßt sich so lagern und hat, wenn man ihn benötigt, noch eine gute Konsistenz. Er ist nicht zu weich und nicht bröckelnd. Sollten einmal Tonreste zu hart geworden sein, wikkelt man sie in feuchte Tücher und bewahrt sie in einer verschlossenen Plastiktüte bis zum baldigen Gebrauch auf.
Die Tonblöcke lassen sich am besten mit Nylonfäden oder dünnen Bindfäden in passende Stücke zerschneiden.
Als Werkzeuge sind Modellierhölzer wünschenswert, notfalls können Kaffeelöffel und Bleistifte benutzt werden. Eine Knoblauchpresse ist gut für die Herstellung von Tonhaaren zu gebrauchen.
Die Tische sollten dick mit Zeitungspapier abgedeckt werden. Als Arbeitsplatten eignen sich am besten größere Plastikbretter aus der Küche oder sehr flache, große Teller. Für jedes Kind muß ein großer Lappen und eine Plastiktüte vorhanden sein.
Nicht immer werden die Tonarbeiten an einem Vormittag fertig. Man läßt sie dann auf dem Brett stehen, umwickelt sie mit dem feuchten Lappen und schiebt beides in die Plastiktüte. Sie sollte gut anliegen, damit die Tonfigur nicht trocknet. An ihr kann dann an einem anderen Tag weitergearbeitet werden.
In die fertigen Tonfiguren bohrt man mit dem Modellierholz oder einem Bleistift einen Luftkanal von unten bis in den Kopf hinein, dann brechen sie beim Brennen nicht auseinander.
Kompakte Figuren sollten in einem kühlen Raum sehr langsam trocknen, damit sie keine Risse bekommen.

Schmerzliche Erfahrungen (1. Schuljahr)

Anlaß und Intention
Das Thema „Die anderen und ich" stand am Anfang des Religionsunterrichtes im 1. Schuljahr. Es geht von der Lebenswirklichkeit der Schülerinnen und Schüler aus. Situationen, die die Kinder der ersten Klasse täglich miteinander erleben, kamen zur Sprache. Dabei ist es eine Hilfe, wenn in einem Medium ein Problem dargestellt wird, das man selber hat. Es kann distanzierter wahrgenommen werden, und man kann auch besser darüber sprechen.
Bilder sind Medien, aus denen die Kinder ihre Informationen nehmen, bevor sie lesen können. Leider sind unsere Schüler durch das Fernsehen an einen schnellen Bildkonsum gewöhnt. Darum ist es wichtig, daß sie wieder lernen, Bilder genau zu lesen, wie es die Menschen in früheren Jahrhunderten taten, wenn sie sich „bilden" wollten.

Ein Bild lesen: Martin wird ausgelacht

Bild 15

In einem Religionsbuch für das erste Schuljahr[33] steht ein Bild, auf dem ein Junge ausgelacht wird. (Abb. 15).
Wir sahen es uns an. Durch seine Nähe zu ähnlichen eigenen Erlebnissen löste es in der Klasse eine starke Motivation zum Sprechen aus. Einige Aussagen der Kinder wurden notiert und werden hier wiedergegeben:
Die Kinder kommen aus der Schule – Sie haben Schulranzen auf – Sie freuen sich – Vorn ist eine Junge, der freut sich nicht – Er sieht traurig aus, weil ein Mädchen ihn auslacht – Das Mädchen lacht, weil er einen Teddy in der Tasche hat, das findet sie komisch – Nicht nur ein Mädchen, zwei lachen und zeigen mit dem Finger auf ihn – Der Junge findet das nicht schön – Er hat traurige Augen, weil keiner mit ihm spielt – Er hat den Teddy mitgenommen, weil er einsam ist – Er hat die Hand auf dem Teddy – Er will, daß man den Teddy nicht sieht – Vielleicht hat er Angst –
Mitleid wurde ausgedrückt und das Ausgelachtwerden wurde verurteilt. Dabei bedenken die Kinder dann gar nicht, daß die meisten von ihnen selbst gelegentlich zu den Auslachern gehören. So kamen wir zu den Ursachen des Auslachens und da nannten sie: „Ich lache, wenn einer was sagt, das nicht richtig ist" – „. . .wenn einer angibt und das stimmt nicht" – „wenn was komisch ist an einem".
Den Kindern wurde der große emotionale Unterschied bewußt, der zwischen dem Auslachen und dem Ausgelachtwerden liegt. Es gab kein Kind in der Klasse, das das schmerzliche Gefühl, ausgelacht zu werden, nicht kannte. Es wurde als schlimm empfunden, weil man sich in der Situation allein fühlt und sich schämt. Die Kinder konnten in dem Bild von Martin ihre persönlichen Erfahrungen entdecken. Es bestanden Beziehungen zu ihrer Wirklichkeit. Das gab den Anstoß zu einer eigenen Darstellung des Problems.
Die Verbindung von Bilderlesen, Sprechen und Bildermachen sollte die Einsicht in mitmenschliche Beziehungen vertiefen.

Die anderen lachen mich aus

Material
- Dispersionsfarben
- Borstenpinsel Nr. 12
- Packpapierbögen DIN A3

Anmerkungen zum Malen mit Dispersionsfarben sind auf S. 30 zu finden.

Realisation
Die Kinder identifizieren sich mit dem Bildmotiv, weil es ihre eigene Problematik enthielt.
Bevor wir mit dem Malen anfingen, stellten sie in einem kleinen Rollenspiel die Situation des Auslachens in mehreren Variationen dar. Dieses Spielen diente der Klärung der Vorstellungen.
Die Körperbewegungen der Lacher und des Ausgelachten wurden ebenso beobachtet, wie die Veränderung des Gesichtsausdruckes beim Lachen und beim Traurigsein.
Bei diesem Motiv ging es um die Darstellung von Gefühlen, und das war in dieser Form neu für das erste Schuljahr.
Der Ausgelachte, also das Kind selbst, sollte groß auf den Bogen gemalt werden.
Es gelang den Kindern, in ihren Bildern Gefühle darzustellen. Auf allen Gesichtern spiegelte sich die Betroffenheit und Traurigkeit des ausgelachten Kindes wider. Einige von ihnen drückten sogar in der Körperbewegung Gefühle der Trauer und der Abwehr aus.

Bild 16

Bild 17

In Meiks Bild (Abb. 16) rückt der ausgelachte Junge am rechten Rand fast aus dem Bild heraus. Sein rechter Arm ist abwehrend ausgestreckt. Das Gesicht mit den großen, runden Augen drückt Betroffenheit und Traurigkeit aus. Die lustige, gestreifte Kleidung verstärkt noch durch ihren Kontrast zu der abwehrenden Körperbewegung und dem traurigen Gesicht des Jungen den Eindruck von Unbehagen. Der Lacher im Hintergrund wirkt im Gegensatz zu dem ausgelachten, verletzten Kind robust und unbekümmert.

Sophia veranschaulichte in ihrem Bild (Abb. 17) Verletztsein und Kummer durch den geneigten Körper des betroffenen Kindes und durch die Tränen, die aus seinen runden, traurigen Augen kullern. Das auslachende Mädchen unterscheidet sich von dieser zarten, hilflosen Gestalt durch seinen kurzen, gedrungenen Körper und das zum Lachen verzogene Gesicht.
Auf beiden Bildern sind Relikte aus der vorschulischen Zeit zu sehen, wie Sonne, Wolken, Blumen, die die Kinder als Füllsel für Flächen gebrauchen, die ihnen zu leer erscheinen.

Diese Bilder und die folgenden Zeichnungen, die in der Klasse zu anderen schmerzlichen Vorfällen entstanden, zeigen, wie stark die Ausdrucksfähigkeit der Kinder in diesem Alter ist.
Zwei Themen beschäftigen die Klasse noch sehr:

- ☐ das Ausgeschlossensein oder -werden von Spielgruppen und
- ☐ das Anrempeln, Schubsen und Stürzen auf dem Schulhof.

Material

- Schwarze Filzstifte
- weiße Blätter DIN A4

Filzstifte sind so leicht zu führen wie Bleistifte. Sie haben ihnen gegenüber den Vorteil, daß nicht radiert werden kann. Dadurch behalten die Linien ihren unmittelbaren Schwung und Duktus.

Realisation

Die Kinder konnten sich aussuchen, welches schmerzliche Erlebnis sie darstellen wollten. Dabei zeigte sich, daß die Mehrzahl der Mädchen das Ausgeschlossensein und die Mehrzahl der Jungen das Anrempeln und Stürzen wählte. Alle bemühten sich sehr, in ihren Darstellungen Gefühle auszudrücken.
An zwei Zeichnungen aus diesem ersten Schuljahr sollen Darstellungsabsicht, Ausdrucksgehalt und Bildbau aufgezeigt werden.

Bild 18

Bild 19

Bild 20

Die anderen wollen nicht mit mir spielen

Großer kindlicher Kummer entsteht immer dann, wenn Kinder beim Spielen zurückgewiesen oder ausgeschlossen werden (Abb. 18).
Vanessa stellte diese Situation dar. Sie zeichnete sich als das vom Spiel ausgeschlossene Mädchen groß auf die Bildfläche. Die fünf ballspielenden Mitschülerinnen gerieten wesentlich kleiner und rückten dadurch in den Hintergrund. Durch den Wechsel von Vorder- und Rückansicht verdeutlichte Vanessa die Zuwendung beim Spiel der fünf Mädchen. Dieses fröhliche Spielen steht in krassem Gegensatz zu der Haltung und dem Gesichtsausdruck des gekränkten Mädchens. Die gewinkelten Arme deuten Hilflosigkeit an. Das Kind hat die Mundwinkel stark nach unten gezogen und die Augen halb geschlossen. Durch Haltung und Mimik drückte Vanessa den Schmerz des Kindes über das Ausgeschlossensein überzeugend aus.

Der da hat mich geschubst

Simons Zeichnung zeigt die von den Verursachern oft unbeabsichtigte Situation, angerempelt oder gestoßen zu werden und zu stürzen (Abb. 19).
Simon setzte den fallenden Jungen in die untere Hälfte der Zeichenfläche. Damit deutete er an, daß er schon auf der Erde liegt. Der Moment des Stürzens ist gerade vorbei, aber der Körper ist noch gekrümmt, die Beine sind hochgeflogen, die Arme hilflos ausgestreckt und der Kopf abgewinkelt. Die Gestalt ist voller Dynamik.
Die drei Kinder im oberen Teil der Zeichnung zeigen unterschiedliche Reaktionen. Betroffen schauen die Mädchen dem Sturz zu. Der Junge neben ihnen scheint zu lachen. Er soll nach Auskunft von Simon derjenige sein, der geschubst hat.
Auch in diesem Bild sind Schmerz und Traurigkeit überzeugend dargestellt.

Bild 21

Trösten

Die Bilder des Tröstens sind wie die vorhergehenden Arbeiten aus der Integration von Religionsunterricht, Sprache und Kunst entstanden. Sie beziehen sich auf die vorausgegangenen Darstellungen von Konfliktsituationen und zeigen die Zuwendung, die den seelisch oder körperlich verletzten Kindern durch Freunde oder Mitschüler zuteil wird (Abb. 20 und 21).
Mit ihnen bekamen die „Schmerzlichen Erfahrungen“ einen versöhnlichen Ausklang, der den Kindern wichtig war.
Diese Zeichnungen von Kindern des ersten Schuljahres zeigen, wie treffend sie mit ihren einfachen Mitteln wirklichkeitsbezogene Themen in Bilder umsetzen können.

Unsere Klasse

Material
- schwarze Fineliner
- Deckfarben
- Haarpinsel
- Jacksonkreide
- schwarzes Tonpapier

Bild 22

Einander wahrnehmen (2. Schuljahr)

Anlaß und Intention

Im zweiten Schuljahr haben sich die Kinder in ihre Klassengemeinschaft eingelebt, haben untereinander Beziehungen geknüpft und sind nicht mehr in so hohem Maße lehrerzentriert wie Schulanfänger.

Aber kennen sie einander? Wie gut kennen sie sich selbst, in ihrer Erscheinung, in ihren Neigungen und Interessen? Diese Fragen bildeten den Anlaß zu einem Vorhaben, in dem es darum ging, Beziehungen der eigenen Person in der Gemeinschaft der Klasse zu entdecken, sie durch gezielte Wahrnehmung, durch Vergleichen und Einordnen zu klären und in Darstellungen bewußt zu machen. Das konnte nur in einer Art und Weise geschehen, die dieser Altersgruppe angemessen ist, in einem anschaulichen, handelnden Unterricht.

Realisation

Wir saßen in einem großen Kreis, sahen uns an und stellten fest, daß jedes Kind ein anderes Aussehen hat. Britta fand, daß es auch Merkmale gibt, die mehrere Kinder gemeinsam haben, z. B. gibt es Jungen und Mädchen.

Mit diesen gemeinsamen Merkmalen begannen wir unsere Gruppenspiele: Die Gruppe der Mädchen und die der Jungen bildeten sich im Kreis.

Andere Ordnungen wurden gefunden, die Körpergröße zum Beispiel. Da mußte man nun schon genauer hinsehen. Es machte Spaß, die Größe zu vergleichen und sich aneinander zu messen. Schließlich hatten sich drei annähernd homogene Gruppen gebildet.

Die Haarfarbe war ein anderes Kriterium, mit dem wir die Spiele fortsetzten. Die Aufgabe wurde schwieriger. Wir einigten uns zunächst auf zwei große Gruppierungen: blonde und braunhaarige Kinder. Die hellblonden und dunklen ließen sich schnell einordnen. Dann merkten die Kinder aber, wie viele Blondtöne es gab. Es wurde schwer zu unterscheiden, wer noch dunkelblond war und wen man als braunhaarig bezeichnen konnte. Die Verwunderung über die Nuancen der Haarfarben war den Kindern anzumerken. Sie hatten sie noch nie bewußt wahrgenommen.

Durch die Versuche, Gruppierungen zu finden, intensivierte sich ihre Wahrnehmung. In einem gemeinsamen Bild wurde das Resultat der Bemühungen festgehalten. Dazu zeichnete jedes Kind seinen Kopf mit schwarzem Fineliner auf ein weißes Blatt, versuchte mit Deckfarben seine Haarfarbe zu mischen, malte sie ein und schnitt den Kopf aus. Miteinander ordnete die Klasse nach den gefundenen Gruppierungen die Köpfe auf einem weißen Zeichenbogen, klebte sie auf und jeder schrieb seinen Vornamen unter seinen Kopf.

Verkleinerte Fotokopien des Bildes wurden an alle ausgegeben. Einige Kinder teilten ihre Erfahrungen mit, die sie beim Mischen der Farben gemacht hatten: Daniela hatte für ihr rotblondes Haar Ocker mit viel Orange gemischt, Daniel hatte für sein hellblondes Haar etwas Deckweiß zum Ocker gegeben, Britta hatte zum Ocker Braun getan, weil sie dunkelblondes Haar hat, und Jana hatte für ihr dunkles Haar Braun mit Schwarz gemischt.

Die Einzelerfahrungen wurden so an alle Kinder weitergegeben und jedes malte nun auf seinem fotokopierten Blatt die Haarfarbe der Mitschüler ein. Dabei lernten sie Ocker und Braun als Ausgangsfarben für blond und braunhaarig zu variieren, aufzuhellen, zu verdunkeln und mit einer leuchtenden Farbe zu intensivieren.

Weitere Merkmale, die man vergleichen konnte, wurden von den Kindern gefunden. Die Augenfarbe wurde interessant für sie. Man sah sich gegenseitig in die Augen und ließ sich die eigene Farbe bestätigen. Es bildeten sich Gruppen von braunäugigen, blauäugigen, grünäugigen und grauäugigen Kindern. Zwischen den Grau- und Grünäugigen gab es einige Dispute. Man konnte sich nicht einigen, weil es schwerbestimmbare Farbübergänge gab. Schließlich entschieden sich die Betroffenen selbst für eine der beiden Gruppen. Ein zweites Bild mit den Köpfen aller Kinder wurde angefertigt, in denen die Augen besonders groß gezeichnet werden mußten, damit man die Augenfarbe gut erkennen konnte. Dieses Bild wurde für die Mappen der Kinder ebenfalls fotokopiert.

Die immer wieder anders zusammengesetzten Gruppen gaben den Spielen einen besonderen Reiz.

Die Ich-Figuren

Material
- Blumendraht
- Tempotaschentücher
- Mullbinden
- Leukoplast
- Styroporkugeln
- Dispersionsfarbe
- Haar
- Filzstoff
- Garn
- Schere
- Nadel

Eine Variante, durch die neue Darstellungsformen des Ich und des Wir erschlossen wurden, bildeten unsere Ich-Figuren, die verkleinerte Abbilder der Kinder darstellten und von jedem selbst gebastelt wurden. Sie wurden ihre Medien, mit denen sie sich aus der Distanz in ihren Beziehungen zu den Mitschülern sehen konnten.
Die kleinen Figuren mußten beweglich und robust sein, weil wir viel mit ihnen vorhatten.
Ein Drahtgestell bildete den Kern. Es wurde aus einem etwa 60 cm langen, kräftigen Blumendraht so gebogen:

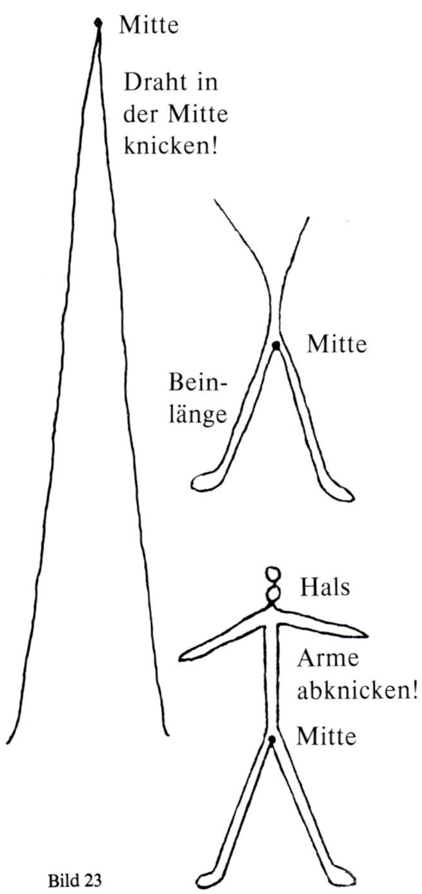

Bild 23

Wenn man vom Drahtgestell absieht, konnten alle übrigen Bastelarbeiten von den Kindern selbst ausgeführt werden. Nachdem jedes Kind sein Drahtgestell bekommen hatte, schnitten sie Papiertaschentücher in vier Streifen. Sie wickelten sie um den Rumpf, die Beine und die Arme (den Rumpf mit der doppelten Menge Lagen) und klebten sie fest. Dann umwickelten sie mit Mullbinden den Körper, bis er die richtige Form hatte. Nun wurde das ganze Figürchen mit Leukoplast umklebt. Es war jetzt fest und kompakt und nach allen Richtungen biegbar. Zum Schluß wurde eine Zellstoffkugel als Kopf auf die Halsdrähte gepreßt und festgeklebt. Damit waren die kleinen Figuren im Rohbau fertig. Nun mußten sie noch die persönliche Note bekommen, um eine Ich-Figur zu werden. Die Kinder malten den Kopf rosa an und zeichneten ihre Augen, den Mund und die Nase auf. Dann spendeten sie eigenes Haar und klebten es ihrem Figürchen auf den Kopf. Es hatte nun schon Ähnlichkeit mit seinem Urheber.
Damit war es aber noch nicht fertig. Jetzt mußte die Kleidung genäht werden. Wir beratschlagten, wie sie aussehen sollte und kamen zu dem Schluß, zur besseren Unterscheidung für die Mädchen Rock und Jakke und für die Jungen Hose und Jakke zu nähen. Zwölf verschiedenfarbige Filzstoffe lagen bereit, und jeder konnte sich zwei Lieblingsfarben aussuchen. Beim Zuschneiden brauchten die Kinder Hilfe, obwohl die Schnitte sehr einfach waren.

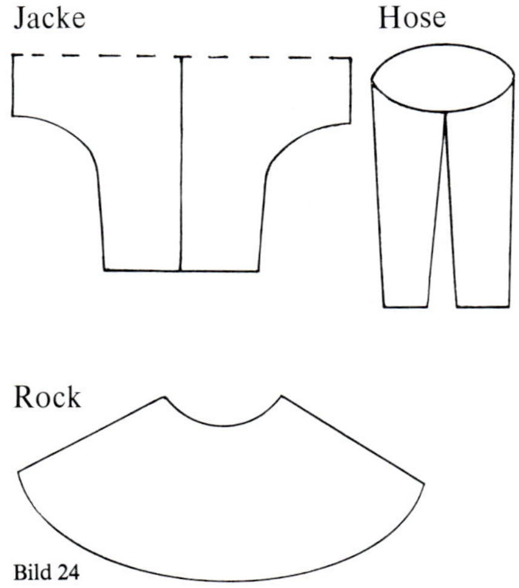

Bild 24

Bild 25

Das Nähen mit einem engen Reihstich schafften alle Kinder allein. Zwar sah manche Naht etwas „geprünt“ aus, aber das machte nichts. Wenn das Teil gewendet und angezogen war, sah man das nicht mehr. Zum Schluß schrieb jedes Kind seinen Namen auf einen Streifen und klebte ihn vorn auf die Jacke (Abb. 25). Der Stolz aller Kinder auf ihre gelungenen Ich-Figuren war sehr groß. Sie mußten sie unbedingt erst einmal zu Hause zeigen.
Die Figuren waren bei den folgenden Spielen und Darstellungen nicht nur Objekte, mit denen sie sich außerordentlich gern beschäftigten, sondern auch wertvolle Hilfen bei der Entwicklung ihrer bildnerischen Fähigkeiten.
Sie waren so elastisch und durch das Drahtgestell so standfest, daß sich mit ihnen alle Bewegungen durchspielen ließen: laufen, springen, hokken, sitzen, knien, heben usw. Durch sie lernten die Kinder Bewegungen zu zeichnen, weil sie sich immer wieder an ihrem Figürchen vergewissern konnten. Das Bedürfnis, Bewegungen im Bild darzustellen, ist im ersten Schuljahr nur bei wenigen Kindern vorhanden. Mit den wachsenden Differenzierungsmöglichkeiten in der Formgebung entwickelte es sich, und so waren in diesem 2. Schuljahr die Ich-Figuren in ihrer Beweglichkeit eine große Hilfe für die Bewegungsdarstellungen im Bild.

Das Spiel „Mädchen - Jungen“

Bild 26

In der großen Pause hatte die Klasse wieder Gruppenfangen gespielt, eines ihrer Lieblingsspiele, das sie „Jungen - die Mädchen“ oder „Mädchen - die Jungen“ nannte. Dieses gerade erlebte Spiel wiederholten wir im Klassenraum mit den kleinen Figuren. Wir einigten uns darauf, daß die Mädchen die Fänger waren. Jedes Kind nahm sein Figürchen und brachte es in Laufstellung. Die weglaufenden Jungen- und die fangenden Mädchenfiguren wurden an einem Fuß oder an beiden Füßen mit Pinnadeln auf einem großen, dicken Teppichbodenstück befestigt. In spielerischer Weise wurde so lange umgestaltet und umgesteckt, bis eine alle befriedigende Fangspielsituation entstanden war. Diese im Modell nachvollzogene Spielsituation sollte in einem weiteren Schritt aus der Dreidimensionalität auf die Fläche übertragen werden. Dazu war eine dem Alter der Schülerinnen und Schüler entsprechende Arbeitsteilung notwendig.

Jedes Kind nahm sein Figürchen, steckte es an seinem Platz auf ein kleines Teppichbodenstück und malte mit Jacksonkreide auf schwarzem Tonpapier sich selbst in der an der Ich-Figur erprobten Laufstellung.

Es gelang den meisten Kindern, sich in der Laufbewegung darzustellen, sogar die konsequente Wendung in die Seitenansicht wurde vollzogen. Bei Kindern, denen die Umsetzung von Bewegung in die Fläche noch nicht so gut gelingt, muß man warten können. Das Angebot ist wichtig, ob es angenommen werden kann, ist eine Frage der individuellen Entwicklung.

Die fertigen Zeichnungen wurden ausgeschnitten. Kinder, die diese Arbeit früh beendet hatten, malten mit Leimfarben das Schulhofgebüsch auf einen großen, zusammengeklebten Tonpapierbogen. Auf diesen Bogen wurden die ausgeschnittenen Selbstbildnisse gelegt. Durch Hin- und Herschieben spielten wir das Fangenspiel hier noch einmal, bis wir eine gute Konstellation gefunden hatten und die Figuren festkleben konnten (Abb. 26). Die Kinder lernten dabei, daß es für die Darstellung des Spiels gelungene und weniger gelungene Anordnungen gibt und daß es wichtig ist, die Personen in eine Beziehung zueinander zu setzen.

Mein liebstes Spielzeug

Unterschiedliche und ähnliche Interessen und Neigungen wurden entdeckt, als die Kinder ihr liebstes Spielzeug mit zur Schule brachten. Fast alle Mädchen bevorzugten Puppen oder Teddybären. Bei den Jungen war die Eisenbahn Favorit oder Autos in allen Ausführungen. Interessengruppen bildeten sich, Spielzeug wurde ausgetauscht, ausprobiert und begutachtet.

Diese Situation hielten wir in einem großen Bild vom gemeinsamen Spielen fest. Jedes Kind malte sich selbst in Aktion mit seinem Spielzeug, dabei sollte es das Spielen in der Gruppe mitbedenken. Die Bewegungen spielten sich die Kinder gegenseitig vor oder klärten sie an ihren Ich-Figuren.

Die im vorhergehenden Bild erprobte Darstellungstechnik, die Komposition eines Gemeinschaftsbildes aus Einzelfiguren, wurde beibehalten, damit die Kinder sich ganz auf die Bewegung und Körperhaltung bei ihrer Selbstdarstellung konzentrieren konnten. Unseren Klassenraum verwandelten wir auf dem Bild mit Tonpapier, Tapete und gemaltem Spielzeug in einen großen Spielraum (Abb. 27). Dann stellten die einzelnen Spielgruppen ihre Selbstbildnisse zusammen, koordinierten sie untereinander und klebten sie auf.

Grundschulkinder sind bei einer solchen gemeinsamen Arbeit mit Eifer dabei, weil jedes Kind sich einbringen kann. Die Periode der Einzelarbeit ist kurz und das Gemeinschaftsbild durch seine Größe und Fülle für sie beeindruckend Es macht ihnen viel Spaß, sich selbst und die Freunde auf dem Bild zu sehen, zu zeigen und zu begutachten.

Bild 27

Bild 28

Turnen macht Spaß

In der Klasse waren eine Reihe begeisterter Turner. Sie äußerten den Wunsch, sich an den von ihnen bevorzugten Geräten darzustellen. Nicht alle Kinder wollten sich daran beteiligen, sie suchten sich andere Motive.
Das Bild der Turnhalle wurde aus Tonpapier geklebt und die gewünschten Turngeräte aus Tonpapierstreifen oder -stücken zusammengesetzt.
Wieder waren die Ich-Figuren das Medium, das die mit dem Körper erfahrenen Turnbewegungen anschaubar machte. Die Umsetzung in das Bild war nun nicht mehr schwierig (Abb. 28).
Der Umgang mit den Ich-Figuren war in der Klasse außerordentlich beliebt. Er war für die Kinder ein Spiel, das gelang und viele Variationen zuließ. Körperbewegungen lassen sich in der Dreidimensionalität leichter darstellen als auf der Fläche. Sie waren bei den beweglichen Figuren auch immer korrigierbar. Außerdem besitzen Kinder eine starke Affinität zu haptischen Betätigungen. Daß die Übertragung in die Bilder fast allen Kindern problemlos gelang, ist auf die Schulung ihrer Wahrnehmungen zurückzuführen.
Die Reihe der Darstellungen von Vorlieben und Interessen hätte sich noch fortführen lassen, doch sinnvoller schien ein Thema zu sein, das die Beziehungen der Kinder untereinander intensivieren konnte:

Fachspezifische Anmerkungen

Zu Schematisierung und Bewegungsdarstellung: Entwicklung geschieht immer im Zusammenwirken von Reifungs- und Lernprozessen. Im Kunstunterricht können Lernprozesse Entwicklungen fördern, wenn die bisherigen Formen den Kindern nicht mehr ausreichen.
Die bei vielen Schulanfängern anzutreffende „starre“ Menschendarstellung in der Frontalansicht, die ihnen Bewegungsdarstellung noch nicht ermöglicht, bezeichnet man als Schema oder als Zeichen „Mensch“. Schema ist kein negativer Begriff, wie z. B. Klischee. Er meint die „auffallende Ähnlichkeit in der Ausprägung der Bildzeichen bei Kindern zwischen dem 4. und 8. Lebensjahr“.[35) G. Mühle bezeichnet Schematisierung als „entwicklungsnotwendigen Prozeß, der das jeweils Erreichte im Sinne des Könnens verfügbar macht“.[36)]
Die immer größer werdende Differenzierungsfähigkeit bereichert die Ausdrucksmöglichkeiten der Kinder, und so wird im Laufe der ersten beiden Schuljahre ihr Bedürfnis, Bewegungen darzustellen, in anfänglicher Weise in den Bildern erkennbar: die Knie beginnen sich beim Seilspringen zu krümmen, die Beine gehen, Arme werden gehoben, der Kopf ins Profil gedreht usw. Jetzt sind die Kinder in der Lage, durch eigene Körpererfahrungen im Spiel, durch Wahrnehmungen der Bewegungen an ihren Mitschülern und durch das Nachvollziehen an den Ich-Figuren Bewegungen darzustellen und so Zuwendung und Beziehungen der Menschen untereinander in ihren Bildern auszudrücken.

„Wahrnehmung hat immer etwas mit Realität zu tun; wahrgenommene Realität . . . verweist in der Regel auf soziale Zusammenhänge, auf Zuwendung, Abwendung, Verständnis: für Partner, für Mitmenschen, für Kontrahenten, für Mitarbeiter, für Kinder – für wen auch immer, der sich zuwendet, abwendet oder Wahrnehmung, Zuwendung erwartet, erhofft, ersehnt: Wahrnehmung konstituiert soziale Zuammenhänge.“
Gunter Otto[34)]

Ich möchte ein Freund/eine Freundin sein

Ein Freund sein wollen ist etwas anderes, als einen Freund haben wollen. Es bedeutet Hinwendung zu einem anderen, und um diese Hinwendung ging es auch in den Darstellungen.
Wir fingen mit einem Namenskreis an der Wandtafel an, in dem die Vornamen aller Kinder der Klasse standen. Jedes Kind benannte ein anderes, dem es ein Freund oder eine Freundin sein wollte. Eine Linie verband die beiden Namen.
Es sollte damit kein Soziogramm erstellt werden und vor allem keine Diskriminierung entstehen, sondern nur Linien der Zuneigung aufgezeigt werden.
Das anschließende Gespräch kreiste um die Frage: Ein Freund oder eine Freundin sein wollen, was bedeutet das?
Die Kinder nannten: miteinander spielen - sich vertragen - zueinander halten - etwas verleihen - etwas schenken - dem Freund helfen. Den letzten Beitrag griffen wir auf und überlegten, wie man einem Freund oder einer Freundin helfen könnte. Folgende Vorschläge wurden gemacht: mit ihm aufräumen - mit ihr den Kakaokasten in die Pausenhalle bringen - mit ihm das Fahrrad putzen - eine kranke Freundin besuchen - ihr bei den Schulaufgaben helfen - einen Freund aufheben, der gefallen ist - ihn nach Hause bringen - beim Tragen helfen.
Jedes Kind suchte sich eine Situation, in der es helfen wollte. Es fanden sich Partner zusammen, die die gleiche Intention zum Helfen hatten. Sie holten sich ihre Ich-Figuren und begannen mit ihnen die Hilfsaktion gemeinsam aufzubauen. Die Kinder bemerkten dabei, daß man sich einander zuwenden muß, wenn man Hilfe gibt oder Hilfe empfängt. Das hatten sie bisher noch nicht bewußt wahrgenommen. Dieses Einanderzuwenden übertrugen sie in ihre Bilder.

Bild 29

Bild 30

Bild 31

Bild 32

Lernort Gärtnerei

„Das Suchen und Aufsuchen von Lernorten außerhalb des Klassenzimmers ist ein Weg der Schule, die Lern- und Erfahrungsmöglichkeiten der Kinder zu erweitern und so die Lerndefizite in einer veränderten Umwelt zu vermindern.“[37)]

Das Aufsuchen von Lernorten außerhalb der Schule hat für den Sachunterricht fundierende Bedeutung. Aber auch im Kunstunterricht, der von sinnlichen Erfahrungen ausgeht und die Erschließung der ästhetischen Wirklichkeit anstrebt, kann auf Erkundungsgänge nicht verzichtet werden. Sie sind oft die gemeinsame Basis, sowohl für den Sachunterricht, den Sprachunterricht als auch für den Kunstunterricht. Unser Erkundungsgang in die Gärtnerei Feitscher war für alle drei Fächer von Bedeutung.

In der Gärtnerei Feitscher (2. Schuljahr)

Bild 33

Material
- Dispersionsfarben
- Borstenpinsel Nr. 12
- Packpapier DIN A3
- Jacksonkreide
- Zeichenblockpapier DIN A3

Anmerkungen zum Malen mit Dispersionsfarben S. 30; Anmerkungen zum Umgang mit Jacksonkreide S. 27.

Anlaß und Intention

Beliebte Motive in der freien Arbeit der ersten und zweiten Schuljahre sind Blumen und Kinder. Der Unterrichtsgang in die Gärtnerei kam den Interessen dieses zweiten Schuljahres sehr entgegen. Eine Gärtnerei spricht mehr als andere Betriebe das ästhetische Empfinden an. Die leuchtenden Blumenfarben, das unterschiedliche Grün der Blätter im hellen Licht der Gewächshäuser regt zum Malen an.

Realisation

Der Gang in die Gärtnerei war Voraussetzung für den Unterricht. Er wird hier deshalb kurz beschrieben: In der Nähe unserer Schule liegt die Gärtnerei Feitscher. Sie hat mehrere Gewächshäuser und einen Laden an der Straße. Die Besitzerin empfing uns dort und wir konnten uns die Vielfalt der Blumen in ihren Formen und Farben ansehen. Es hingen Blumenampeln von der Decke, und Blumenschalen und -sträuße standen in den Regalen und auf Tischen.

Wir gingen dann weiter zu den Gewächshäusern. Neugierig schauten einige Kinder durch das Glas und bemerkten den Gärtner hinter den Scheiben. Er holte uns herein und führte uns zu den Gehilfinnen im Arbeitsraum. Sie pikierten gerade Tagetespflänzchen, dabei beantworteten sie gern die Fragen der Kinder und erklärten ihnen die Aufzucht vom Samen zur blühenden Pflanze. Der Gärtner zeigte uns in den Gewächshäusern die Ablegerzuchten und die tropischen Gewächse, die durch ihre Blätterformen und exotischen Blüten für die Kinder sehr in-

teressant waren. Besonders beeindruckend war für sie aber die Fülle der blühenden Pflanzen auf den Gewächshaustischen. Zum Schluß bekam jedes Kind eine kleine Blume als Geschenk, die zur weiteren Pflege im Klassenraum blieb.
Im Kunstunterricht des nächsten Tages suchten wir gemeinsam nach Motiven, die die Eindrücke des Unterrichtsganges wiedergeben würden. Der Empfang und die Besichtigung im Blumengeschäft und der Aufenthalt mit dem Gärtner oder einer Gehilfin in den Gewächshäusern waren als Motive besonders beliebt. Aber auch Motive von Kindern an den Beeten im Freiland oder von Kindern, die durch die Scheiben in das Gewächshaus sehen, wurden vorgeschlagen und ausgeführt.
Das Malmaterial konnte gewählt werden. Die Mehrzahl der Kinder entschied sich für Dispersionsfarben, die übrigen nahmen Jacksonkreiden.
Die Entwicklung der Darstellungsabsichten der Kinder läßt sich am besten an einzelnen Bildern beschreiben:
Claudia war von der Fülle und Vielfalt der Blumen im Laden besonders beeindruckt und malte deshalb den Besuch im Blumengeschäft (Abb. 33). Sie fing damit an, die Gärtnerin (rechts) und die Kinder in eine Reihe zu setzen. Sie verdichtete dann die Reihe zu einer Vierergruppe, indem sie das kleinere Kind rechts noch dazwischen malte. Dadurch und durch den Zwischenraum zu den beiden Kindern links hob sie die starre Reihung auf und erzielte eine viel lebendigere Wirkung. Vor dem Grün der Blumenwand und dem Braun des Ladenfußbodens wirkt die farbige Kleidung der Gruppe harmonisch. Die Blumenwand belebt das Bild durch die unterschiedlichen Grüntöne der Blätter und die hingetupften, hellen Farben der Blumen. Die Lockerheit im Farbauftrag und der Rhythmus der Gruppe geben dem Bild die fröhliche Lebendigkeit.
Daniela malte eine Kindergruppe mit der Gärtnereigehilfin im Gewächshaus (Abb. 34). Die Gehilfin steht rechts im Vordergrund zwischen zwei Kindern. Eine Zweiergruppe und ein Kind am Bildrand links befinden sich hinter dem Gewächshaustisch. Das Mädchen in der Mitte verbindet die beiden Gruppen. In der Hintereinanderordnung der Personen vor und hinter dem Blumentisch liegt die Wirkung des Bildbaus. Daniela kann mit Überdeckung umgehen. Für die Kleidung der Personen wählte sie die ungemischten Farben, durch die sich die Menschen aus der Umgebung abheben. Diese Farben kehren in den Blumen wieder und fallen deshalb aus dem Farbgefüge nicht heraus. Durch Farbbeschränkungen können die Kinder solche Farberfahrungen machen. Sehr sensibel wirkt die Farbgebung im Hintergrund. Die gelb-grüne Farbe der Pflanzen vermischt sich mit der hellblauen Farbe des Glases. Man muß allerdings annehmen, daß hier der Zufall mitgewirkt hat.

Bild 34

Für Ines war der Umgang mit den pastosen Farben so stimulierend, daß für sie nicht das Ergebnis, sondern das Malen als Tätigkeit vorrangig war (Abb. 35). Sie lebte sich so in Farben aus, daß der Bildbau ihr ganz unwichtig war. In diesem intuitiven, hingebenden Malen war sie glücklich. Die Menschen auf ihrem Bild tauchen aus den Pflanzen auf. Auch so kann man die Situation im Gewächshaus wiedergeben. Mit rhythmischen Pinselstrichen deutete sie die Pflanzen an. Ihre Malfreude und ihre Fröhlichkeit sind in das Bild eingegangen.
Ganz andersartig ist Daniels Darstellung (Abb. 36). Ihm war der Bildbau wichtiger als die Farbe. Deshalb wählte er wahrscheinlich auch Jacksonkreide, mit der er klar abgegrenzte Formen malen konnte. Er gibt die Situation vor dem Gewächshaus wieder:
Einige Kinder schauen neugierig durch das Glas und entdecken dahinter den Gärtner. Er setzte die Überdeckung ein, um eine dichtgedrängte Kindergruppe darzustellen. Den Gärtner kann man hinter dem Glas des Gewächshauses erkennen. Daniel übermalte die ganze Glasfront mit grauer Kreide und erreichte dadurch eine Trübung der Farben, die den Eindruck einer Glaswand erweckt.

Bild 35

Bild 36

Fachspezifische Anmerkungen

Zur Motivwahl: Die vier Kinder, die diese Bilder malten, haben in ganz unterschiedlicher Weise ihre Eindrücke von dem Unterrichtsgang in die Gärtnerei wiedergegeben. Die Freiheit in der Motivwahl ist eine Voraussetzung für individuelle Entwicklungen im ästhetischen Bereich. Wenn der Lehrer ein für alle verbindliches Motiv vorgibt, schränkt er die kindliche Kreativität ein.

Der Einwand, daß ein Lehrer auf Grund seiner Ausbildung und seiner Erfahrungen viel geeignetere Motive finden kann, an denen die Kinder ästhetische Gesetzmäßigkeiten erkennen und erlernen können, läßt sich nicht halten und führt zu einer Verarmung der Ergebnisse.
Wenn man das Kind als Individuum ernst nimmt, erkennt man an, daß es vielerlei Wege in den Prozessen der bildnerischen Darstellung gibt und die sollte man nicht von vornherein beschneiden.

Aus den Bildlösungen ihrer Mitschüler lernen die Kinder ebenso, wie aus ihren eigenen Arbeiten.
Die Ergebnisse sollten deshalb ausgehängt und gemeinsam betrachtet werden. Dabei geht es nicht um die Wertung, sondern um das Verständnis der Bilder, zu dem die Kinder, die sie malten, am besten beitragen können.

Schulwege Unter der Überschrift Schulwege sind vier Themen, die sich alle auf Schulwege beziehen, zusammengefaßt worden:

- Auf dem Schulwege
- Auf dem Schulweg vor 100 Jahren
- Auf dem Schulweg in 100 Jahren
- Eine Schulbusgeschichte

Auf dem Schulwege (3. Schuljahr)

Anlaß und Intention
Alice berichtet morgens bei Unterrichtsbeginn von ihrer Katze, die ihr immer auf dem Schulweg nachläuft. An diesem Morgen wäre sie fast von einem Auto überfahren worden, weil sie plötzlich auf die Straße sprang. Funda erzählt, daß sie jeden Morgen auf dem Schulweg an der Gärtnerei Feitscher vorbeigeht und die Blumen in den Schaufenstern beguckt. An diesem Morgen lag eine Narzisse auf dem Bürgersteig. Sie brachte sie mit in die Schule.

Das sind kleine Schulwegerlebnisse, die die Kinder morgens ihrer Lehrerin und ihren Mitschülern gern erzählen. Manchmal schrieben wir sie auf.
Im Sachunterricht bekamen die Kinder die Aufgabe, sich auf ihrem Schulweg die Richtungsveränderungen zu merken und besondere Kennzeichen am Wege zu finden.
In der Schule zeichneten sie dann ihren Schulweg in seinem Verlauf so auf, wie sie ihn im Gedächtnis hatten. Die markanten Kennzeichen und Stellen am Wege, z. B. die Ampel, das Telefonhäuschen, den Feuermelder, das Lebensmittelgeschäft, den Spielplatz, den Heckenweg und andere Besonderheiten, an denen sie täglich vorbeikamen, trugen sie als Merkpunkte in ihr Schulwegbild ein.
Es folgte an einem der nächsten Tage ein Erkundungsgang im Wohnviertel an den Elternhäusern vorbei.
In der Klasse entwickelten wir einen Straßenplan des Viertels, auf dem jedes Kind seinen Schulweg suchte und einzeichnete. Der als Vorläufer gedachte frei gezeichnete Schulwegverlauf konnte nun mit dem Verlauf auf dem Plan verglichen werden.
Das Thema Schulweg kann man so unter verschiedenen Aspekten sehen. Es ermöglicht sowohl den subjektiv-emotionalen, als auch den sachorientierten, auf Objektivierung zielenden Zugriff.
Im Kunstunterricht sollten beide Aspekte zum Tragen kommen: Stimmungen und Gefühle, Wahrnehmungen und Beobachtungen.

Realisation
Zu Beginn des Unterrichtes im Fach Kunst trugen die Kinder zusammen, was ihnen alles so durch den Kopf geht, wenn sie an ihren Schulweg denken. Sie nannten: manchmal trödeln – manchmal hetzen – an die Hausaufgaben denken, die nachlässig gemacht wurden – sich auf ein Lieblingsfach freuen – nach Freunden Ausschau halten – Mitschüler treffen – sich etwas erzählen oder sich streiten – bei Kälte und im Dunkeln schneller gehen – an der Ampel warten – den Verkehr beobachten – auf dem Fahrrad im Verkehr aufpassen usw.
Diese Klasse wohnte im Umkreis der Schule. Die Schüler kamen zu Fuß oder mit dem Fahrrad zum Unterricht.
Durch die vorausgegangene Beschäftigung mit dem Thema hatten die Kinder keine Schwierigkeiten, ihr Motiv zu finden. Es konnte nur aus ihren eigenen Schulwegerfahrungen entwickelt werden, und so zeigten die Bilder sehr unterschiedliche Lösungen, wie es bei der Offenheit des Themas auch nicht anders zu erwarten war: Unterschiedliche Verkehrssituationen mit dem Fahrrad – Mit der Freundin noch schnell in die Schuleinfahrt hetzen – Eilig durch

den Heckenweg laufen - Von der Mutter im Auto zur Schule gebracht werden u. a. mehr. Immer war die Situation an bestimmte Stellen im persönlichen Schulweg gebunden. Das verdeutlichen die Bilder 37 und 38, die beide das Zusammentreffen mit einem Schulfreund zeigen und trotzdem sich in der Darstellung nicht ähneln.
Thomas malte das Zusammentreffen mit seinem Freund an der Druckampel (Abb. 38). Gerade kommt ein Auto angefahren, in dem eine Mitschülerin mit ihrer Mutter sitzt. Das Auto muß halten. Die Jungen freuen sich, Vortritt zu haben. Die nicht so glückliche Teilung des Blattes in zwei Hälften entstand durch den Verlauf der Straße und des Bürgersteiges vom unteren zum oberen Blattrand. Die Ampel, die die Grenze zum Teil überdeckt, mildert diese Teilung. Durch seine Raumordnung sah sich Thomas gezwungen, das Auto von vorn zu malen. Das bereitete ihm einige Schwierigkeiten. Kinder geben lieber die charakteristische Seite eines Gegenstandes wieder, und das ist beim Auto die Seitenansicht.

Material
- Jacksonkreide (Pastell-Öl-Kreide)
- schwarzes Tonpapier DIN A3

Bild 37

Bild 38

Bild 38 zeigt die von Kindern bevorzugte Raumlösung bei Straßenbildern. Thorsten trifft vor dem elterlichen Garten auf seinen Freund. Die gegenseitige Zuwendung der beiden bei der Begrüßung ist gut gelöst. Diese Begegnung ist das Zentralanliegen in dem Bild. Die Klarheit der Aussage wird aber durch den Fischteich zwischen den beiden Jungen gestört, weil er in Form und Farbe zu stark aus der Hintergrundsfläche heraustritt. Die Erklärung, die Thorsten für die Lage des Teiches gab, war realistisch. Nach seinen Angaben befindet er sich genau an dieser Stelle im Grundstück.

Es geht Kindern selten um ästhetische Lösungen, sondern um die Darstellung der Wirklichkeit, wenn sie sich zwischen beiden entscheiden müssen.

Bild 39

Auf dem Schulweg vor 100 Jahren (3. Schuljahr)

Anlaß und Intention

Eine Fotografie „Auf dem Weg zur Schule. Um 1900" aus dem Buch „Die Schule in Lippe 1800–1945" von Volker Wehrmann[38)] interessierte die Kinder außerordentlich. Sie zeigt einige Schüler auf ihrem Schulweg. Der Lehrer erwartet sie am Schultor.

Wir fanden in dem Buch noch mehrere Fotografien aus der Zeit vor der Jahrhundertwende. Es wurde zu einer Fundgrube dafür, was Schule und Schulweg vor 100 Jahren bedeuteten: Große Klassen von 60 bis 75 Kindern, getrennte Mädchen- und Jungenklassen, sehr ernste kindliche Gesichter, ein strengblickender Lehrer und Klassenräume mit langen Holzbänken. All das verwunderte die Kinder sehr und motivierte sie zu einer Gemeinschaftsarbeit mit dem Thema „Auf dem Schulweg vor 100 Jahren".

Eine Sammlung alter Schulutensilien: Griffel, Griffelkästen, Federhalter und Tintenfässer sollte parallel laufen, weil die Kinder glaubten, bei ihren Großeltern noch solche Dinge zu finden. Leider kam die Sammlung nicht zustande, weil nichts mehr aufgehoben war.

Realisation

Unser Ziel war es, ein Schaubild mit dem Titel „Auf dem Schulweg vor 100 Jahren" zusammenzustellen. Das sollte in Gruppenarbeit geschehen. Zwei Gruppen bekamen Fotokopien von den alten Schulklassenbildern. Sie suchten sich jeder ein Kind aus der Klassengruppe aus, um es in seiner Kleidung, seiner Haartracht und mit seinem Ranzen so zu malen, als wäre es auf dem Schulweg.

Eine dritte Gruppe ordnete die fotokopierten Bilder aus dem Buch, schnitt sie sauber aus, beschriftete sie und stellte das Schaubild zusammen.

Beim Malen mußten die Schülerinnen und Schüler sich die Fotokopien sehr genau ansehen, um das Aussehen der Kinder vor 100 Jahren in ihre Figuren übertragen zu können. Es gelang ihnen recht gut und machte ihnen Spaß, weil Matrosenanzüge, Kniehosen mit Stoffjacken und lange Volantkleider ihnen so fremd waren.

Das Schaubild zog in der Pausenhalle die Kinder anderer Klassen an: Es weckte ihre Neugier und den Wunsch, von Schule in früherer Zeit mehr zu erfahren.

Die Schulordnungen um die Jahrhundertwende, Kinderarbeit in Fabriken und in der Hauswirtschaft waren Themen, die unsere Schüler und Schülerinnen sehr interessierten.

Material

- Fotokopien von alten Fotografien
- Jacksonkreide
- Zeichenblockpapier DIN A3
- großer, grauer Tonpapierbogen, 70 x 145 cm

Anlaß und Intention

Der Blick zurück in das vorige Jahrhundert führte den Kindern vor Augen, welche Veränderungen in einem solchen Zeitabschnitt vor sich gehen. Das löste die Frage aus, wie es auf dem Schulweg wohl in 100 Jahren aussehen würde.
Die Begeisterung, mit der die Kinder dieses Thema aufgriffen, zeigte, wie gern sie ihrer Phantasie freien Lauf lassen.

Material

- Jacksonkreide
- schwarzes Tonpapier DIN A3

Bild 40

Bild 41

Realisation

Dieses Thema brauchte nicht eingeführt und auch nicht besprochen zu werden. Die Jungen überboten sich im Entwerfen von Fahr- und Flugapparaten. Kein Kind würde in Zukunft mehr zu Fuß in die Schule gehen. Da waren Roboter, die Kinder zur Schule trugen. Auf Rädern rollende Einmann-Tonnen hatten Düsenantrieb. Gläserne Flugkugeln gab es und an vielen Geräten Propeller.
In Bild 40 ist ein Propellerrad zu sehen, der Roller hat Düsenantrieb und der Flugrucksack beides. Aber auch flügelschlagende Kinder wird man in 100 Jahren in der Luft sehen. Alle Schüler werden mit Spezialhelmen ausgestattet sein, und natürlich wird der Schulhof eine Landefläche haben.
Die Jungen bauten auf die Technik. Aber auch die Mädchen bemühten sich um technische Details, doch alles war ein wenig sanfter und zarter. Die mit Hilfe von Propellern zur Schule fliegenden Mädchen sahen aus wie kleine Engelchen (Abb. 41). Es gab fliegende Teppiche und Kleinfahrzeuge mit Glaskuppeln. Einen besonders originellen Einfall hatte ein Mädchen, das die zukünftigen kleinen Schülerinnen mit Ohrenflügeln ausstattete.
Die Offenheit eines Themas gibt den Schülern die Möglichkeit, eigene Ideen zu entwickeln und Bildlösungen ihrem Können entsprechend zu finden. Das Thema ist dann nur der Anstoß, der die Phantasie anregt und Bildvorstellungen freisetzt.

Eine Schulbusgeschichte (3. Schuljahr)

Anlaß und Intention

Schulweg bedeutet heute für eine Reihe von Schülerinnen und Schülern Fahrt mit dem Schulbus.
Ein drittes Schuljahr, das sich an dem Schulwegthema beteiligen wollte, war eine Fahrklasse, deren Schulwegerlebnisse ganz anderer Art waren als die der Kinder, die in der Nähe der Schule wohnten. Zu Beginn des Unterrichts wurde oft von den Geschehnissen im und am Bus erzählt. Solche Berichte wurden Grundlage unserer Bildgeschichte, die die Situationen einer Fahrt zur Schule zum Inhalt hat.

Material

- Jacksonkreide
- graues Tonpapier DIN A3 für die Darstellung des Busses von außen
- blaues Tonpapier DIN A3 für die Darstellung des Busses von innen

Realisation

Die Umsetzung der Geschichte in Bilder warf schon in der Planung Probleme auf. Die Arbeit mußte koordiniert werden. Motive zum Malen wurden von den Kindern vorgeschlagen und von ihnen als gut empfunden oder abgelehnt. Schließlich hatten wir 15 Motive gefunden. Sie sollten verteilt werden. Das war nicht einfach, weil mehrere Kinder gleiche Motive malen wollten und für andere sich niemand interessierte. Wir ließen deshalb die Verteilung erst einmal offen.
Die Kinder hatten die Motive von den Inhalten her beurteilt. Darüber, wie sie sich in Bilder umsetzen ließen, hatten sie sich bei ihren Vorschlägen noch keine Gedanken gemacht. Das kam erst, als sie sich für ein Motiv entscheiden sollten. Die Situationen außerhalb des Busses waren nicht so schwierig darzustellen. Aber alles, was im Bus geschah, erforderte ein ganz neues räumliches Denken. Deshalb war gezielte Beobachtung notwendig.

Die Klasse bekam Beobachtungsaufgaben für die Busfahrten am Mittag und am nächsten Morgen, die wir gemeinsam zusammenstellten. Genau beobachten:

1. den Bus von außen. Farbe Beschriftung, besondere Kennzeichen,
2. das Einsteigen, Kinder drängeln in den Bus,
3. von außen durch die Busfenster sehen,
4. das Innere des Busses vom Gang neben dem Fahrersitz aus sehen,
5. das Innere des Busses vom Mittelausstieg her sehen,
6. das Aussteigen aus dem Bus.

Fachspezifische Anmerkungen

Zur Bildgeschichte: Die Bildgeschichte ist eine Kunstform mit einer langen Tradition. Als die überwiegende Anzahl der Menschen noch nicht lesen konnte, war sie neben der mündlichen Erzählung die einzige Form Geschichten zu übermitteln. Mit den Comics wurde sie in unserer Zeit wieder sehr populär. Welches Grundschulkind kennt nicht die Micky-Maus-, Fix-und-Foxi-, Superman-Hefte u. a.
Bildgeschichten werden meistens gezeichnet und oft dann mit wenigen Farben ausgelegt.
Das Interesse an Bildgeschichten wird im Sprachunterricht als Kommunikationsanreiz genutzt, und die Interpretation von Bildgeschichten spielt in der mündlichen und schriftlichen Spracherziehung eine Rolle.
Das Bild ist Medium im Kunstunterricht und von daher hat die Bildgeschichte hier ihren Platz.
In diesem Buch werden vier Bildgeschichten vorgestellt, zwar in verkürzter Form, aber die wesentlichen Elemente der Geschichten sind enthalten. Diese Bildgeschichten unterscheiden sich in Inhalt, Form und Intention.
Die gemalte Schulbusgeschichte will Fahrterlebnisse einer „Busklasse" erzählen (S. 50).
Die gezeichnete Bildgeschichte „1447 - Die Böhmen kommen" gibt eine Episode wieder aus der Geschichte der Menschen unserer Stadt. Dazu gehörte die Beschäftigung mit den Lebensverhältnissen einer vergangenen Zeit und Vorstellungsfähigkeit bei der Umsetzung in Bilder (S. 99).
Die Bildgeschichte „Im Wurzellande" entwickelte sich aus der von der Klasse aus Waldtrouvaillen gebauten Hüttensiedlung. Sie regte die Phantasie der Kinder so an, daß sie eine Geschichte erfanden, die in Bilder übertragen wurde (S. 117).
Bei den Bremer Stadtmusikanten wurden die sprachlichen Bilder des Märchens in gemalte Bilder umgesetzt. Sie waren der Rahmen für das Spielstück (S. 128).
Solche Bildgeschichten sind Gemeinschaftsarbeiten, die die Vielfalt kindlicher Ausdrucksfähigkeit zeigen.
Sie spornen die Leistungsbereitschaft eines jeden Kindes sehr an, weil sein Beitrag notwendig ist und in der Gesamtaufgabe seinen Platz findet.
Sie stärken das Wir-Gefühl der Klasse.

Durch die gezielte Wahrnehmung wurde die Motivwahl erleichtert. Die Identifizierung mit einem Motiv gelang besser, weil sie sich aus eigenen Beobachtungen entwickeln konnte. Wir verzichteten auf die Verteilung der 15 Motive vom Vortage. Jedes Kind machte seinen Bildvorschlag, dabei zeigte es sich, daß auch auf diese Weise genügend unterschiedliche Bilder entstehen würden, die sich zu einer Bildgeschichte zusammenstellen ließen.
Hier ist die Bildgeschichte auf sechs Abbildungen reduziert worden, die aber Wesentliches wiedergeben.
In Bild 42 ist die Ankunft des Busses an der Haltestelle Krankenhaus dargestellt. Hier steigen die meisten Kinder zu, auch Alexandra, die dieses Bild malte. Die Kinder drängen zum Einstieg hin, im Bus warten schon Mitschüler auf sie. Das Drängen zur Bustür wird in dem Bild durch Überdeckung gelöst. Der Bus ist in Form und Farbe detailliert gemalt.
Die Besonderheit des Bildes 43 liegt in dem Ausschnitt, den Melanie gewählt hat. Er ist für Kinder ungewöhnlich. Durch drei Fenster fällt der Blick von außen in das Innere des Busses. Im Mittelgang sind mehrere Mädchen auf der Suche nach einem Sitzplatz. Durch Überdeckung ist die räumliche Ordnung der sitzenden und laufenden Kinder gelungen.
Britta löste das Raumproblem im Inneren des Busses durch die Staffelung zum oberen Bildrand hin (Bild 44). Sie setzte Bänke und Kinder hintereinander. Im Mittelpunkt der Bildhandlung stehen zwei der vier Schülerinnen auf der vorderen Bank. Eine der beiden ist Britta selbst. Sie wirft einen Keks zu ihrer Freundin hinüber. Alle übrigen Kinder sind mit ihren Blicken auf dieses Geschehen zentriert. Die herumliegenden Ranzen zeigen die Nachlässigkeit der Schülerinnen und Schüler im Umgang mit ihren Sachen.

Bild 42

Bild 43

Bild 44

Bild 45

Bild 46

Bild 47

Daß es im Schulbus nicht nur Lärm und Unordnung gibt, erzählt Jörn-Henner, der Bild 45 malte. Während der Fahrt wird gesungen. Das ist den Kindern von Wanderfahrten her vertraut und bei ihnen sehr beliebt. Er stellt auf seinem Bild den hinteren Teil des Busses mit der durchgehenden Sitzbank dar. Seinem Bildbau liegt das gleiche Ordnungsprinzip zugrunde, das auch in Bild 44 zu sehen ist.

Andreas zeigt in Bild 46 eine Situation, die zwar nicht alltäglich ist, aber doch hin und wieder vorkommt. Der Busfahrer mußte aussteigen, um am Bus etwas nachzusehen. Als er wieder einsteigt, findet er ein Tohuwabohu vor. Zwei Jungen hängen an der Haltestange und ein dritter hat sich auf den Führersitz gesetzt. Der Busfahrer zieht ihn an den Ohren und droht den randalierenden Kindern. Andreas hat eine andere räumliche Ordnung für die Darstellung des Businneren gefunden. Der Betrachter schaut von der Seite in den Bus hinein. Auch hier ist das Prinzip der Staffelung zu erkennen, doch der Junge vermeidet dabei die Überdekkung.

Pauline malte die Ankunft am Schulhof (Bild 47). Die Bustür ist geöffnet. Im Bannkreis der Schule benehmen sich die Kinder wieder sehr gesittet und steigen ohne zu drängeln aus dem Bus heraus.

Bild 42, 43 und 47 sind auf hellgrauem Untergrund gemalt. Die Farben wirken auf diesem Grund viel leuchtender als auf dem blauen. Damit ist das Im-Bus-sein und das Außerhalb-des-Busses-sein auch farblich erkennbar. Farbiges Papier zu nehmen und als Untergrund mit in das Bild einzubeziehen, ist dann sinnvoll, wenn die Farbe zum Motiv paßt.

Unser Fahrtentagebuch 1986 (3. Schuljahr)

Material
- Schwarze Fineliner
- Filzstifte
- weiße DIN-A5-Kartons

Anlaß und Intention
Als wir uns nach unserem viertägigen Aufenthalt in einem Naturfreundehaus, das mitten im Teutoburger Wald liegt, in der Schule wiedersahen, stand es für uns fest: Wir müssen ein Fahrtentagebuch machen!
Der Gedanke an das Buch war uns schon während unseres Aufenthaltes gekommen. Deshalb hatten sich die Kinder jeden Abend kurze Notizen zu den Tagesereignissen gemacht. Wir hatten so viel gesehen und erlebt! Fotos allein genügten da nicht, wir wollten auch schreiben und zeichnen.
Erinnerungen selbst „ins Bild setzen", ist mehr, als sie nur im Foto festzuhalten. Man muß sie rekonstruieren und erlebt sie im Zeichnen und Schreiben noch einmal nach. Man muß sich an Einzelheiten erinnern und sie sich vor Augen führen. Beim Schreiben und Zeichnen wird das Erinnerungsbild immer prägnanter, bis es in der zeichnerischen und sprachlichen Gestaltung feste Formen annimmt, die es auch für andere anschaubar macht.

Realisation
Alle Kunst-, Sprach- und Sachunterrichtsstunden setzten wir guten Gewissens für dieses Vorhaben ein, denn alle drei Fächer waren tangiert.
Ein solcher Aufenthalt mit einer Klasse ist gemeinsamer Spaß, gemeinsames Spiel und darüber hinaus Entdecken und Erforschen neuer Lernorte: der Bach, der Amazonas genannt wurde, war nur wenige Schritte vom Naturfreundehaus entfernt, der Segelflugplatz, das Archäologische Freilichtmuseum in Oerlinghausen und die Hünenburg auf dem Berg lagen in der Nähe. Der Förster kam mit seinem Hund und führte uns im Wald die Lebensbedingungen der Bäume vor Augen, wir sahen die Waldschäden, aber auch die „Kinderstube der Bäume", die Wiederaufforstungsanlage.

Die Planung unseres Buches begannen wir damit, nach den Notizen den Verlauf der einzelnen Tage zu rekonstruieren, um für das Tagebuch die zeitliche Reihenfolge festzusetzen. Dabei überlegten sich die Kinder schon, welches Erlebnis oder Ereignis sie darstellen wollten. Sie besprachen sich in ihren Gruppen. Innerhalb der Gruppen fand so schon eine Koordinierung statt. Sie machten ihre Vorschläge, und es kam zu einer Einigung in der Arbeitsverteilung.
Jedes Kind hatte zu seinem Thema eine Zeichen- und eine Schreibaufgabe. Es war ihm freigestellt, womit es anfangen wollte.
Die Mehrzahl der Kinder begann mit den Zeichnungen. Ihre Größe war durch den DIN-A5-Karton festgelegt. Die Berichte oder Erzählungen wurden auf ein DIN-A4-Blatt geschrieben. War noch genügend Platz vorhanden, wurde die Zeichnung mit auf dieses Blatt geklebt, andernfalls bekam das Kind ein zweites DIN-A4-Blatt zum Aufkleben seines Bildes.
Es sollte ein kleines geheftetes DIN-A5-Buch entstehen, keine Lose-Blatt-Sammlung. Für das Buch zeichneten mehrere Kinder gemeinsam ein Deckblatt.
Die technischen Einzelheiten zur Herstellung eines Buches sind am Ende des Kapitels unter Fachspezifischen Anmerkungen beschrieben worden (S. 56).
Es waren recht unterschiedliche Zeichnungen, Berichte und Erzählungen entstanden, einige mehr sachorientiert, andere ganz erlebnisbestimmt. Das hing natürlich auch mit den gewählten Themen zusammen.

Bild 48

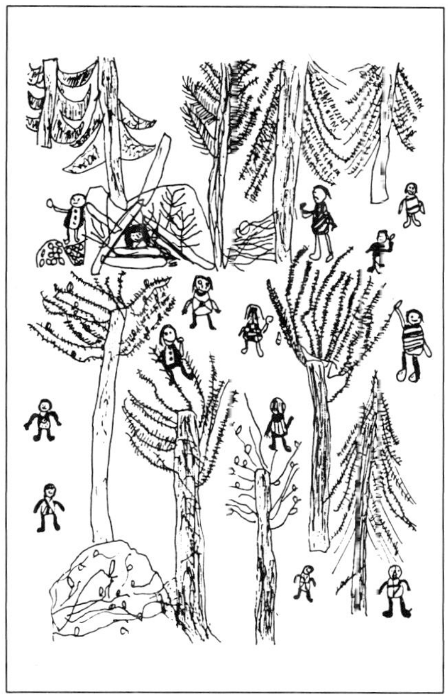
Bild 49

Bild 51

Bild 52

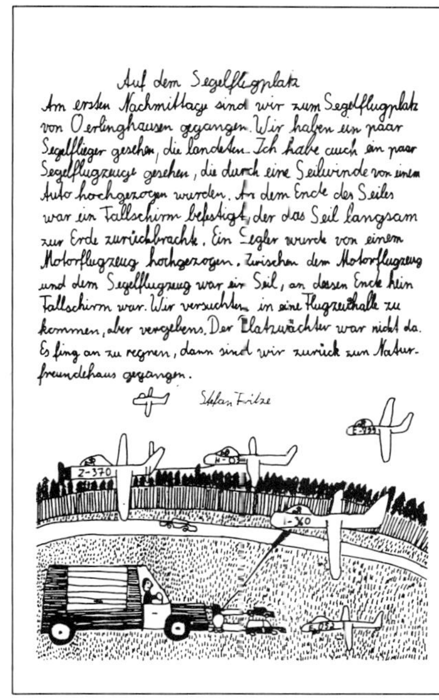

Bild 50

□ Floßfahrt auf dem Amazonas
Lars erzählt in Schrift und Bild die Ereignisse beim Spiel mit den selbstgebastelten Flößen (Abb. 48). Die kräftige Strömung und der kurvenreiche Verlauf des „Amazonas“ sind mit schwungvollen Linien gezeichnet. Den Flößen schenkte er große Aufmerksamkeit, er hat sie detailliert wiedergegeben. Katrin ist beim Überqueren in den Bach gefallen. Drei Kinder laufen hinzu, um ihr zu helfen. Während die Aufmerksamkeit der meisten Kinder auf den Sturz gerichtet ist, sehen zwei Jungen einige Flöße wegtreiben.

□ Spielen im Wald
Marcus entschied sich für das Spielen im Wald (Abb. 49). Es bedeutet hier Hütten bauen und Tannenzapfen sammeln für eine Tannenzapfenschlacht, die gerade beginnt. Die Zeichnung ist durch den lockeren Bildbau und die zarte Linienführung grafisch sehr reizvoll.

□ Eine Nachtwanderung
Alice versuchte in ihrem Bild (Abb. 51) Nacht und Mondschein grafisch darzustellen. Der Weg ist hell vom Mond beschienen. Von ihm heben sich die kräftig konturierten Gestalten der Schüler und Lehrer deutlich ab. Die Dunkelheit des Waldes wird durch schraffierte Flächen ausgedrückt, von denen sich die schwarzen Bäume und Büsche nur wenig unterscheiden. Der Mond hat einen hellen Hof. Alice hat Nachtstimmung gut zum Ausdruck gebracht.

□ Vor den Häusern der Steinzeitmenschen
Roland zeichnete eine Anlage im Archäologischen Freilichtmuseum mit Zelt, Hütte und Haus der Steinzeitmenschen. Während wir auf den Einlaß warteten, war der Fischteich Anziehungspunkt. Diesen Augenblick hielt er fest (Abb. 52). Das Zelt aus Tierhäuten, die runde Strohhütte und das reedgedeckte Langhaus hat er mit seinen zeichnerischen Mitteln treffend wiedergegeben.

□ Auf dem Segelflugplatz
Stefan zeichnete und beschrieb das Starten und Landen auf dem Segelflugplatz (Abb. 50). Der Kontrast von den weißen Flächen der Flugzeuge, dem Band des Weges und den unterschiedlich strukturierten Flächen des Platzes, des Zaunes und des Waldes bewirkt die Klarheit des Bildes. Der Junge hat sehr gut beobachtet. Er gibt die technischen Details an dem großen Zugauto genau wieder.

Bild 53

Material
- Fineliner
- Filzstifte
- weiße DIN-A4-Bogen

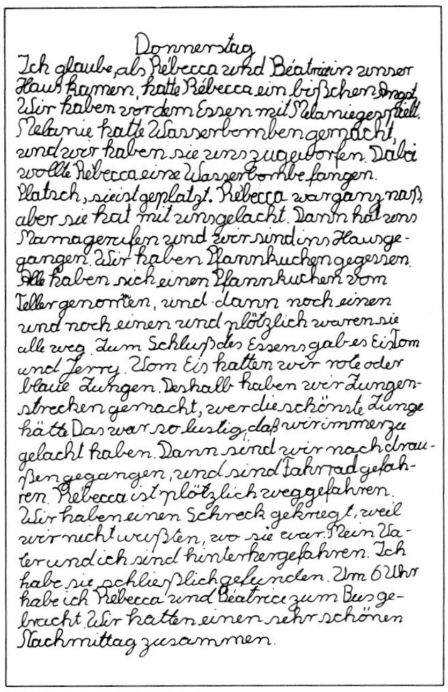

Donnerstag
Ich glaube, als Rébecca und Béatrice in unser Haus kamen, hatte Rébecca ein bißchen Angst. Wir haben vor dem Essen mit Melanie gespielt. Melanie hatte Wasserbomben gemacht, und wir haben sie uns zugeworfen. Dabei wollte Rebecca eine Wasserbombe fangen. Platsch, sie ist geplatzt. Rébecca war ganz naß, aber sie hat mit uns gelacht. Dann hat uns Mama gerufen und wir sind ins Haus gegangen. Wir haben Pfannkuchen gegessen. Alle haben sich einen Pfannkuchen vom Teller genommen, und dann noch einen und noch einen und plötzlich waren sie alle weg. Zum Schluß des Essens gab es Eis Tom und Jerry. Vom Eis hatten wir rote oder blaue Zungen. Deshalb haben wir Zungenstrecken gemacht, wer die schönste Zunge hätte. Das war so lustig, daß wir immer zu gelacht haben. Dann sind wir nach draußen gegangen, und sind Fahrrad gefahren. Rébecca ist plötzlich weggefahren. Wir haben einen Schreck gekriegt, weil wir nicht wußten, wo sie war. Mein Vater und ich sind hinterhergefahren. Ich habe sie schließlich gefunden. Um 6 Uhr habe ich Rébecca und Béatrice zum Bus gebracht. Wir hatten einen sehr schönen Nachmittag zusammen.

Bild 54

Bild 55

Bild 56

Der Besuch aus Vandoeuvre / Unsere Fahrt nach Vandoeuvre (3. und 4. Schuljahr)

Anlaß und Intention
Ein Lehrer aus der Ecole Jeanne D'Arc, einer Grundschule in unserer Partnerstadt Vandoeuvre, wandte sich an unsere Schule mit der Bitte um eine Klassenpartnerschaft. Wir hatten einige Bedenken, auf diese Partnerschaft einzugehen. Waren Grundschüler nicht zu jung dazu? Wie sollten sie sich verständlich machen? Was konnte ausgetauscht werden?
In diese Überlegungen hinein kam das Päckchen einer dritten Klasse der französischen Schule. Die Schüler schickten Fotos ihrer Stadt und ihres Schulgebäudes und ein Klassenfoto mit den Namen aller Kinder.
Das durchbrach unsere Zurückhaltung, eine Freundschaft zwischen einer deutschen und einer französischen Grundschulklasse begann.
Wir Lehrer konnten uns gut verständigen, da wir beide die Sprache des anderen verstanden und uns in der Fremdsprache verständlich machen konnten. Das war wichtig, denn nach den zunächst ausgetauschten Zeichnungen und Fotos begannen die Kinder beiderseits Briefe in ihrer Sprache zu schreiben, die wir Lehrer dann übersetzten.
Nach einem halben Jahr teilten die Franzosen uns mit, daß sie uns besuchen wollten. Der Besuch fand im Sommer 1986 statt, und ein Jahr später fuhren wir nach Vandoeuvre. Wir finanzierten die Reise zu einem großen Teil aus dem Verkauf von Postkarten, die ein Vater in seiner Druckerei nach den Häusermotiven aus unserem Heft „Lemgo für Kinder" druckte. Sie fanden reißenden Absatz. Unsere Unterkunft und teilweise auch die Verpflegung bezahlte die Stadt Vandoeuvre. Die Kinder wohnten wegen ihres Alters und der Sprachschwierigkeiten nicht in den Familien, sondern blieben in ihrer Klassengemeinschaft in Gemeinschaftsräumen. Einen Nachmittag aber verbrachten sie in den Familien. Die übrige Zeit verlebten die beiden Klassen gemeinsam mit Spielen, Singen, Tanzen und Malen, Stadtbesichtigungen und Ausflügen in die Umgebung.
Die beiden Begegnungen verliefen außerordentlich herzlich. Sie zeigten den Kindern beider Länder viele Gemeinsamkeiten, weckten aber auch ihr Verständnis für Unterschiede im schulischen und häuslichen Leben, im Essen und Wohnen.

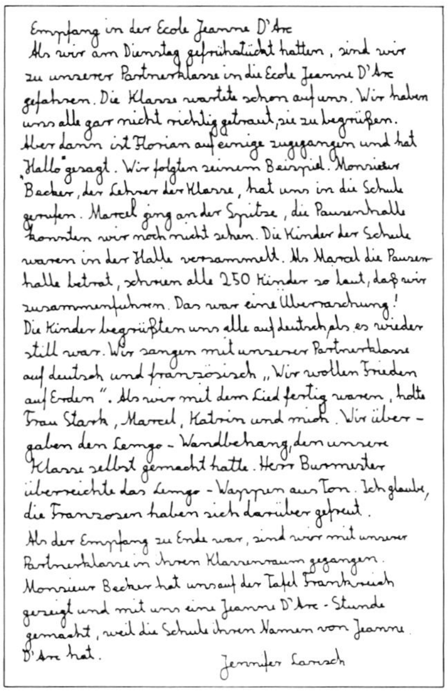

Empfang in der Ecole Jeanne D'Arc
Als wir am Dienstag gefrühstückt hatten, sind wir zu unserer Partnerklasse in die Ecole Jeanne D'Arc gefahren. Die Klasse wartete schon auf uns. Wir haben uns alle gar nicht richtig getraut, sie zu begrüßen. Aber dann ist Florian auf einige zugegangen und hat „Hallo" gesagt. Wir folgten seinem Beispiel. Monsieur Backer, der Lehrer der Klasse, hat uns in die Schule gerufen. Marcel ging an der Spitze, die Pausenhalle konnten wir noch nicht sehen. Die Kinder der Schule waren in der Halle versammelt. Als Marcel die Pausenhalle betrat, schrien alle 250 Kinder so laut, daß wir zusammenfuhren. Das war eine Überraschung!
Die Kinder begrüßten uns alle auf deutsch, als es wieder still war. Wir sangen mit unserer Partnerklasse auf deutsch und französisch „Wir wollen Frieden auf Erden". Als wir mit dem Lied fertig waren, holte Frau Stark, Marcel, Katrin und mich. Wir übergaben den Lemgo-Wandbehang, den unsere Klasse selbst gemacht hatte. Herr Burmester überreichte das Lemgo-Wappen aus Ton. Ich glaube, die Franzosen haben sich darüber gefreut.
Als der Empfang zu Ende war, sind wir mit unserer Partnerklasse in ihren Klassenraum gegangen. Monsieur Becker hat uns auf der Tafel Frankreich gezeigt und mit uns eine Jeanne D'Arc-Stunde gemacht, weil die Schule ihren Namen von Jeanne D'Arc hat.
Jennifer Lansch

Bild 57

Bild 58

Aus beiden Begegnungen entstanden kleine Bücher, in denen die gemeinsamen Tage festgehalten wurden.

Bild 59

Bild 60

Realisation
Die Kinder dieser Klasse hatten schon zwei kleine Bücher gemacht und waren vertraut mit der Organisation und Ausführung. Die Technik ist auf S. 56 beschrieben worden.
Bilder und Texte sollten gleichermaßen die Erinnerung wachhalten. In dem ersten Buch waren die Zeichnungen das stärkere Ausdrucksmittel, das von den Texten begleitet wurde. Das war bei dem zweiten Buch, im 4. Schuljahr, anders. Die Texte wurden länger und die Zeichnungen dienten nur der Illustration.
Das Titelblatt zu „Der Besuch aus Vandoeuvre" (Abb. 53) war eine Gemeinschaftsarbeit. Auf ihm ist die junge Zeder abgebildet, die die französische Klasse als Geschenk mitbrachte. Sie war als Zeichen der Verbundenheit mit blau-rot-weißen und schwarz-rot-goldenen Schleifen geschmückt. Um den kleinen Baum herum fand die Begrüßung der französischen Klasse durch alle Schüler der Schule statt. Die Kinder, die auf dem Titelblatt aufeinander zugehen, deuten darauf hin.
Marcel zeichnete die geschmückte Zeder und beschriftete das Titelblatt. An der Darstellung der Kinder beteiligten sich mehrere Mädchen und Jungen.
Heike zeigt in Bild und Text, wie ein Nachmittag mit zwei französischen Partnerinnen in ihrer Familie verlief (Abb. 56). In Abb. 55 sind die französischen und deutschen Kinder beim Besuch der Externsteine zu sehen. Zu der Zeichnung schrieb Florian einen Text, der sein großes Interesse an der Geschichte dieser Felsen verrät, die den Menschen noch immer Rätsel aufgeben.
Das Titelblatt zu „Unsere Fahrt nach Vandoeuvre" (Abb 58) zeichneten Marcel und Stefan in Partnerarbeit. Unser Bus aus Lemgo ist gerade am Schulhof angekommen. Die französischen Kinder warten schon. Im Hintergrund sind die Hochhäuser von Vandoeuvre zu sehen, die das Bild dieser modernen Stadt prägen.
Jennifer berichtete von unserem Empfang in der französischen Schule. Sie wählte als Motiv für ihre Zeichnung die Übergabe unseres Geschenkes aus. Unsere Schülerinnen und Schüler hatten einen Wandbehang für die französische Klasse gemacht, auf dem unsere Altstadt Lemgo zu sehen ist (Abb. 59).

Abb. 60 zeigt unseren gemeinsamen Besuch auf der Haut Königsbourg in den Vogesen.

Zum Büchermachen: Der Ausdruck „Bücher machen“ hat sich in den Schulen eingebürgert. Die selbstverfaßten Schriften von Schülern, die wir auch in der Grundschule „Bücher“ nennen, sind von ihrem Umfang und ihrem Aussehen her in der Regel Hefte. Trotzdem ist hier der Ausdruck „Buch“ nicht unpassend, weil Kinder bei dem Wort Heft an Schulhefte denken und das sind unsere „Bücher“ eben nicht. Sie sind von der Gestaltung der Texte und Bilder, von der Arbeit, der Mühe und Ausdauer her, kleine Bücher, die man aufhebt.

Die Fotokopiergeräte in den Schulen helfen uns heute, Bücher zu vervielfältigen, so daß jedes Kind, das an einem Buch mitarbeitet, sein Exemplar bekommen kann. Wir haben für unsere Bücher das DIN-A5-Format gewählt, weil dafür weniger Papier benötigt wird und die kopierten DIN-A4-Bögen in der Mitte geknickt und geheftet werden können. Außerdem verfeinern sich Schriften und Zeichnungen in der Verkleinerung.

Nicht nur für die Zeichnungen, auch für die Schrift eignen sich schwarze Fineliner oder dünne schwarze Filzstifte, keine Tinte, sie läßt sich schlecht kopieren.

Nach Fertigstellung aller Arbeiten werden die Seiten geordnet und numeriert. Für die verkleinerten Kopien werden jeweils zwei Seiten mit Tesafilm zusammengeklebt: die erste und die letzte Seite, die zweite und die zweitletzte Seite usw. Beidseitig bedruckte Seiten sind für ein Buch besser und man benötigt nur die Hälfte des Papiers. Beim Zusammenkleben der Seiten muß man dann aber aufpassen: Wenn Seite 1 bei der Doppelseite rechts liegt, muß Seite 2 bei ihrer Doppelseite links liegen usw., nur dann wird sich, wie gewünscht, nach dem Kopieren Seite 2 auf der Rückseite von Seite 1 befinden.

Alle Doppelseiten werden dann in einem Spezialkopiergerät, das es in Gemeindeämtern und in jedem Fotokopiergeschäft gibt, einmal auf DIN-A4-Format verkleinert. Diese Blätter sind dann die Kopiervorlagen für das DIN-A5-Buch.

Die verkleinerten, kopierten Doppelseiten werden in der Mitte gefaltet, fortlaufend geordnet und mit weißem Zwirn geheftet. Dabei helfen auch die Mütter.

Eine Reihe anderer Vorschläge zum Büchermachen sind in dem von Hartmut Kulick herausgegebenen Buch „Copyright bei Klasse . . .“, Verlag Agentur Dieck, zu finden.

Anzeige

Tips und Kniffe fürs Büchermachen:

Hartmut Kulick (Hrsg.)
Copyright bei Klasse ...
Planen — gestalten — schreiben — vervielfältigen — binden. Tips und Kniffe fürs Büchermachen in der Schule. 212 Seiten, kart. DM 26,—

„ ... Wie plant man die Erstellung einer Eigenfibel, eines selbstgedruckten Sachbuches? Wer hilft mit bei der Verwirklichung des Vorhabens? Woher bekommt man die Mittel? Welche Druck- und Vervielfältigungsmöglichkeiten gibt es und woher erhält man die erforderlichen Geräte und Materialien? Wie gestaltet und illustriert man sein Werk? Wie bindet man seine Druckerzeugnisse ein und viele andere praktische Fragen werden hier an konkreten Beispielen aufgezeigt...
Es ist von größter Bedeutung, was hier Lehrerinnen und Lehrer aus ihrem Schulalltag berichten und welche praktischen Anregungen sie für eine frohere, lebendigere und individuellere Gestaltung nicht nur des Aufsatzunterrichtes, sondern des gesamten Unterrichts überhaupt geben und dies nicht nur für für den Bereich der Grundschule...
Das Buch ‚Copyright bei Klasse ...‘ zeigt mannigfache Wege zur Erreichung dieses Zieles auf. Es sollte darum im Besitz einer jeden Lehrperson sein, die sich um eine kindgemäße Arbeit in der Schule bemüht.“
Hans Jörg, Saarbrücken

Alleinvertrieb: Buchhandlung Elke Dieck
Postfach 1240 · D-5138 Heinsberg · Tel. 0 24 52/60 41

Preis nach dem Stand vom Mai 1990. Preisänderungen und Irrtum vorbehalten.

Wandmalerei: Kinderspiele – Kinderzirkus (4. Schuljahr)

Anlaß und Intention

In unserer Schule sind zwei sehr lange, schmale Flure mit Fensterreihen an beiden Seitenwänden. Diese Flure waren außerordentlich kahl. Bilder konnten nicht angebracht werden, sie hätten zu niedrig gehangen, wären sicher oft angestoßen worden und heruntergefallen.

Es schien uns eine gute Lösung zu sein, von den Kindern die Wände bemalen zu lassen. Das Problem bestand jedoch darin, daß als Malflächen nur die schmalen, langen Streifen an den Innenwänden unterhalb der Fenster zur Verfügung standen. Zwei vierte Schuljahre begannen, Ideen zu entwickeln.

Material

- Dispersionsfarben
- Flachpinsel in verschiedenen Größen

Bild 61

Bild 62

Realisation

Grundschüler lieben es, sich selbst darzustellen. So kam die Klasse, die die untere Flurwand übernommen hatte, auf den Gedanken, sich bei ihren Spielen zu malen. Für die Jungen stand sofort fest: Wir malen Fußball! Drei Jungen hatten andere Ideen, zwei entschieden sich für Federball und einer für Skateboardfahren.

Von den Mädchen wurden Gummitwist, Seilspringen, Ballspiele, Klettern an Stangen, Seifenblasenpusten, Handstand usw. vorgeschlagen. Interessengruppen bildeten sich. Wir sahen uns die Wände auf den Fluren an, und es wurde allen Kindern klar, daß sie sich auf eine breite Fläche mit geringer Höhe bei ihren Entwurfsskizzen einstellen mußten.

In der Klasse, die den oberen Flur übernommen hatte, wurden ähnliche Vorschläge gemacht, doch wir wollten die Flure unterschiedlich gestalten. Durch einen gerade gastierenden Zirkus kam ein Junge auf die Idee, Zirkus zu malen. Das nahmen alle Kinder mit Begeisterung auf. Daraus wurde dann das Thema „Kinderzirkus".

Die Entwurfsarbeit ging gut vonstatten. Die Kinder machten viele Bleistiftskizzen, aus denen gemeinsam die Entwürfe ausgesucht wurden, die sich am besten für die Wände eignen würden.

Ein schwieriges Problem stand uns bevor, die Übertragung der Skizzen auf die Wand. Die Figuren mußten in Lebensgröße gemalt werden. Wir konnten nicht gleich mit der Farbe anfangen, einmal Gemaltes war nicht mehr auszubessern, da wir den bestehenden Anstrich als Malgrund belassen mußten. Deshalb zeichneten wir mit Bleistift vor.

Zunächst aber war es wichtig, zu planen, auf welche Wandabschnitte die einzelnen Motive zu übertragen waren. Als jede Gruppe ihren Platz gefunden hatte, fingen die Kinder mit den Wandskizzen an.

Die Reihung der Figuren war durch die langen, schmalen Wandstreifen vorgegeben. Das war schon beim Skizzieren berücksichtigt worden. Der Platz, der für jede Figur zur Verfügung stand, mußte markiert werden. Kein Kind konnte seine Figur aufzeichnen, ohne sich mit seinen beiden Nachbarn zu arrangieren und jede Gruppe mußte beim Aufbau zusammenarbeiten.

Mit der Größe der Fläche mußten sich die Kinder erst vertraut machen. Es war ein Problem, so nahe an der Wand zu stehen. Man mußte zurücktreten, um überblicken zu können, was man gezeichnet hatte. Die Koordinierungsphase war das Schwierigste bei der ganzen Wandmalerei. Sie war aber durch die intensive Zusammenarbeit, die sie verlangte, ein erzieherischer Gewinn. War der Aufbau, die Beziehung der Figuren untereinander, nicht gut gelungen, konnte man die Bleistiftstriche wegradieren und noch einmal anfangen. Das erleichterte die Arbeit sehr.

Nachdem die Entwürfe standen, war das Malen ein reines Vergnügen. Gemalt sahen die Figuren in ihrer Größe und Farbigkeit viel lustiger aus als in den Entwürfen.

Es malten nicht alle Kinder gleichzeitig, weil es bei ihrer Impulsivität sicher manchen umgekippten Farbtopf gegeben hätte.

Die ganze Schule nahm Anteil an der Malaktion. Die Schüler anderer Klassen blieben stehen und begutachteten die Wandmalerei.

Die Wandbilder gehörten von nun an zur Schule. Sie gaben den Fluren ein fröhliches Aussehen.

Ein Schulfest mitgestalten

Das Schulfest ist ein Höhepunkt im Schulleben. In seiner von Lehrern, Schülern und Eltern gemeinsam geplanten und ausgeführten Gestaltung stellt sich die Schule dar. Das Bemühen aller ist darauf gerichtet, es zu einem Gemeinschaftserlebnis zu machen.
Schon die Vorbereitungsphase mit ihren projektorientierten Arbeiten ist ein Gewinn für das soziale Leben in der Schule.
Die in diesem Kapitel beschriebenen Aktivitäten gehörten zu den Vorbereitungen eines Schulfestes, das ein fröhlicher Ausklang am Ende des Schuljahres für Schüler, Lehrer, Eltern und Gäste sein sollte.

Die Ratefuchshöhle (3. Schuljahr)

Anlaß und Intention
Ein drittes Schuljahr verwandelte seinen Klassenraum in eine Ratefuchshöhle. Das Herumrätseln und Raten macht nicht nur Kindern, sondern auch Erwachsenen Spaß, und Spaß sollte es für alle geben.

Material
Für die Höhlenausstattung:
- alte, selbstgefärbte, braune Betttücher
- grüne Gartennetze
- Perlonschnüre
- Tonpapier
- Jacksonkreide

für die Rateaufgaben:
- Ton
- Pastellstifte
- helles Tonpapier
- braunes Decefix

Realisation
Wer sich an seine Kindheit erinnert, weiß, welch Vergnügen es Kindern macht, eine Höhle zu bauen. Die Kinder gingen mit Feuereifer an die Arbeit. Sie funktionierten mit Schränken und Stellwänden die Klasse in einen Höhlenraum um. Die Wände wurden mit alten, braungefärbten Bettüchern behängt. Einige Eltern halfen mit. Sie spannten Perlonfäden kreuz und quer und legten Gartennetze darüber, so daß fast die Illusion eines Höhlengewölbes entstand. Am Ende der Höhle tagten die Ratefüchse, eine originelle Gesellschaft ganz unterschiedlicher Fuchsexemplare. Jedes Kind hatte einen Fuchs mit Jacksonkreide gemalt, ausgeschnitten und im hinteren Teil der Höhle angeheftet.
Der Raum wurde verdunkelt, nur einige Strahler warfen so viel Licht in die Höhle, daß die Besucher ihre Rateaufgaben erkennen konnten.

Die Rätsel
Eine lange Fuchsspur führte den Flur entlang in die Höhle hinein. Die Kinder hatten Fuchstritte aus braunem Decefix ausgeschnitten und auf den Fußboden geklebt. Kurz vor der Höhle begann das erste Rätsel. Auf den Tritten standen Buchstaben. Nach einem zu erratenden Code mußte in der Buchstabenreihe das Wort Ratefuchs gefunden werden.
Insgesamt hatte der Besucher der Höhle drei große Rätsel zu lösen, ehe er den Orden „Goldene Spürnase“ bekommen konnte.
Rätsel haben fast immer mit Sprache zu tun. Deshalb gingen wir bei allen drei Aufgaben von Sprache aus, von versteckten Wörtern, Redewendungen, Sprachspielen und Spracheigentümlichkeiten.
Beim zweiten Rätsel mußten Redewendungen und Bilder einander zugeordnet werden. Die Redewendungen waren von Schülern einer Parallelklasse mit Pastellstiften in Bilder umgesetzt worden.

Sprachspiele sind bei Kindern sehr beliebt. Sie sind kreative Übungen mit Wörtern und Lauten, die in einer sozialen Gruppe erst ihre Wirkung erzielen und Überraschung, Aufmerksamkeit und gemeinsame Freude bewirken. Sie schulen das sprachliche Verstehen.
Im dritten Rätsel ging es um die Personifizierung von Gegenstandsbezeichnungen.
In unserer Sprache haben sowohl Berufsbezeichnungen, als auch Dinge, mit denen der Mensch handelnd umgeht, oft die Endung -er.

Maurer	Korkenzieher
Maler	Handtuchhalter
Schlosser usw.	Dosenöffner usw.

Diese sprachliche Eigenart führte uns zum Sammeln von Gegenstandsbezeichnungen, die sich personifizieren ließen. Bei diesem Sammeln betätigten sich die Familien der Kinder eifrig mit, und so hatten wir bald viel mehr Wörter als wir zur Darstellung brauchten.

Bild 63

Bild 64

Bild 65

Abb. 63: Faß dich an deine eigene Nase!
Abb. 64: Er will immer mit dem Kopf durch die Wand!
Abb. 65: Dem werde ich den Kopf waschen!

Bild 66

Bild 67

Bild 68

Wir wählten Ton als Material für die Arbeit. Grundschüler sind beim Formen mit Ton immer sehr motiviert. Die Umsetzung der Begriffe in Bilder wäre für Neunjährige zu schwierig geworden.

Jedes Kind konnte sich „sein Wort“ aus der Sammlung auswählen und experimentierend mit seinem Ton beginnen. Einzige Bedingung war, die Gestalt aus dem Klumpen herauszuformen und nicht additiv zusammenzusetzen, weil zusammengefügte Einzelteile beim Trocknen und Brennen leicht auseinanderbrechen. Das Arbeiten mit Ton ist auf S. 33 ausführlich beschrieben worden.

Es erwies sich als hilfreich, daß die Kinder sich die Bewegungen, die sie darstellen wollten, vorspielten. Das klärte ihre Vorstellungen. Einige Kinder fanden schnell zu ihrem Wort eine adäquate Form. Sie halfen dann denen, die zunächst Schwierigkeiten hatten.

Abb. 66 Federhalter
Abb. 67 Fernseher
Abb. 68 Flugzeugträger

Die Bedeutungen der Tonfiguren und der Bilder sollten mit Hilfe eines Ratebogens gefunden werden, den jeder Besucher bekam.

Vor der Höhle saßen Lehrer und Eltern, die die Bogen mit Hilfe von Lösungsschablonen nachsahen. Es gab je nach Ergebnis einen Papierorden am Band „Goldene Spürnase“, „Silberne Spürnase“ und „Bronzene Spürnase“.

Die Orden waren von den Kindern selbst entworfen worden. Sie wurden fotokopiert, angemalt, ausgeschnitten und mit einem Faden zum Umhängen versehen.

Die Ratefuchshöhle war auf dem Schulfest ein Anziehungspunkt, der fast immer überfüllt war. Wir merkten, daß es den meisten Besuchern wirklich Spaß machte, die Rätsel zu lösen.

Bist du ein RATEFUCHS?

In der Ratefuchshöhle kannst du zeigen, ob du ein Ratefuchs bist und eine gute SPÜRNASE hast.

1. Rätsel

Versuche aus den Buchstaben auf der Spur den Namen des Tieres zu finden, das in die Höhle gelaufen ist. Nicht jeder Buchstabe gehört zum Namen. Das Tier ist ein: ____________

2. Rätsel

Suche zu den Redewendungen auf dieser Seite das passende Bild und trage seine Nummer in die Kästchen ein!

- Ich habe mir den Kopf zerbrochen. [ ]
- Der Groschen ist gefallen. [ ]
- Er ließ die Katze aus dem Sack. [ ]
- Er spuckt immer große Bogen. [ ]
- Dem werde ich den Kopf waschen! [ ]
- Faß dich an deine eigene Nase! [ ]
- Rutsch mir den Buckel herunter! [ ]
- Du hast wohl Bohnen in den Ohren! [ ]
- Sie streut ihr Sand in die Augen. [ ]
- Dann fresse ich einen Besen! [ ]
- Er redet immer nur Blech. [ ]
- Die fällt mir auf den Wecker! [ ]
- Da fällst du vom Hocker! [ ]
- Mir fällt ein Stein vom Herzen. [ ]
- Der werde ich das Maul stopfen! [ ]
- Geschwind wie der Wind. [ ]
- Jetzt schlägt's 13! [ ]
- Er schmiert ihm Honig um den Bart. [ ]
- Ichlege für ihn die Hand ins Feuer. [ ]
- Ihm rutscht das Herz in die Hose. [ ]
- Er zäumt das Pferd von hinten auf. [ ]
- Er will mit dem Kopf durch die Wand. [ ]
- Sie schleicht wie die Katze um den heißen Brei. [ ]
- Da habe ich ihn aber auf den Schlips getreten! [ ]

3. Rätsel

Die Tonfiguren stellen Gegenstände, Fahrzeuge oder Gebäude dar. Versuche sie zu erraten und trage ihre Nummer in die Kästchen ein!

Gegenstände:

- Tortenheber [ ]
- Salzstreuer [ ]
- Schraubenzieher [ ]
- Dosenöffner [ ]
- Wagenheber [ ]
- Handfeger [ ]
- Scheinwerfer [ ]
- Fernseher [ ]
- Scheibenwischer [ ]
- Uhrzeiger [ ]
- Kugelschreiber [ ]
- Korkenzieher [ ]
- Handtuchhalter [ ]
- Kartoffelmesser [ ]
- Federhalter [ ]
- Schaumschläger [ ]

Fahrzeuge:

- Gabelstapler [ ]
- Sattelschlepper [ ]
- Flugzeugträger [ ]

Gebäude:

- Wolkenkratzer [ ]

Du hast eine (goldene) silberne bronzene SPÜRNASE !

Bild 69

Masken und Kostüme für Wesen von einem anderen Stern (4. Schuljahr)

Anlaß und Intention
Schon lange vor dem Schulfest sprachen die Kinder eines vierten Schuljahres davon, daß sie gern in ihrem letzten Grundschuljahr „etwas mit Masken und Verkleidungen machen" würden. Es waren nur ganz vage Ideen, die geäußert wurden, aus denen aber herauszuhören war, welche Faszination das Verkleiden für Kinder hat. Als Gründe für ihre Wünsche gaben sie an, daß es Spaß machte, jemand anders zu sein, daß man Leute erschrecken oder zum Lachen bringen könnte und daß sie auch Lust hätten, Masken selbst zu machen. Der Erfüllung dieses Wunsches stand nichts im Wege, im Gegenteil, jeder Lehrer freut sich über Anregungen, die von den Kindern ausgehen.

Bild 70

Material
- Papiermachée
- Dispersionsfarben
- alte Bettücher
- Batikfarben
- bunter Filz

Bild 71

Realisation
Es war noch völlig offen, unter welchem Thema die Arbeit stehen sollte. Normalerweise werden Masken und Kostüme für Spielstücke angefertigt. Wir gingen den umgekehrten Weg, aus den Masken und Verkleidungen, so nahmen wir an, würde sich schon ein Spiel entwickeln.
Die Kinder wollten mit ihren Masken auffallen, sie wollten etwas Erschreckendes oder Außergewöhnliches darstellen. Das brachte einen Jungen auf den Gedanken – vielleicht vom Fernsehen angeregt –, daß er am liebsten jemand von einem anderen Stern sein wollte. Diese Idee gefiel allen Kindern. Wir nahmen sie auf und überlegten, wie Außerirdische aussehen könnten. Einige Kinder versuchten, mimisch oder mit Hilfe der Finger ihre Gesichter zu verzerren. Das veränderte sie so, daß viel gelacht wurde. Es wurden aber auch Kennzeichen, die erschreckend wirken könnten, genannt: dicke Narben und Wülste, Rüsselnasen, große Ohren, lange Zähne, Schweineschnauzen, Hörner, riesige Augen, grüne Gesichter usw. Je ausgefallener die Vorschläge waren, desto besser gefielen sie den Mitschülern.
So angeregt, begann das Formen der Masken (Abb. 71).

Die Formen, über denen die Masken modelliert wurden, waren aufgeblasene Luftballons, die etwas größer als die Köpfe der Kinder sein mußten. Unser Material war Papiermachée. Mit Tapetenleim wurden Zeitungspapierschnipsel zu einer Halbform in mehreren Schichten auf den Luftballon geklebt und dann getrocknet. Bei guter Arbeit war die Form nach dem Trocknen fest.
In Partnerarbeit probierten die Kinder sie an, legten die Höhe der Augenschlitze fest und schnitten sie aus. Auf dieser Grundform gestalteten sie ihre Masken.
Die letzte Schicht wurde nicht mehr mit Zeitungspapier geklebt, sondern mit Schnipseln von Papierhandtüchern aus dem Klassenreservoir. Mit diesem weichen Material, das sich sehr gut mit Kleister verbindet, wird die Oberfläche der Maske glatter, ohne die Formen zu nivellieren.
Nach dem Trocknen bekamen die Masken einen Grundanstrich in einer Farbe nach Wahl, und dann mußten mit viel Fingerspitzengefühl die Formen farblich hervorgehoben werden.
Damit die Maske getragen werden konnte, befestigten wir mit einem Bürohefter Gewebe von Nylonstrümpfen um ihren oberen Rand.

Sie konnte dann über den Kopf gezogen werden und saß fest. Damit war sie aber noch nicht fertig. Wir begannen zunächst mit den Kostümen, um die Masken später auf sie abstimmen zu können.
Für die Kostüme hatten wir alte Betttücher gesammelt, die wir im Schulkeller mit Batikfarben in verschiedenen Tönen färbten und trockneten.

Bruch

Wir entwickelten einen einfachen Schnitt, der es den Kindern ermöglichte, mit nur zwei Nähten ein langes Gewand anzufertigen. Das Nähen vollbrachten auch die Jungen.
Dann wurde das Kostüm geschmückt. Die Kinder schnitten Formen aus farbigem Filz aus, setzten sie zu phantasievollen Mustern zusammen und klebten sie mit Spezialkleber auf das Gewand (Abb. 72).
Aus den Resten des Stoffes, der beim Zuschneiden des Gewandes abgefallen war, schnitten wir für jede Maske ein halbkreisförmiges Tuch. Wir hefteten es so an den oberen Teil der Maske, daß der Hinterkopf bedeckt und das häßliche Nylonstrumpfgewebe nicht mehr zu sehen war.
Einige Kinder flochten Zöpfe aus Bändern, die sie aus den Kostümstoffresten geschnitten hatten. Sie wurden angenäht oder auch geheftet und vervollkommneten das Aussehen der außerirdischen Wesen (Abb. 70).
Die Masken und Kostüme forderten zum Spiel auf.
Der Klassenlehrer übernahm die Spielleitung, und beim Schulfest traten dann die Außerirdischen auf. Er hatte auch noch Kulissen mit seiner Klasse gebaut. Aus dunkelgestrichenen Kartons war ein bizarres Felsengebirge entstanden. Am schwarzen Weltallhintergrund leuchtete fern die blaue Erdkugel. Im verdunkelten Raum unter Scheinwerferlicht fühlte man sich in eine andere Welt versetzt.

Bild 72

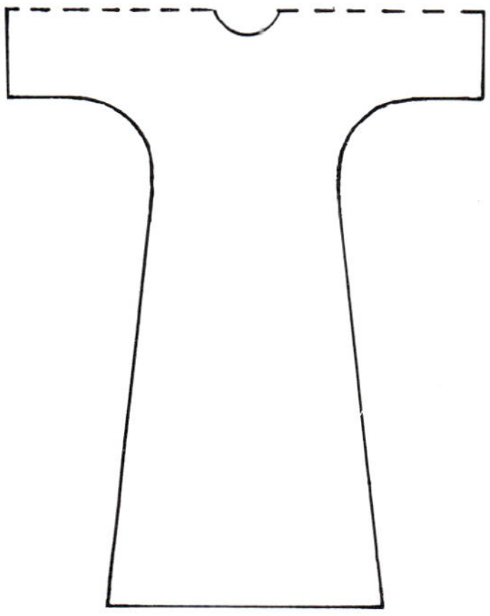

Bild 73

Fachspezifische Anmerkungen

Zum Plastizieren: Im Vergleich zum Zeichnen und Malen hat das Plastizieren den Vorteil, daß „die ursprüngliche körperhafte Erscheinung nicht in eine Flächenform abstrahiert werden muß“.[39] Sie kann aus der Wahrnehmung unmittelbarer in die Form übertragen werden. Kinder, die an dreidimensionale Darstellungen nicht gewöhnt sind, müssen lernen, beim Formen nicht nur die Vorderansicht zu gestalten, sondern ihre Figuren bei der Arbeit zu drehen, um sie körperhaft darstellen zu können.
„Gute plastische Form heißt in der Primarstufe: geordnete Form, Formklarheit, eindeutige Formbeziehung.“[40]
Jede plastische Ordnung baut auf Kontrasten auf. Der Richtungskontrast bestimmt die Bewegung und bringt Spannung und Rhythmus in die Form (Abb. 67, S. 59).
Der Kontrast der konvexen und konkaven Formen erzeugt Licht und Schatten, die die Figur erst plastisch erscheinen lassen (Abb. 68, S. 59).
Der Oberflächenkontrast von glatten und strukturierten Flächen differenziert die Form (S. 32).
Es gibt statische und dynamische Plastiken (Abb. 12 und Abb. 13).
Bei den jüngeren Grundschülern herrschen die statischen Formen vor. Im Laufe der Grundschulzeit entwickeln die Kinder mehr und mehr dynamische Formen, das hängt natürlich auch mit den Themen zusammen.
Plastiken entstehen in der Grundschule aus formbarem Material wie Ton, Papiermaschée und Plastilin oder aus festem Material wie Ytongsteinen.
Für das formbare Material benützen die Kinder im wesentlichen ihre Hände, für das feste Material benötigen sie Werkzeuge.
Aus dem festen Material lassen sich sehr gut Reliefs machen. Sie sind plastische Bilder, bei denen auch Bildordnungen eine Rolle spielen, z. B. müssen die Kinder beachten, daß die Fläche gut genutzt und ein Figur-Grund-Bezug hergestellt wird (Abb. 215, S. 140).

Gespenstermasken (3. Schuljahr)

Anlaß und Intention
Unser Gebiet gehört zwar nicht zur Karnevalsregion, aber alljährlich feiern wir mit unseren Schülerinnen und Schülern ein paar Stunden am Rosenmontag Karneval. Hier kann die kindliche Lust am Verkleiden und Schminken sich ausleben.
Im Kunstunterricht basteln wir schon einige Zeit vorher für diesen Tag.
In einem dritten Schuljahr entwikkelten wir Gespenstermasken. Die Kinder freuten sich darauf, als Gespensterklasse zu spuken, aufzufallen, zu erschrecken und nicht erkennbar zu sein. Bettücher als Gewänder gehörten zum Gespensterspiel.

Material
- Weißes Zeichenpapier DIN A2
- schwarzes Tonpapier DIN A3
- schwarze Filzstifte
- Scheren
- Klebstoff

Realisation
Jedes Kind bekam einen großen weißen Bogen und einen kleineren schwarzen. Aus dem weißen Bogen entstand die Maske, der schwarze war das Material für die Verzierungen. Der weiße Bogen wurde in der Mitte geknickt und auf dem Knick in etwa 20 cm Höhe mit Bleistift eine dünne Querlinie gezogen. Das war die Augenlinie. Auf dieser Linie zeichneten die Kinder in gleichem Abstand von der geknickten Mittellinie die Augenschlitze ein und schnitten sie aus.
Den schwarzen Bogen falteten sie im Gegensatz zu dem weißen in der Längsrichtung. Im Faltschnitt wurden Muster ausgeschnitten und Knick auf Knick auf den weißen Bogen geklebt. In die Felder zwischen den schwarzen Flächen zeichneten sie mit Filzstift Linienmuster ein (Abb. 74).
Jede Maske wurde dem Kopfumfang des Kindes angepaßt und an der Rückseite zusammengeklebt. Sie konnte nun über den Kopf gestülpt werden. Damit sie besser saß, schnitten wir sie an den Schultern leicht aus.
Diese Masken sind ohne großen Aufwand leicht zu machen. Ihr Reiz liegt in dem Spiel von schwarzen Flächen und schwarzen Linien auf weißem Grund.
Durch ihre eigene Arbeit und im Vergleich mit den Arbeiten der Mitschüler lernen die Kinder Kontrastwirkungen zu sehen und Strukturen in ihrer Eigenschaft als verbindendes Element zu beurteilen.

Bild 74

Karnevalsfries (4. Schuljahr)

Realisation
Für den Rosenmontagsspaß schmükken die Kinder ihre Klassenräume. Girlanden und Luftschlangen sind die gebräuchlichen Dekorationen. Ein viertes Schuljahr wollte einen besonderen Klassenschmuck haben, so entstand ein Karnevalsfries.

Material
- Schwarze Tonpapierbögen DIN A2
- Stoffreste
- Gardinenreste
- Garnreste
- Spitzenreste
- Knöpfe
- Perlen
- Pailletten
- Jacksonkreide
- Klebstoff
- Scheren

Realisation
Jedes Kind klebte und malte sich selbst in einem Kostüm seiner Wahl. Alles, was sich kleben ließ, war als Material willkommen. Die Gestalten sollten sich bewegen, tanzen, herumspringen usw.
Als alle Figuren fertig waren, stellten wir sie so zusammen, daß eine lustige, bunte Schlange von hüpfenden, tanzenden Kindern entstand.

Die Hektik der Vorweihnachtszeit sollte aus der Schule herausgehalten werden, damit diese Zeit das bleiben kann, was sie für Kinder immer war, ein Höhepunkt im Jahreslauf.
Stille, besinnliche Stunden und Stunden voller weihnachtlicher Aktivitäten machen die Adventszeit auch zu einem Höhepunkt im Schulleben. Die Integration der Fächer Religion, Musik, Sprache und Kunst vollzieht sich ganz selbstverständlich.

Advent in unserer Klasse (2. Schuljahr)

Anlaß und Intention
Selten werden die vorweihnachtlichen Aktivitäten in Bildern festgehalten. Es werden weihnachtliche Motive gezeichnet und gemalt, es wird gebastelt und geformt. Dieses 2. Schuljahr malte eigene Tätigkeiten und die der Mitschüler aus dem unmittelbaren Erleben in dieser Zeit.

Material
- Jacksonkreide
- schwarzes Tonpapier DIN A3

Realisation
Die Kinder fanden zu dem Thema „Advent in unserer Klasse" eine Reihe von Motiven. Die Umsetzung in Bilder war allerdings nicht so einfach, weil Kindergruppen in bestimmten Situationen zu malen waren, beim Schmücken des Klassenzimmers, beim Musizieren, bei einer weihnachtlichen Vorführung, beim Backen usw. Durch Vorspielen und Beobachten konnten vage Vorstellungen sich klären. In allen Bildern war die kindliche Absicht zu erkennen, Adventsstimmung zu vermitteln. Sie waren aber in den Motiven, im Bildbau und in der Form- und Farbgebung sehr unterschiedlich. An drei Bildern soll versucht werden, diese Unterschiede zu verdeutlichen.
Regina malte sich und ihre Freundin beim Schmücken eines Fensters im Klassenraum (Abb. 75). Sie setzte beide Gestalten groß in die Mitte des Blattes. Die erhobenen Arme und die Sterne in den Händen lassen die Absicht zum Schmücken klar erkennen. Fensterrahmen, Fensterbank und die Heizung kennzeichnen den Ort der Handlung.
Durch sie und den rotbraunen Fußboden bekommt das Bild seine räumliche Wirkung. Die kleine Tafelfußbank ist ein Behelf, durch den die Freundin besser an das Fenster kommt.
Regina begann ihr Bild mit wenigen Farben. Drei Blautöne, violett und rosa bevorzugte sie und stimmte sie in der Kleidung gut aufeinander ab. Sie tauschte sie bei den Schuhen aus und ließ sie auch in den Sternen wiederkehren. Für die Sterne setzte sie noch grüne und gelbe Farbe ein, die im Blumenstrauß auf der Fensterbank ebenfalls zu sehen sind. Zum Schluß wurde der Himmel blau gemalt und da wählte Julia das dunkle Blau, womit sie erreichte, daß die Sterne leuchtend hervortreten. Wieviel in dieser Farbgebung Absicht ist, wieviel Zufall, ist nicht genau zu ermitteln. Ihre Farbgebung begründen die Kinder damit, daß sie bestimmte Farben gern mögen. Das Bild ist farbenfroh, ohne grell zu sein und klar in der Darstellungsabsicht.
In der Adventszeit spielen an einem Tag in der Woche Schülergruppen mit ihren Instrumenten auf den Fluren unserer Schule. Diese Situation hat Daniel dargestellt (Abb. 76). Die Kinder seiner Klasse drängeln sich in der Tür, um die Musikanten nicht nur zu hören, sondern auch zu sehen.
Daniel bevorzugte andere Farben, braun, ocker und grün dominieren, blau und grau bilden einen interessanten Kontrast. Es sind zwei Gruppen in seinem Bild. Die vier Musikanten sind groß in den Vordergrund gestellt, sie überdecken einander und bilden dadurch eine geschlossene Gruppe. Auch bei der sich drängelnden Gruppe in der Tür ist Überdeckung angewandt. Daniel hat die Kinder kleiner gezeichnet und hat sie damit in den Hintergrund gerückt. Vom Dunkelblau der Türöffnung hebt sich diese Gruppe klar ab. Der Adventskranz und die Sterne auf dem Fußboden deuten die Vorweihnachtszeit an.

Bild 75

Bild 76

Bild 77

In Bild 77 stellt Ariane eine Klassensituation dar. Die Lehrerin liest Weihnachtsgeschichten vor. Die Kinder haben sich um sie geschart und hören zu.
Ariane begann damit, den unteren Blattrand als Bodenlinie zu benutzen, auf der der Stuhl mit der Lehrerin steht und zwei Mädchen sitzen. Diesen Bildaufbau vom unteren Blattrand aus findet man oft bei Schulanfängern. In den beiden anderen Bildern ist er nicht mehr zu sehen. Ariane konnte dann ihre Absicht, die Lehrerin inmitten ihrer Schülerinnen und Schüler zu malen, so nicht verwirklichen. Darum sind die sieben anderen Kinder nicht mehr auf die Bodenlinie bezogen.
Das Fenster mit den Sternen hatte sie zuvor gemalt und so machte sie die Größe der Kinder vom vorhandenen Platz abhängig. Das sieht man besonders deutlich an dem kleinen Kind unter den Armen der Lehrerin.
Sie wandte Überdeckung an, aber nicht so sicher und konsequent wie Daniel auf seinem Bild (Abb. 76). Doch sie benutzte sie um ihre Absicht - Lehrerin umringt von Kindern - zu verdeutlichen.
Auch im Vergleich der Adventskränze zeigt sich der Unterschied in der Entwicklung der Kinder. Ariane malte die vier Kerzen in klarer Richtungsunterscheidung zum Kranz, Daniel malte sie aufrecht, so wie der Betrachter sie sieht.
Entwicklungsstand ist nicht als Qualitätsbegriff gemeint. In jeder Entwicklungsphase kann ein Kind mit seinen Mitteln gute Bilder malen.
Dieses Bild hat eine starke Aussagekraft. Es erzählt vom Leben in der Klasse: Adventsstimmung früh am Morgen, wenn es draußen noch dunkel ist.

Holler, Boller, Rumpelsack, Niklas trägt sie huckepack . . . (1. Schuljahr)

Anlaß und Intention

Das Gedicht „Holler, Boller, Rumpelsack . . .“ ließ bei den Kindern des 1. Schuljahres den Wunsch aufkommen, den Nikolaus zu zeichnen. Dieser Wunsch ist in der Weihnachtszeit immer vorhanden, obwohl oder gerade weil der Nikolaus in der Vorschulzeit schon zum Zeichenrepertoire gehörte. Die gezeichneten und gemalten Nikoläuse sind selten originell, sondern in der Regel Klischees. Dem Wunsch der Klasse, ihn darzustellen, sollte aber stattgegeben werden. Es gibt die Möglichkeit Klischees zu vermeiden, wenn die Kinder eine unbekannte Technik ausprobieren, die Klischees nicht zuläßt.
Bei diesen Nikoläusen wurde die Collage angewandt. Die Collagetechnik wird auf S. 69 beschrieben.

Material

- Illustriertenpapier
- graues Tonpapier DIN A3
- Klebstoff
- Leimfarbe in drei verschiedenen Grüntönen
- Borstenpinsel

Realisation

Auf das angekündigte Nikolausbild freuten sich die Kinder sehr, und sie waren neugierig und gespannt auf die neue Klebetechnik.
Wir wollten den Nikolaus aber nicht gleich auf den grauen Tonpapierbogen kleben, sondern auf dem Bild auch zeigen, woher er ging. Die Kinder machten Vorschläge, aus denen wir den Tannenwald auswählten. Nikolaus und Tannenwald gehören ja in den Vorstellungen der Kinder und der Erwachsenen zusammen. Aber darum ging es weniger, als um den Komplementärkontrast rot-grün und seine Wirkung. Das wurde den Kindern des ersten Schuljahres natürlich nicht bewußt gemacht, kann jedoch durch den handelnden Umgang mit diesen Farben auf ihr Farbempfinden einwirken.
Die Kinder malten den Tannenwald mit den drei grünen Farben auf ihre grauen Tonpapierbögen.
Die breiten Pinsel und die pastosen Farben beeinflußten das Malen positiv und milderten die Tannenbaumklischees.

An dem Bild vom Nikolaus mit dem roten Mantel, der roten Mütze und dem weißen Bart war nicht zu rütteln. Das gehörte ebenso zu ihm wie der braune oder graue Sack. Während die bemalten Bögen trockneten, rissen die Kinder rote Flächen mit und ohne Musterungen aus den Illustrierten heraus, dazu auch etwas Rosa für das Gesicht. Kinder wollen fast immer mit dem Kopf beginnen, darum brauchten sie das Rosa gleich zu Anfang und dann das Rot für die Gestalt. Alle anderen Farben nahmen sie sich erst bei Bedarf, weil sonst ein heilloses Durcheinander auf den Tischen entstanden wäre.
Auf den getrockneten Bögen begann dann die Legearbeit. War die Gestalt groß genug angelegt, konnte mit dem Kleben begonnen werden. Die unterschiedlich getönten und gemusterten roten Papierstücke erzeugten eine differenzierte Farbigkeit. Für Stiefel und Säcke wurden entsprechende Farben aus den Illustrierten ausgesucht, gerissen, gelegt und geklebt.

Bild 78

Den Schluß bildeten die Feinarbeiten, Hände, Augen, Nase und Bart. Auf Dominiks Bild stapft ein dicker Nikolaus durch den Wald (Abb. 78). Der Junge hat die Profilansicht gewählt, bei der der große Sack und die lange, krumme Nase vorteilhaft zur Wirkung kommen. Er hat die Gestalt gut in die Bildfläche gesetzt, Wald und Nikolaus sind aufeinander bezogen. Es ist ein Nikolaus, der den kindlichen Vorstellungen ganz und gar entspricht, ohne Klischee zu sein.

Weihnachtsrosetten und Rundtransparente (4. Schuljahr)

Anlaß und Intention

Zwei vierte Klassen übernahmen in der Vorweihnachtszeit die Aufgabe, die großen Fenster der Pausenhalle zu schmücken. Bisher waren Transparentsterne unterschiedlicher Art als Schmuck verwandt worden. Das wollten wir nicht wiederholen. Wir fanden in unserer Kirche eine Anregung: Rosetten. Sie schienen uns als Weihnachtsschmuck ebenso passend zu sein wie Sterne.
Eine der beiden vierten Klassen übernahm die Aufgabe, Rosetten zu gestalten, die andere ging von der Rundform der Rosetten aus, setzte aber weihnachtliche Motive als Transparente in die runden, schwarzen Flächen ein.

Material

- Schwarzer Fotokarton
- rotes, gelbes, blaues und grünes Folienpapier
- Folienklebstoff
- Schere

Realisation

□ Rosetten: Wir legten den Durchmesser der Rosetten mit 40–50 cm fest und beschlossen, sie in 16 Segmente aufzuteilen. Mit einem Zirkel wurde der große Kreis geschlagen und dann noch 7–10 immer kleiner werdende Innenkreise.
Die Kinder schnitten die runden Papierscheiben aus und falteten sie in der Mitte, legten sie wieder auseinander und falteten sie so zu Vierteln, daß die Knicklinie genau übereinander lag. Es folgten die Faltungen zu Achteln und dann zu Sechzehnteln. Bei den Faltungen mußte auf dreierlei geachtet werden:

- Jedesmal wieder von der ganzen Fläche ausgehen,
- genau durch den Mittelpunkt falten,
- die Faltlinien übereinander legen.

Wenn das nicht beachtet wurde, gab es unterschiedliche Segmente.

Durch die Binnenkreise, die ja von allen Faltlinien geschnitten wurden, entstanden kleine Felder. In diese Felder zeichneten die Kinder ihre Muster ein, Dreiecke, Kreise, Ovale, Sterne usw. Rosetten haben bestimmte Ordnungen, darin liegt ihre Wirkung. Es bewährte sich, für einen Kreis immer das gleiche Muster zu nehmen, beim nächsten ein anderes usw. (Abb. 79). Bei den Farben konnte im Wechsel variiert werden, z. B. blau, rot usw. Sich auf drei Farben zu beschränken, erwies sich als günstig. So kehrten gleiche Farben immer wieder und unterstrichen damit die Einheit der Form.

Bild 79

Für das Hinterkleben der Rosetten verwandten wir kein Transparentpapier, weil es sehr schnell verblaßt. Wir nahmen blaue, gelbe, rote und grüne Folie, die es in Fachgeschäften von der Rolle zu kaufen gibt. Diese Folien leuchten so stark wie farbiges Glas und verblassen nicht.

□ Rundtransparente: Bei den Rosetten bildeten Segmente und Kreise ein Gerüst. Die Kinder mußten ihre Formen möglichst gleichmäßig einzeichnen und ausschneiden. Die Formen wiederholten sich.
Beim Transparent hatten die Schülerinnen und Schüler eine größere Freiheit in Entwurf und Gestaltung. Sie mußten aber ihr Motiv gut in die runde Form einpassen und die Binnenmusterungen erforderten eine größere Mühe, weil keine Vorgaben bestanden, wie es die Felder bei den Rosetten waren.
Trotz des höheren Schwierigkeitsgrades gab es bei dieser Arbeit ebenso viele gute Ergebnisse wie bei den Rosetten.
Carsten hatte das Maria-und-Josef-Motiv für sein Transparent gewählt (Abb. 80). Das Paar mit dem Jesuskind in der Mitte ist durch die gegenseitige Zuwendung gut in die runde Fläche eingeordnet. Das Rund mit dem Sternenkreis betont die Geschlossenheit der Gruppe. Bei den leuchtenden, starken Farben wirkt die Farbbeschränkung harmonisierend.

Bild 80

Fachspezifische Anmerkungen

Zu Transparenten: Transparente sind in der Grundschule mehr als in anderen Schulformen zu finden. Das hängt mit der kindlichen Lust am Schmücken zusammen und dem Wert, den Grundschüler auf ein persönliches, schönes Klassenzimmer legen. Sie sind für Grundschulkinder ein faszinierender Fensterschmuck, weil durch das einfallende Licht ihre Farben stärker als alle anderen Farben im Raum leuchten.

Es gibt Transparente von unterschiedlichem Schwierigkeitsgrad.

1.
Eine einfache Form eignet sich schon für Kinder des 1. Schuljahres. Mit weißer Jacksonkreide oder Wachskreide wird auf der Rückseite eines schwarzen Tonpapierblattes oder Kartons DIN A4 in dicken Strichen eine einfache Gestalt zum gewählten Thema gezeichnet. Alle schwarzen Flächen innerhalb der Figur werden ausgeschnitten, nur die weißen Innenlinien zwischen Gesicht und Haar, Kopf und Körper, Bluse und Rock oder Hose und zwischen Kleidung und Füßen bleiben als Stege stehen.
Zum Hinterlegen wird Transparentpapier in der gewünschten Farbe unter ein ausgeschnittenes Feld gelegt und die Form mit einem Bleistift umfahren. Beim Ausschneiden muß ein Klebrand auf dem Transparentpapier zugegeben werden. Man sollte den Kindern einprägen, daß nur auf der Rückseite, die an den weißen Kreidestrichen erkennbar ist, geklebt werden darf, sonst sind am Schluß beide Seiten verschmiert. Augen, Mund und Nase, Knöpfe und andere Verzierungen können aus den Resten des schwarzen Papiers ausgeschnitten und auf der Vorderseite in die transparenten Flächen eingeklebt werden.

Bild 81

2.
Im Laufe der Grundschulzeit wird die Transparenttechnik vervollkommnet. Der ganze zur Verfügung stehende schwarze Bogen wird als Gestaltungsfläche genutzt. Stege halten die Fläche zusammen. Augen, Nase und Mund z. B. sind durch Stege am Gesichtsrand befestigt. Musterungen in der Kleidung entstehen. Im Bild 81 ist die Schnittechnik zu sehen. Es handelt sich zwar nicht um ein Transparent, aber in dieser Weise wird es auch geschnitten.

3.
Zu Transparenten braucht man nicht unbedingt den schwarzen Karton, um sie zusammenzuhalten.
Auf S. 138 sind Transparentbilder zu sehen, die auf eine Klarsichtfolie geklebt wurden. Ihre Wirkung beruht auf der Überlappung mehrerer transparenter Farben. Transparentpapier, farbige Folien und Folienkleber wurden dazu benutzt.

Erntedankgottesdienst Heile Welt - bedrohte Welt (3. Schuljahr)

Anlaß und Intention
Einmal im Jahr wird in einer der Kirchen unserer Stadt ein Gottesdienst abgehalten, der von der Schule in Zusammenarbeit mit dem Pfarrer gestaltet wird. Eltern und Geschwister der Schüler werden dazu eingeladen. Bei den Vorbereitungen werden nicht nur Religionsstunden eingesetzt, sondern auch Kunst- und Musikstunden. Jede Klasse trägt zum Gottesdienst bei.
Zum Erntedankgottesdienst übernahmen zwei 3. Schuljahre die Aufgabe, Altarbilder zu dem Thema „Heile Welt - bedrohte Welt" zu gestalten. Dieses Thema zum Erntedankfest enthielt die Intention, den Kindern bewußt zu machen, daß die Früchte, die geerntet werden, keine Selbstverständlichkeit mehr sind, daß wir dafür danken müssen, sie noch zu haben und nicht achtlos mit ihnen umgehen dürfen. Wir Menschen können die Natur zerstören und die Schöpfung Gottes vernichten, zu der wir gehören.

Material
- Illustriertenpapier
- Klebstoff
- Packpapier, Format: 100 x 190 cm

Bild 82

Realisation
Das Thema benannte schon die Motive für die Bilder. Eine Klasse übernahm die Gestaltung des Bildes „Heile Welt", die andere des Bildes „Bedrohte Welt".
Beide Begriffe wurden mit den Kindern geklärt und mußten mit Inhalt gefüllt werden.
Die Klassen fingen an, aus Illustrierten auszuschneiden, was zu ihren Bildern passen würde, denn wir hatten beschlossen, große Collagen zu machen. Bei der Größe des Kirchenschiffes mußten die Bilder am Altar kräftig und kontrastreich in den Farben sein. Das leuchtende Illustriertenpapier, das wir benutzen wollten, hat eine gute Fernwirkung.
Für Großcollagen sprach auch, daß bei ihnen alle Kinder gruppenweise an der Arbeit beteiligt werden konnten. Die Collagen entstanden ohne Vorentwurf. Am Anfang stand nichts anderes fest als das Thema.
Das Bild „Heile Welt" wurde etwas früher begonnen. Es gab gewissermaßen vor, was bei dem Bild „Bedrohte Welt" an Gegensätzlichkeit entwickelt werden mußte.
Wir fingen am unteren Rand der Papierfläche mit der Darstellung von schönem, klarem Wasser an und bauten nach und nach von unten nach oben das Bild auf.
Es bildeten sich Gruppen, die zusammenarbeiten wollten. Nur jeweils eine Gruppe arbeitete an der Collage, für die anderen Kinder lief der normale Unterricht weiter. Der Wechsel spielte sich ein.
Das große Bild hatte seinen Platz auf mehreren Tischen am Ende des Klassenzimmers. Es war immer gegenwärtig und die Kinder begutachteten täglich den Verlauf der Arbeit. Sie beschäftigten sich auch zu Hause mit dem Bild, schnitten Bildmaterial aus Zeitschriften aus, besonders Obst, Blätter, Bäume und Sträucher aus Gartenzeitschriften konnten wir gut gebrauchen (Abb. 82).
Bei der Collage „Bedrohte Welt" verlief der Gestaltungsprozeß ähnlich. Es konnte aber nur im Fachunterricht an ihr gearbeitet werden. Sie war jedoch nicht so zeitaufwendig, weil wir sie nicht aus kleinen Mosaikteilen aufbauten, sondern vorrangig ausgeschnittene Gegenstände aus Werbeanzeigen und aus Autozeitschriften verwandten (Abb. 83).
Ein Problem entstand dadurch, daß es schwierig war, für die Fabriken entsprechende Formen in den Zeitschriften zu finden. Wir funktionierten deshalb technische Geräte, z. B. Eisschränke, zu Fabriken um. Die Verfremdung der abgebildeten Gegenstände war für die Kinder besonders interessant. Stefan schnitt aus den Arztzeitschriften seines Vaters Krebsgeschwülste aus und benutzte diese Abbildungen für die Darstellung der dicken Rauchwolken. Es war makaber zu sehen, wie diese Krebsbilder sich in die dicken Rauchgebilde verwandelten.
Die Kinder beider Klassen entwickelten eine starke innere Beziehung zu den Bildern, hervorgerufen durch das langsame Wachsen und Gestaltwerden, die tägliche Begegnung und die Anteilnahme an den fortschreitenden Arbeiten der Gruppen.

Bild 83

Im Gottesdienst standen die beiden Bilder links und rechts vom Altar. Sie waren überall im Kirchenschiff gut zu erkennen. Alle Klassen waren mit ihren Beiträgen aktiv in den Gottesdienst einbezogen. Der Pfarrer sprach auch die Kinder, die die Collagen angefertigt hatten, an und bat darum, daß einige von ihnen zum Altar kommen möchten. Nach kurzem Zögern folgten ein paar Kinder dieser Bitte.

Der Pfarrer sprach mit ihnen über ihre Bilder und die Kinder verglichen sie miteinander:

Ein Bild stellt die Erde dar, wie Gott sie gemeint hat - das andere Bild zeigt, was die Menschen aus ihrer Erde machen.

Sie stellten die wesentlichen Bildinhalte einander gegenüber:

Ein grüner Apfelbaum mit roten Äpfeln - ein schwarzer, toter Baum

klares Wasser - ein trübes Rinnsal, das aus einem Müllhaufen fließt

Früchte, Kornfelder - eine verstopfte Autostraße

Wiesen und Wälder - Fabriken und Schornsteine

klarer, blauer Himmel - graue, dicke Rauchwolken

So stellten die Kinder ihre Bilder vor. Der Pfarrer führte sie dahin, zu überlegen, in welcher der beiden Welten wir leben. Das machte sie stutzig, bis ein Kind antwortete, daß wir eigentlich in keiner dieser beiden Welten leben, sondern dazwischen. Der Pfarrer griff diese Antwort auf und sprach in einer für Kinder verständlichen Weise von der Verantwortung, die wir Menschen für die Schöpfung tragen und daß wir es in der Hand hätten, welcher dieser beiden Welten wir uns nähern wollten. Dann hielten Schüler des 4. Schuljahres einen selbstgebauten großen Regenbogen als Brücke über beide Bilder und sprachen die Noah-Verheißung.

Abschiedsgottesdienst für die vierten Schuljahre – Sich auf den Weg machen (4. Schuljahr)

Bild 84

Anlaß und Intention

In den letzten Tagen des Schuljahres fand ein Abschiedsgottesdienst für die vierten Klassen statt. Er stand unter dem Leitgedanken „Sich auf den Weg machen" und knüpfte an die Geschichte von Abrahams Aufbruch aus Haran an. Die ersten, zweiten und dritten Schuljahre waren an der Gestaltung beteiligt. Ein viertes Schuljahr leistete einen Beitrag mit einem großen Materialbild, das den Weg eines Menschen symbolisierte. Durch diese Arbeit wurde die Klasse in intensiver Weise mit dem konfrontiert, was die Aufforderung, sich auf den Weg zu machen, bedeutet.

Material

- Styroporplatten
- Styroporkleber
- Leim
- Sand
- Dornen
- Kiefernzapfen
- Dispersionsfarben

Realisation

Wir begannen damit, sprachlich zu klären, was der Ausdruck „Sich auf den Weg machen" beinhaltet. Die Kinder nannten Abschied nehmen, etwas Neues anfangen, weggehen . . . Das Wort weggehen schauten wir uns genauer an und sie fanden in ihm die Wörter Weg und gehen. Einen Weg gehen, das sollte in unserer Arbeit für den Gottesdienst zum Ausdruck kommen. Wir entschieden uns, den Weg mit Fußspuren zu markieren. Die Fußspuren allein würden aber noch kein Bild ergeben. Überlegungen, wie Wege sein können, brachten uns näher an das Bild heran. Es gab viele bekannte Ausdrücke. Aus der Sammlung nahmen wir einige in unsere Arbeit auf: Waldweg, Wiesenweg, steiniger Weg, dorniger Weg und sandiger Weg. Die Bildidee nahm Konturen an: Fußspuren, die durch Wald, Wiesen, Gesteine, Dornen und Sand führten. Dabei dachten wir an Abrahams Weg. Aber auch die symbolische Bedeutung wurde von den Kindern verstanden. Wir sprachen vom Lebensweg, einen dornigen oder leichten Weg gehen, jemanden Steine in den Weg legen und Steine aus dem Weg räumen.

Alice, das kleinste Mädchen der Klasse, lieferte die Fußabdrücke für unseren Weg. Dann legten wir gemeinsam die Gebiete fest, durch die die Spuren führen sollten. Die weitere Arbeit wurde unter Gruppen aufgeteilt. Für das steinige Gebiet wurden Styroporbrocken gebrochen, aufgeklebt und grau angestrichen.

Dornenstöckchen, dicht ins Styropor gedrückt, wurden zum Dornengebiet. Sand auf eine Klebeschicht gestreut, bildete die Wüste. Mit grüner Dispersionsfarbe wurden Wald- und Wiesengebiete angemalt. Blumen wurden aus durchgeschnittenen, angemalten Kiefernzapern gebastelt. Sie standen in den fruchtbaren Gebieten links und rechts des Weges. Zum Schluß klebten wir die Fußspur auf (Abb. 84).
Einen Tag vor dem Gottesdienst kam die große Aktion des Transportes in die Kirche. Das Bild war zu groß, um in einem Auto Platz zu haben. Die Kinder wollten es sich auch nicht nehmen lassen, es selbst in die Kirche zu tragen und aufzustellen. Jedes Kind wollte das Bild mit anfassen, deshalb wechselten sie sich ab Und so machte sich eine seltsame Karawane auf den Weg zur Kirche.
In seiner Predigt ging der Pfarrer von dem Bild aus und er ergänzte es am Schluß. Er bat, eine Mutter möge zur Kanzel kommen, ein Vater, eine Großmutter, ein Großvater, drei Lehrerinnen und Lehrer, drei Schülerinnen und Schüler. Als alle versammelt waren, wies er auf das Bild und die Personen hin und sagte den Kindern zum Abschied, daß sie auf ihrem Lebensweg bisher nicht allein gewesen seien, sie hätten Menschen als Begleiter gehabt, und auch in Zukunft würden sie den Lebensweg nicht allein gehen müssen.

Fachspezifische Anmerkungen

Zu Collagen: Collagen sind geklebte Bilder, vorwiegend aus Papier, aber auch aus Stoffen, Folien, Metall und anderem klebbaren Material werden sie gemacht.
Collagematerial wird aus seinen bisherigen Verbindungen gelöst und in neue Beziehungen gesetzt. Bildteile können verfremdet werden und in ihren ursprünglichen Zusammenhängen nicht mehr erkennbar sein. In neuen Kombinationen erhalten sie eine ganz andere Bedeutung.
Collagen sind ein gutes bildnerisches Verfahren für Grundschüler. Das Material regt zum spielerischen Umgang an. Man kann mit ihm experimentieren, es so lange legen und umlegen, bis Formen und Farbkombinationen gefunden sind, die man festhalten und aufkleben möchte.

Collageverfahren:
1. Aus farbigem Illustriertenpapier werden Stücke geschnitten oder gerissen und wie Mosaikmaterial verwandt. Gerissene Teile bilden durch den weißen, unregelmäßigen Rand interessante Strukturen (s. S. 109).
2. Gegenstände oder Teile von Gegenständen und Figuren werden ausgeschnitten und zu neuen Form- und Farbgefügen zusammengesetzt (s. S. 67).
3. Wörter und Buchstaben verschiedener Größen werden als Gestaltungsmittel eingesetzt (s. S. 88).
4. Wörter werden aus dem Zusammenhang genommen und erhalten in neuen Kombinationen einen anderen Sinn (s. S. 133).
5. Naturmaterial (z. B. Blätter) wird zu Formen gelegt und aufgeklebt (s. S. 118).
6. Tapetenstücke mit unterschiedlichen Musterungen und Farben werden gerissen und zu Bildern zusammengesetzt (s. S. 139).
7. Stücke aus Transparentpapier und farbigen Folien werden zu transparenten Bildern übereinandergeklebt (s. S. 138).
8. Frottagen: Papier wird auf strukturierte Flächen gelegt und das Muster mit Wachskreiden durchgerieben. Stücke werden gerissen oder geschnitten und zu Formen zusammengesetzt (s. S. 89).

Am Wochenende sind wir alle zusammen (2. Schuljahr)

Anlaß und Intention
Das Thema „Familie" ist in der Schule immer gegenwärtig. Die Kinder erzählen von Vater, Mutter, Geschwistern und Großeltern. Besonders am Montag nach dem langen Wochenende wird viel von zu Hause berichtet. Aus den Erzählungen entstanden Wochenendbilder.
Der situative Ansatz sollte die Kinder dazu anregen, die Familien in einer Aktion zu zeichnen und sich aus dem Schema der Nebeneinanderreihung der Familienmitglieder zu lösen.

Material
- Schwarze Fineliner oder Filzstifte
- weißes Papier DIN A4

Realisation
Die Kinder überlegten sich, wie sie ihre Familien darstellen wollten und entwickelten ihre Motive.
Das Zeichnen mit den schwarzen Finelinern und Filzstiften war ihnen vertraut.
Den individuellen Erlebnissen entsprechend entstanden Zeichnungen von gemeinsamen Mahlzeiten, gemeinsamen Spielen, gemeinsamen Spaziergängen und Autofahrten.
Die starre Reihung der Personen war in keinem Bild mehr zu sehen, weil die Kinder sehr bemüht waren, eine gemeinsame Aktion der Familie darzustellen.
In Bild 85 spielen Mutter, Vater und die beiden Söhne Karten. Jan stellte seine Familie in der häuslichen Umgebung dar, das Wohnzimmer stattete er mit vielen Einzelheiten aus. Einvernehmen und eine entspannte Atmosphäre kommen in dem Bild zum Ausdruck. Er zeichnete die Eltern auf den Stühlen sitzend. Bei sich und seinem Bruder gelang ihm das nicht, weil sie in der Frontalansicht zu sehen sind. Wichtig war es ihm, die Gruppe zusammenzuschließen, um dadurch das gemeinsame Kartenspiel möglichst realistisch wiedergeben zu können.
In Bild 86 hält Monika einen bestimmten Augenblick vor der gemeinsamen Mahlzeit fest. Vater und Töchter warten auf die Mutter, um mit dem Essen anfangen zu können. Mutter trägt aber erst den Vogel ins Bauer, damit er nicht auf dem Tisch herumhüpfen kann. Monika vermied die Reihung und setzte die Dreiergruppe um den Tisch herum. Dadurch entsteht der Eindruck gegenseitigen Kontaktes. Die Mutter hat sich von der Gruppe gelöst, ist aber in die Komposition gut eingefügt.
In Bild 87 ist ein Sonntagsspaziergang der geschiedenen Mutter mit ihren beiden Kindern zu sehen. Die Bildelemente, die Tobias einsetzte, sind Linie und Punkt. Flächenfüllungen vermied er, nur in den Haaren sind dazu Ansätze zu sehen. Binnenstrukturen bereichern die Zeichnung der Blumen und Schmetterlinge. Durch diese bildnerischen Mittel wirkt das Bild sehr zart.
Die beiden Kinder sollen nicht auf dem Boden liegen, wie der Betrachter meinen könnte. Sie sind auf dem Wege. Tobias zeichnete sie aus seinem subjektiven Gefühl heraus und nicht aus der objektiven Beobachtung. Die Blumen am Wege setzte er in Richtungsunterscheidung zur Begrenzungslinie.

Bild 85

Bild 86

Bild 87

Zu einer Familie gehören (4. Schuljahr)

Anlaß und Intention
Zum Bildermachen und zum Bilderbetrachten führen mancherlei Wege. Manche ergeben sich aus dem Verlauf des Unterrichts, wenn er offen bleibt für die Interessen und Bedürfnisse der Schüler. So entwickelten sich bei diesem Thema die ästhetischen Aktivitäten aus den im Sachunterricht und im Sprachunterricht aufgeworfenen Fragen.
Begonnen hatte die intensive Beschäftigung mit dem Komplex „Familie" im Sachunterricht bei dem Thema „Ein neues Menschenleben entsteht". Es löste eine Fülle von Fragen aus und sprengte die Fächergrenzen. Waren es zunächst biologische Fakten, die erfragt und geklärt wurden, so entwickelten sich daraus Aspekte des Aufwachsens in einer Familie. Eigene Erfahrungen wurden eingebracht über die Position und die Aufgaben der Eltern und der Kinder. Der von den Schülern aufgezeichnete Tageslauf der Mutter oder des Vaters ließ sie die Rolle und vielfältigen Aufgaben der Eltern besser erkennen.
Wir begannen, Texte zu sammeln, Geschichten von Familien, die wir in Lesebüchern, Bibliotheksbüchern und eigenen Büchern fanden. Die Geschichten zeigten eine Vielfalt

Bild 88

Bild 89

Bild 90

von Familienbezügen: die zwischen den Eltern und den Kindern, den Großeltern und Enkelkindern und den Geschwistern untereinander. Es wurden in diesen Geschichten auch Familienkonflikte dargestellt. Die dort angesprochenen Probleme deckten manchmal bei den Schülerinnen und Schülern eigene Probleme auf und diese kamen zur Sprache. Es wurden aber auch die in den Geschichten geschilderten Verhaltensweisen für die eigene Familie als nicht zutreffend bezeichnet oder die eigene Familie als anders reagierend abgehoben. Es ist unerläßlich, daß sich Lehrer im Unterricht bei allen Äußerungen der Schüler über ihre Familien sehr zurückhalten und sie nicht provozieren. Der Bezug der Kinder auf die eigene Person und die eigene Familie erfolgte immer spontan und zeigte, wie sehr sie sich von diesem Thema persönlich angesprochen fühlten.
Mit den Zeichnungen wurde es in eine andere Ausdrucksform übertragen.

Material
- Fineliner
- weiße DIN-A3-Bögen

Realisation
Das Motiv zum Bild der eigenen Familie suchte sich jedes Kind selbst. Es zeigte sich, daß fast alle Kinder starre Familienbilder vermieden und sehr subjektive, situative Familienszenen zeichneten, z. B. ein gemeinsames Frühstück auf der Terrasse, Kartenspielen am Abend, eine Kissenschlacht mit dem Vater, gemeinsames Backen usw. Die Zeichnungen hielten nicht nur einen Augenblick im Leben der eigenen Familie fest, sie waren auch Ausdruck der familiären Beziehungen.

□ Bild 88: Vater kommt nach Haus

Der Vater kommt in die Küche und freut sich, wieder bei seiner Familie zu sein. Die Mutter will gerade das Essen auftragen. Die Schwestern hantieren noch mit dem Geschirr und Marcel selbst greift nach dem kleinen Hund, um ihn zum Essen mitzunehmen. Trotz ihrer Geschäftigkeit drückt die Gruppe Harmonie aus. Die rhythmische Anordnung der Personen wirkt locker und ausgeglichen. Sie sind gut in den Raum integriert und heben sich doch als geschlossene Gruppe ab.

□ Bild 89: Ein ganz gemütlicher Abend

Die Familie sitzt bzw. liegt vor dem Fernsehapparat, Mutter strickt. Die große Schwester ißt die Kekse auf, die Mutter für die Familie bereitgestellt hatte. Da will Birger auch etwas haben. Gibt es gleich Streit? Vater ruft: „Ruhe!" dazwischen, weil die Nachrichten beginnen. Die kleine Schwester ermahnt den größeren Bruder, auf den Vater zu hören. Eine mit Witz und Realismus dargestellte Familienszene.
In klarer Reihung auf zwei gedachten Grundlinien sind die Familienmitglieder auf den Fernsehapparat ausgerichtet. Sie überdecken sich gegenseitig nicht. Im ganzen Bild herrscht Eindeutigkeit und Klarheit vor. Die Gruppe wird inhaltlich durch die Interaktion, bildnerisch durch die gleichmäßig gemusterte Fläche des Teppichs zusammengefaßt.

□ Bild 90: Aufbruch zum Spaziergang

Im Gegensatz zu den beiden anderen Bildern, in denen Interaktion stattfindet, ist dieses ein statisches Bild. Es wirkt durch die Skurilität der Gestalten, die den Betrachter ebenso schmunzeln lassen, wie die dargestellten Personen es tun. Mit Akribie zeichnete Thorsten die Musterungen. Er setzte sie so differenziert ein, daß sich die Figuren voneinander abheben, so daß beim genauen Hinsehen sich die Reihung in ein Vor- und Hintereinander auflöst. Thorsten zeichnete sich selbst in den Mittelpunkt der Familie. Die Mutter führt ihn an der Hand. Der Vater geht schützend hinter ihnen und schon ein wenig abgelöst von der Familie geht der große Bruder nebenher.
Diese drei Bilder unterscheiden sich nicht nur in den Motiven, auch im Bildbau und in den Menschendarstellungen zeigen sie sehr individuelle Ausprägungen.

Nach der Beschäftigung mit der eigenen Familie wandten wir uns zwei fremden Familien zu. Diesmal war unser Medium nicht die Sprache, wie bei den Familiengeschichten, sondern die Malerei. Zwei Reproduktionen von Gemälden wurden im Klassenzimmer aufgehängt:
Otto Müller: Polnische Familie (Abb. 91)
Paul Gauguin: Im Garten (Abb. 97)
Zu einem Einstieg in die Bilder verhalf uns die Geschichte „Der Ausreißer" von Peter Härtling, die wir einige Wochen zuvor gelesen hatten und von der die Kinder sehr beeindruckt waren. Es ist die Geschichte eines Jungen, der immer wieder von zuhause ausreißt, bis er eines Tages unterwegs einen Maler trifft, der ihn mit in sein Haus nimmt. Der Junge besucht ihn immer wieder und steht vor den Bildern. Da sagt der Maler: „Wenn du Lust hast, kannst du in das Bild hineingehen. Das ist besser als von zuhause weggehen." Der Junge versucht es und es gelingt.
Peter Härtling hat gut beobachtet. Dieses Hineingehen in die Bilder mit Hilfe der Phantasie ist für Kinder ein besonders adäquater Zugang zu Kunstwerken.
Jeder Mensch bringt beim Betrachten eines Kunstwerkes seine eigenen Gedanken, Erfahrungen und Empfindungen ein. Gunter Otto nennt das Percepte bilden. In einem Percept „stoßen anteilig das Bild und die Vorstellungen des Betrachters zusammen". Das Percept entsteht durch das, „was der Betrachter zum Bild hinzutut, seine Wahrnehmungen, Assoziationen, Erinnerungen, Vorstellungen usw. . . .".[41)]
In Bilder hineingehen bedeutet auch in Bildern verweilen, und das ist genau das Gegenteil von dem, was Kinder am Nachmittag vor dem Fernsehschirm erleben, wenn die Bilder an ihnen vorüberrauschen.
Wir nahmen uns also Zeit, setzten uns vor Otto Müllers Bild „Polnische Familie", betrachteten es und versuchten einen Einstieg. Die Kinder begannen, sich zu äußern. Jede Lehrerlenkung oder -beeinflussung wurde vermieden. In ihre Äußerungen flossen auch ihre Deutungen des Bildes ein. Sie gaben ihren Gedanken und Mutmaßungen freien Lauf, und dabei entdeckten sie immer neue Spuren, die in das Bild hineinführten, so daß allmählich eine Geschichte entstand:
Das sind ganz arme Leute - sie sind draußen - sie haben kein richtiges Zuhause - keinen Wohnort - die Frau und das Kind sehen abgemagert aus - sie haben ganz dünne Arme und Beine - bestimmt haben sie nur wenig zu essen - für das Kind haben sie nichts anzuziehen - aber die Frau sieht fröhlich aus - sie freut sich, weil sie das Kind hat - der Mann sieht nicht fröhlich aus - er möchte sicher der Frau und dem Kind mehr bieten können - vielleicht denkt er daran, daß das Kind sterben kann - er macht sich Gedanken, was er dagegen tun könnte - er sucht Arbeit - sie haben auch einen Hund - der sieht auch ganz dünn aus - der kriegt auch keine Nahrung - er soll auf die Familie aufpassen - wo die Mauer ist, ist ein Gang - vielleicht ist das Kind in der Gasse geboren -
Plötzlich: das sind Maria und Josef! - nein - die wirken nur so - die Frau hat auch einen Heiligenschein - Maria hatte auch das Kind im Arm - die waren auch arm - sie hatten auch ein Tier, den Esel - den Heiligenschein kann man sehen, weil es dahinter dunkel ist - im Bild ist viel dunkel und hell - der Mann sieht so dunkel aus, weil die Mauer dahinter so hell ist - (aus einer Kassettenaufnahme).
In einer anderen Stunde setzten wir uns vor Paul Gauguins Bild „Im Garten". Folgende Gedanken entwickelten die Kinder: Die Leute sind steinreich - sie haben einen Park und schöne Bäume - da sind schöne Häuser - in der Gegend wohnen auch andere reiche Leute - das Kind im Kinderwagen ist sicher im Haus geboren - der Kinderwagen ist groß - das Kind ist in schöne Decken gewickelt - die Menschen sehen gesund aus - sie sind nicht dünn - der Vater hat bestimmt eine hohe Stellung - er ist nicht auf dem Bild - er muß was tun - für die ist Reichtum selbstverständlich - sie haben keinen Heiligenschein - die sind nie arm gewesen - sie denken vielleicht nur an sich - da ist eine Mauer - die Kinder kommen vielleicht nie raus und haben keine Freunde - sie gehen auf eine Privatschule - die Eltern haben Angst, daß sie Freunde mitbringen, weil sie nicht wollen, daß die etwas kaputtmachen - andere sind freier - die Kinder sollen nicht vom Grundstück gehen - die Mutter kümmert sich nicht um die Kinder - sie spricht nicht mit ihnen - sie hat keinen Kontakt zu ihnen - das Bild ist aber heller - schöne, grüne Bäume, blauer Himmel - die Farben sind fröhlich, aber es hebt sich nicht so ab - (aus einer Kassettenaufnahme).
Die Immobilität der Gruppe, die den Frieden, die Beschaulichkeit und Stille des Gartens unterstreicht, löste bei den Kindern ganz andere Assoziationen aus. Für sie bedeutete der Garten mit seiner Mauer Eingeschlossensein, Beengung, von Freunden abgeschnitten werden. Der offensichtliche Wohlstand der Familie forderte im Vergleich mit der polnischen Familie ihr soziales Engagement heraus.
Hier sollten die Kinder aber auch erfahren, daß der Betrachter eines Kunstwerkes sich auch fragen muß, welche Intentionen und Absichten der Künstler mit seinem Werk verfolgte, um sich nicht zu weit von ihm zu entfernen. Es zeigte sich, daß die Klasse durchaus auch einer objektiveren Betrachtung des Gauguinischen Gartens zugänglich war, aber das persönliche Engagement ließ dabei nach.
Nach den Betrachtungen schrieben die Kinder ihre Wahrnehmungen und Gedanken zu den Bildern auf. Es war ihnen freigestellt, ob sie eines der Bilder wählen oder über beide schreiben wollten.

□ Florian schrieb:
Auf dem Bild von Otto Müller ist eine Frau zu sehen, die ein Kind im Arm hält und es stillt. Sie hat einen Heiligenschein. Schuhe hat sie keine, und sie ist nicht gut ernährt. Die Frau trägt ein dunkelblaues Hemd und einen dunkelgrünen Rock, die Sachen sehen schon ziemlich abgetragen aus. Sie hat schwarzes, nicht sehr langes Haar. Sie sieht sehr blaß aus. Die Frau sitzt auf einer Bank. Unter der Bank ist ein Hund, es ist wahrscheinlich ein Wachhund, der sie begleitet. Der Mann steht an einen Baum gelehnt. Er hat einen schwarzen, langen Rock an, der ihm bis auf die Füße geht. Er trägt große, schwarze Schuhe. Auf dem Kopf hat er einen zylinderähnlichen Hut. Der Gesichtsausdruck ist bei beiden zufrieden. Die Frau sieht glücklich aus, aber der Mann ist auch etwas nachdenklich. Wahrscheinlich, weil er darüber nachdenkt, wie er seine Familie ernähren soll. Aber er ist froh, daß die Mutter das Kind noch an der Brust stillen kann. Im Hintergrund ist eine hellrosa Wand. Neben ihr ist eine blauschwarze, finstere Leere. Es ist ein trauriges und doch fröhliches Bild. Die Gegend sieht verlassen und traurig aus, trotzdem ist die Mutter über ihr Kind glücklich. Der Maler hat die Geschichte von Maria und Josef in eine andere Zeit gesetzt. Er wollte vielleicht den Menschen, die sich das Bild anschauen, sagen, daß sie darüber nachdenken sollen.

□ Marcel schrieb:
Zwei unterschiedliche Bilder zu dem Thema Familie.
Auf dem Bild von Paul Gauguin ist ein schöner, großer, blühender Garten zu sehen. Im Garten spielen zwei Kinder mit ihrer Mutter. Ein drittes Kind liegt in einem eleganten Kinderwagen. Die beiden größeren Kinder haben schöne Kleider an. Man merkt, daß die Eltern reich sind. Die Kinder sehen sauber und gepflegt aus.
Um den Garten herum steht eine große Mauer. Anscheinend wollen die Eltern verhindern, daß ihre Kinder mit fremden Kindern spielen.
Auf dem Bild von Otto Müller erkennt man ein Ehepaar, das gerade ein Kind gekriegt hat. Sie haben Lumpen an und sind blaß, sie haben bestimmt auch kaum etwas zu essen, denn sie haben magere Arme und Beine.
Sie haben auch einen Hund, der sich unter die Bank verkrochen hat. Man könnte glauben, daß es Maria und Josef sind, denn die Frau hat einen Heiligenschein.
Auf beiden Bildern ist eine Familie. Die Familie im Garten ist reich und hat schöne Kleider und ein schönes Haus. Die polnische Familie ist bestimmt nicht so reich. Vielleicht haben sie auch gar kein Geld, denn sie tragen Lumpen, die andere Familie trägt schöne Kleider. Sie haben auch kein Haus und keinen Garten und suchen bestimmt immer noch einen Unterschlupf.
Ich finde das Bild von Otto Müller nicht so schön wie das von Paul Gauguin, denn Paul Gauguin hat fröhlichere und buntere Farben, Otto Müller dunklere Farben und stärkere Kontraste benutzt. Das Bild sieht traurig und erschütternd aus, auch wenn sich die Eltern über das Kind freuen.

Bilder umgestalten

Anlaß und Intention
„Durch Bilder lernen gibt die Chance nach dem Davor zu fragen und das Danach zu antizipieren.“[42]
In der nächsten Kunststunde sprachen wir darüber, daß beide Maler nur einen Augenblick in ihren Bildern festgehalten haben. Was war vor, was war nach diesem Augenblick?
Das beschäftigte die Kinder und wurde von ihnen in ganz individueller Weise beantwortet.
Sie konnten eins der beiden Bilder wählen, um ein eigenes daraus zu machen. Nur die Farben sollten annähernd getroffen werden.

Material
- Dispersionsfarben
- Packpapier DIN A1
- Borstenpinsel

Realisation
Die Wahl des Bildes fiel so aus, daß sich für das Bild „Polnische Familie“ von Otto Müller 60 Prozent der Schülerinnen und Schüler entschieden und für Paul Gauguins Bild „Im Garten“ 40 Prozent.
Die Umgestaltung traf bei ihnen auf großes Interesse. Sie konnten ihren eigenen Auslegungen folgen und sich doch immer wieder an dem gewählten Bild orientieren. Farbmischungen waren auszuprobieren, bis annähernd die eigenen Farben mit denen des Malers übereinstimmten.

Bild 91

□ Umgestaltungen zu Otto Müllers Bild:
In Bild 92 ist die Frau als Schwangere dargestellt worden. Der Mann legt schützend den Arm um ihre Schulter. Die beiden Gestalten sind groß in die Bildfläche gesetzt worden und heben sich von der hellen Mauer deutlich ab. Eine weiße Kontur betont den Bauch und die Brust der Frau an der dunklen Seite des Bildes. Der Heiligenschein ist stark hervorgehoben. Aisha malte dieses einfache Bild, das klar und eindringlich die Ruhe und den Einklang des Paares und seine innere Zufriedenheit in der Armut zum Ausdruck bringt.
Abb. 93 zeigt das Bild von Stefan, der die Blöße und Magerkeit des Kindes auf Otto Müllers Bild erschreckend fand. Er gab der Mutter ein Tuch in die Hände, in das sie das Kind einwickeln kann. Das Kind, das ihn am meisten berührte, malte er mit sehr heller Farbe auf die dunkle Fläche der Bank, so daß es den Blick des Betrachters sofort anzieht. Der Vater steht bedrückt hinter ihm, nur die Mutter zeigt noch eine Spur von Lächeln. Den Heiligenschein hat Stefan ihr leuchtend um den Kopf gemalt.
Bild 94: Alexander hat das Maria-und-Josef-Motiv aufgenommen. Maria reitet mit dem Kind im Arm auf dem Esel. Der Eselskopf ist am unteren Rand des Bildes zu sehen. Die kleine Familie verläßt den armseligen Ort und wirkt sehr heiter. Das strahlende Orange der Wand und die Zuversicht im Ausdruck der Gesichter wandeln das Original in ein fröhliches Bild um.

Bild 92

Bild 93

Bild 94

Fachspezifische Anmerkungen

Zur Lehrerhilfe: „Was die Schüler selbst besorgen, selbst zum Unterricht beitragen, selbst herstellen und beurteilen, selbst bestimmen und verantworten können, das sollte der Lehrer ihnen überlassen – auch auf die Gefahr hin, daß manches nicht so läuft oder ausfällt, wie es wünschenswert wäre. Er muß aber eingreifen, wenn etwas schiefzugehen droht, wenn Hilfe oder Entscheidung gefordert ist.“[43)]

□ Hilfen bei der Motivwahl
Motive zu finden, bereitet den Schülerinnen und Schülern keine großen Schwierigkeiten, wenn Themen aus der kindlichen Lebenswirklichkeit gewählt werden. Dann sind eigene Erlebnisse, Beobachtungen, sinnliche Erfahrungen Grundlagen ihrer Vorstellungen, aus denen ihre Bildideen entstehen können. Die Freiheit in der Wahl der Motive entwickelt ihre Kreativität, so daß Kinder, die daran gewöhnt sind, selbst ihre Motive zu bestimmen, auch mehr Phantasie in ihren Arbeiten zeigen.
Es gibt aber auch immer in den Klassen Schülerinnen und Schüler, die sich schwer tun. Während ihre Mitschüler schon eifrig bei der Arbeit sind, sitzen sie noch ratlos vor ihrem leeren Blatt. Sie brauchen unsere Hilfe. Man setzt sich zu einem solche Kind und spricht mit ihm. Man versucht aus ihm herauszulocken, was an Vorstellungen und Wünschen bei ihm vorhanden ist und bestärkt seine schwachen Ansätze, d. h. man muß ein bißchen „sokratische Hebammenkunst“ anwenden, um einer Bildidee ans Licht zu verhelfen. Oft fehlt diesen Kindern nur das Selbstvertrauen, manchmal fehlt die Entschlußkraft.

Bild 95

Bild 96

Bild 97

□ Umgestaltungen zu Paul Gauguins Bild:

Bild 95: In Marcels Bild hat sich die Szene im Garten sehr verändert. Ein Junge lugt über die Mauer! Die beiden Mädchen stehen auf dem Weg und schauen zu ihm hin. Vater und Mutter eilen herbei, als wollten sie die Kinder schnell ins Haus holen.
Das Bild ist sehr klar aufgebaut und von einer zarten Farbigkeit, die sich dem Bild Gauguins annähert.
Bild 96: Was in Marcels Bild noch wie eine Annäherung der Welt von außen in den Garten hinein aussieht, wird in Heikes Bild zu einer Bewegung der Kinder aus dem Garten heraus. Ein Mädchen ist schon über die Mauer geklettert und das zweite ist gerade dabei. Verdutzt schauen die Eltern vom Garten aus zu, nur der Wagen des Säuglings steht noch auf dem Weg. Auch in diesem Bild ist mit zarten Farben versucht, die Farbigkeit in Gauguins Bild zu erreichen.
Die an den Wänden ausgestellten Arbeiten zeigten die Fülle von Gedanken und Vorstellungen, die die beiden Kunstwerke bei den Kindern ausgelöst hatten. Das trat bei den Äußerungen zu den Bildern noch stärker hervor.
Die Umgestaltung ist ein kreativer Prozeß, aus dem die Kinder eine Befriedigung ziehen, die ihnen das Kopieren niemals geben könnte. Sie würden dabei scheitern, während sie beim Umgestalten wesentliche Inhalte und Strukturen des Kunstwerkes in ihrer Sprache wiedergeben können. Sie setzen sich dabei intensiv mit dem Kunstwerk auseinander.

□ Hilfen im Arbeitsprozeß

Kunstunterricht zu geben, ist sehr anstrengend, wenn die Schülerinnen und Schüler nicht alle das gleiche Motiv haben. Man muß sich auf jede Arbeit neu einstellen und sich fragen, wo will das Kind hin, was ist seine Intention? Hilfe kann nur dann positiv sein, wenn diese Intention nicht gestört, sondern unterstützt wird. Man muß erkennen, wann das Kind einen Rat braucht, der sein Anliegen fördern kann. Eine Hilfe können Fragen an das Kind sein, die ein Problem aufdecken. Mit kleinen Hinweisen kann es auf Problemlösungen aufmerksam gemacht werden, kann die Klärung ungenauer Vorstellungen durch Beobachten, Vorspielen oder Tasten geschehen; Unausgewogenheit im Bildbau kann durch Umgruppierungen oder Hinzufügen weiterer Elemente ausgeglichen, grobe Formen können gegliedert und strukturiert werden; Buntheit kann durch Farbbeschränkung zu Farbigkeit werden.
Alle Kinder brauchen Anerkennung ihrer individuellen Ausdrucksweise.

Wir fahren in die Ferien (1. Schuljahr)

Anlaß und Intention
Mit großer Aufregung erwarteten die Kinder des ersten Schuljahres ihre Ferien. Viele von ihnen wollten mit den Eltern verreisen. Fast alle Familien würden im eigenen Auto fahren. Diesen herbeigesehnten Start in die Ferien setzten die Kinder in Bilder um.
Es wurde ihnen freigestellt, ob sie sich an einem Gemeinschaftsbild beteiligen oder ein eigenes Bild malen wollten.

Bild 98

Material
- Farbige Filzstifte
- weißes Papier DIN A3
- schwarze Fineliner
- Deckfarben

Realisation
Neun Kinder entschieden sich für das Gemeinschaftsbild, das die Ferienfahrt mit dem Auto zum Motiv hatte. Sie zeichneten mit farbigen Filzstiften das Familienauto, in dem die Familienmitglieder sitzen (Abb. 98).
Die fertigen Autos wurden ausgeschnitten und auf einen großen Packpapierbogen gelegt, der die Autobahn darstellen sollte. Zusätzlich wurden noch Bäume gezeichnet, die die Straße begrenzten. Alle Autos wurden auf die Autobahn gesetzt und in Kolonnen hintereinandergereiht und aufgeklebt.
Die Autos zeigen, wie unterschiedlich die Darstellungsmöglichkeiten der Kinder im 1. Schuljahr sind. Sie reichen vom schnittigen, schwarzen Renner bis zu einem einfachen, rotbraunen Kastenwagen (rechts oben im Bild).
Der Junge, der das schwarze Auto zeichnete, hatte schon sehr differenzierte Vorstellungen von einem Auto und bemühte sich, es so wirklichkeitsnah wie möglich darzustellen. Er hatte keine Vorlagen.
Der Junge, der das Kastenauto zeichnete, drückte mit den einfachen Formen des Kastens, des Aufbaus und der Räder auch Auto aus. Ihm kann gezielte Wahrnehmung helfen, im Laufe der Zeit seine einfachen Formen weiterzuentwickeln und mehr Einzelheiten zu sehen.
Beide Jungen zeichneten mit großem Eifer und waren mit ihren Autos zufrieden. Es ist für die Weiterentwicklung sehr wichtig, daß jedes Kind das Zutrauen in seine Leistung behält und sein Bemühen auch gewürdigt wird.
Alle Autos auf dem Gemeinschaftsbild wurden von der Seite gezeichnet, weil das die charakeristische Ansicht ist. Der Vater ist immer der Fahrer. Wenn er auch von den meisten Kindern noch nicht im Profil dargestellt werden konnte, so deutet doch wenigstens eine Hand am Steuer seine Position an.
Die Kinder, die sich für Einzelbilder entschieden hatten, zeichneten mit Fineliner und malten mit Deckfarben. Ein ausgesprochenes Malthema war die Fahrt in die Ferien nicht. Darum wählten wir eine Mischtechnik, die es den Kindern erlaubt, ihre Formen zu konturieren.
Sie sollten schon im ersten Schuljahr erfahren, daß Deckfarben deckend und lasierend verwandt werden können. Den lasierenden Farbauftrag lernen sie bei vorgezeichneten Formen sehr schnell, weil die Flächen abgegrenzt sind und die Kontur nicht überdeckt werden soll. Sie gehen dann behutsam mit ihren Farben und Pinseln um. Das teilweise Verlaufen der Finelinerspuren hat seinen besonderen Reiz.
Unter den Einzelarbeiten war ein Bild, das die Familie beim Einsteigen in den Zug zeigt (Abb. 100). Claudia, die dieses Motiv wählte, hatte die Situation schon einmal erlebt und sie sehr gut wahrgenommen.
Die Fahrgäste haben die Fenster heruntergeschoben und winken und rufen den Freunden oder Verwandten auf dem Bahnsteig etwas zu. Der Vater quetscht sich gerade mit Gepäck und zwei Kindern durch die Zugtür. Die Mutter folgt mit einem großen Koffer und dem jüngsten Kind. Es kommt in einem ersten Schuljahr selten vor, daß ein Kind eine Situation mit so vielen Aktionen darstellen kann.
Claudia probierte den lasierenden Farbauftrag mit gutem Erfolg aus. Sie nahm nicht nur die Farben aus dem Farbkasten, sondern versuchte auch, sich aus ihnen andere Farben zu mischen.
Jan zeichnete und malte seine Familie beim Aufbruch in die Ferien (Abb. 99). Im Auto vor dem Haus sind schon die Koffer, und der Zwillingsbruder ist bereits eingestiegen. Jan verabschiedet sich noch am Gartentor von einem Freund, während Vater und Mutter ihn zur Abfahrt rufen.
Die Zeichen für Auto und Mensch sind bei diesem Jungen noch nicht so weit entwickelt wie bei den Mitschülern. Aber er weiß mit ihnen Geschichten zu erzählen.
Die Deckfarbe setzte er ganz unbekümmert flüssig-lasierend ein und wischte nicht nachträglich mit dem Pinsel in ihr herum. Dadurch behielt sie ihre Klarheit und Leuchtkraft.

Ein besonderes Ferienvergnügen (2. und 3. Schuljahr)

Anlaß und Intention

Nach den Ferien, wenn die Kinder wieder in die Schule kommen, brennen sie darauf, von ihren Ferienerlebnissen zu erzählen. Diese Erzählfreude kommt auch im Kunstunterricht zum Tragen. Ferienbilder entstehen, in denen Erlebnisse im Malen wieder lebendig werden.

Durch die Eingrenzung des Themas auf „Ein besonderes Ferienvergnügen" finden die Kinder leichter ihr Motiv. Wenn ein Thema zu unbestimmt ist oder zu weitgespannt, z. B. „Malt ein schönes Ferienerlebnis", haben sie größere Schwierigkeiten, sich für ein Motiv zu entscheiden. Andererseits darf ein Thema auch nicht einengen, es muß die Vielfalt individueller Lösungen zulassen.

Material

- Jacksonkreide
- schwarzes Tonpapier DIN A3
- Filzstifte
- Deckfarben
- Zeichenblockpapier DIN A3

Bild 99

Bild 100

Bild 101

Bild 102

Realisation

Die Kinder konnten ihre Maltechnik selbst wählen. Gemalt sollte aber werden, weil zu den Ferien auch das Erlebnis der Farben gehört.

Viele Familienbilder entstanden, Familien beim Wandern, beim Reiten, beim Spielen am Strand usw.

Nicht alle Kinder waren verreist, doch Ferienvergnügen hatten sie gehabt, in der Badeanstalt, beim Spielen oder auf einem Ausflug in den Zoo.

Bild 101 malte Mirja aus dem 3. Schuljahr. Sie wählte Jacksonkreide und schwarzes Tonpapier.

An einem See verlebte sie die Ferien mit den Eltern und lernte das Surfen. Das war ihr ganz besonderes Vergnügen. In ihrem Bild steht sie auf dem Surfbrett im Vordergrund. Der Vater ist im Ruderboot in der Nähe. Mirja hat ihr Bild ganz unbewußt aus einem interessanten Blickwinkel gemalt. Der Betrachter sieht von schräg oben auf einen Teil des Sees hinunter. Dadurch erhält das Bild eine besondere Raumtiefe, die durch das große Surfbrett im Vordergrund und das kleine am Rand des Sees noch verstärkt wird. See und Ufer malte sie im Komplementärkontrast blau-orange. In ihrer Kleidung kehren die Farben wieder. Klar heben sich die weißen Bretter vom Blau des Sees ab.

Christian aus dem 2. Schuljahr malte sich beim Klettern in den Bergen. Der Vater und die größeren Brüder sind außerhalb des Bildausschnittes. Der Junge wollte sie nicht malen, weil er es zu schwierig fand, mehrere Personen beim Klettern darzustellen. Er selbst steht auf einem Felsvorsprung und ist im Begriff, auf den kleinen Felsen zu steigen. Er zeichnete zunächst mit schwarzem Filzstift, dabei klärte er die Formen. Das Zackige der Felsen konnte er so besser ausdrücken (Abb. 102).

Mit der Deckfarbe hatte er keine Probleme. Er malte mit einem dicken Haarpinsel die Farben flüssig in die Zeichnung ein. Der Farbauftrag war nicht gleichmäßig, die Farbe mal heller, mal dunkler. Gerade dadurch wirkt das Bild lebendig.

Fachspezifische Anmerkungen

Zum Malen mit Deckfarben: Der Deckfarbenkasten gehört wie der Jacksonkreidekasten in unserer Schule zur Grundausstattung der Schulanfänger. Das Malen mit Deckfarben beginnt im 1. Schuljahr etwas später als das Malen mit Jacksonkreide, weil es schwieriger ist.
Die Kinder des 1. Schuljahres lernen mit diesen Farben den deckenden und den lasierenden Farbauftrag.

□ Deckender Farbauftrag
Deckfarbe deckt um so besser, je mehr Farbe auf das Papier aufgetragen wird. Schulanfänger sollten deshalb bei diesem Farbauftrag dazu angehalten werden, viel Farbe in den dicken Pinsel zu nehmen. Dabei müssen sie darauf achten, daß der Pinsel feucht genug ist und über die Farbe im Kasten leicht hin- und herbewegt wird; sie sollen auf keinen Fall mit ihm in der Farbe kräftig herumrühren, weil dann seine feine Spitze zerstört wird, die für das Malen wichtig ist. Der Farbauftrag sollte zügig erfolgen. Trocknet die Farbe erst an und wird auch noch mit unterschiedlich starkem Farbauftrag gemalt, entstehen häßliche Ansatzränder in den Farbflächen. Mehrfaches Übermalen der Flächen ist keine Alternative, weil die Farbe dann ihre Frische verliert.

□ Lasierender Farbauftrag
Die Kinder des 1. Schuljahres lernen den lasierenden Farbauftrag schnell und haben mit ihm oft weniger Schwierigkeiten als mit dem deckenden. Sie nehmen viel Wasser und weniger Farbe in den dicken Pinsel und führen ihn einmal über die auszumalende Fläche. Die Farbe ist hell und klar. Das rechte Maß an Farbe und Wasser finden sie allmählich heraus. Auf jeden Fall sollten sie schon früh lernen, die Farbe gleich in der richtigen Konsistenz einzusetzen. Sie können sie auf einem kleinen Blatt ausprobieren.
Farbe ist für jüngere Kinder ein Mittel, um Formen hervorzuheben und abzugrenzen. Um ihrem Bedürfnis nach Klarheit der Formen gerecht zu werden, haben wir bei lasierendem Farbauftrag zuvor die Formen mit Fineliner oder Filzstift gezeichnet (s. S. 77).

□ Schichtenmalen
Beim Schichtenmalen werden lasierender und deckender Farbauftrag angewandt (s. S. 111).
Eine erste Schicht wird lasierend gemalt, das kann z. B. eine einfache, helle Landschaft sein. Nach dem Trocknen wird auf diese Schicht das Motiv gesetzt. In einer dritten oder noch weiteren Schichten werden Einzelheiten des Motivs stark dekkend gemalt.
Die Schichtenmalerei kann man mit anderem Malmaterial verbinden. Wir haben z. B. Jacksonkreide für die oberen Schichten verwandt (s. S. 124).
Man kann sie auch mit Wachszeichnungen und Jacksonkreidezeichnungen kombinieren (s. S. 126).

□ Fleckhaftes Malen
Beim fleckhaften Malen entstehen Formen, wenn sie überhaupt gemalt werden, aus dem Farbfleck heraus, nicht aus der Eingrenzung durch eine Kontur. Malen ist unmittelbarer Farbausdruck. Die Farbe ist gewichtiger als die Form.

□ Dekoratives Malen
Beim dekorativen Malen sind Farbe und Form gleichgewichtig. Die Form wird durch die Farbe verstärkt und hebt sich besser ab. Die Farbe prägt die Bildordnung mit.

□ Aquarelldruck
Beim Aquarelldruck werden die Deckfarben in einer starken Farbkonsistenz flüssig auf die Glasplatte aufgetragen. Die Technik ist auf S. 113 beschrieben worden.

Mein Steckbrief (4. Schuljahr)

Anlaß und Intention
Im Laufe seiner Grundschulzeit hat das Kind sich oftmals in seinen Bildern selbst dargestellt. Es hat in seinen Aufsätzen und mündlichen Berichten von sich erzählt. Es hat sich selbst in seinen Gruppenbezügen erfahren. Selbstwahrnehmung und Selbsterfahrung haben zur Entwicklung seines Selbstkonzeptes beigetragen.
In einem 4. Schuljahr machten wir den Versuch, durch Selbstbeobachtung und Selbstdarstellung die eigene Person noch besser kennenzulernen. Die Schülerinnen und Schüler legten sich eine Ich-Mappe an, die zu einer Dokumentation ihrer Person im 4. Schuljahr wurde.
Wir fingen mit einem Steckbrief an, in dem jedes Kind sich in Bild und Schrift vorstellte.

Realisation
Mit einer Sammlung von Eigenschaftswörtern, die sich auf Personen beziehen ließen, begannen wir. Daraus suchten sich die Kinder diejenigen heraus, die sie für sich als zutreffend ansahen. Sie entwickelten aus ihnen die ersten Ich-Aufzeichnungen.
Dann stellten wir eine Liste zusammen mit Fragen an die eigene Person. Sie beinhaltete Name, Alter, Größe, Gewicht, Aussehen, Freunde, Vorlieben, Hobbys, Abneigungen, Ängste, Berufswunsch und Zukunftswünsche. Diese Liste sollte eine Hilfe für den persönlichen Steckbrief sein.
Im Kunstunterricht bereiteten wir die bildliche Darstellung vor. Die Kinder stellten sich Frottagen her, die für ihre Steckbrieffiguren verwandt werden sollten. Sie suchten sich Gegenstände mit erhabenen Musterungen, Korbgeflechte, Siebe, PVC-Platten, Gardinen, Bastgeflecht u.a.m. Auf die Flächen legten sie weißes Papier und rieben die Muster mit schwarzen Wachskreiden durch.

Bild 103

Material
- Schwarzer Fineliner
- schwarze Wachskreide
- Zeichenblockpapier DIN A3
- schwarzes Tonpapier DIN A3

Sie zeichneten sich, schnitten die Kleidung für die Figuren aus dem Frottagepapier aus und klebten sie auf ihre Gestalten. Den Kopf schmückten sie mit eigenem Haar. Der Steckbrief wurde geschrieben und zusammen mit der Figur auf einen schwarzen Tonpapierbogen geklebt.
Das Wort Steckbrief in diesem Zusammenhang deutet schon an, daß in der Verbindung von Geschriebenem und Gezeichnetem eine lustige Darstellung der eigenen Person entstehen konnte.
Florian zeigte sich in seinem Bild zweimal (Abb. 103). Er stellte sich als kleiner Dicker auf die Waage und als dünner Großer an die Meßlatte. An den schmunzelnden Gesichtern der beiden Gestalten und an den echten blonden Haaren kann man die Identität der beiden erkennen, wenn sich Florian auch alle Mühe gegeben hatte, durch unterschiedliche Kleidung und unterschiedlichen Körperbau aus sich zwei Personen zu machen.
Der Steckbrief ist sehr persönlich gehalten. Da ist außer den Daten zur Person der Spitzname Floh angegeben. Alles, was er im Augenblick liebte, hatte er in ihn eingetragen, auch sein Berufsziel: Naturforscher.
Wir hängten alle Steckbriefe an den Wänden auf. Sie wurden gelesen, begutachtet, es wurde gefragt und gelacht. Durch sie lernten sich auch die Kinder untereinander besser kennen.

Mein Selbstbildnis (4. Schuljahr)

Anlaß und Intention
Selbstbildnisse hatten die Kinder oft gemalt oder gezeichnet. Diese aber waren doch anderer Art. Bisher hatten sie ihre Vorstellungen von der eigenen Person dargestellt, jetzt sollte der Spiegel Informant über das eigene Gesicht sein; dazu noch die Hände, die die haptischen Informationen geben sollten, um die optischen zu ergänzen.

Material
- Deckfarben
- Haarpinsel oder schwarzer Fineliner
- Zeichenblockpapier DIN A3

Bild 104

Bild 105

Realisation
Die Kinder hatten sich natürlich schon oft im Spiegel gesehen, aber jetzt war es mehr als das. Sie versuchten, sich sehr aufmerksam wahrzunehmen, fast wie eine fremde Person. Sich ähnlich zu zeichnen, war kein neues Ziel, aber es bekam durch die Orientierung im Spiegel ein anderes Gewicht. Die Bilder wurden tatsächlich ähnlicher als vorausgegangene. Das lag weniger an einer größeren Ähnlichkeit in den Details, Nase-, Mund- und Augenformen, als im Gesamteindruck.
Abb. 104: Bettina hat sich als Person gut getroffen. Der rundliche Kopf, die herunterhängenden, blonden Haare, die blasse Haut, geben ihren Typus wieder. Die Nase ist noch sehr undifferenziert gemalt. Es sind die Augen und der Mund, die die anspringende Lebendigkeit dieses Kindes, sein fröhliches Temperament und seine Wachheit zum Ausdruck bringen.

Abb. 105: Kathrin hatte einen sehr kunstvoll geflochtenen Zopf. Sie meinte deshalb: „Ich zeichne mich lieber von hinten.“ Mit Deckfarben zu malen, fand sie für ihr Motiv zu schwierig. Der Fineliner mit seinen zarten Spuren war für das Zeichnen der vielen Haare geeigneter. Da sie sich mit dem Spiegel von hinten nicht sehen konnte, auch mit zwei Spiegeln gelang es nicht, betastete sie ihre Frisur und zeichnete sie nach ihren haptischen Wahrnehmungen. Wenn man genau hinsieht, merkt man, daß diese Informationen nicht ganz ausreichten. Das Flechtmuster, das sowieso recht schwierig zu zeichnen ist, gelang ihr zu ihrem eigenen Verdruß nicht so, wie sie es hatte haben wollen. Mit großem Fleiß und viel Ausdauer beendete sie ihr Bild, das für eine Zehnjährige schon eine bemerkenswerte Leistung ist.

Mein Hobby (4. Schuljahr)

Bild 106

Material
- Jacksonkreide
- schwarzes Tonpapier DIN A3

Anlaß und Intention

Von einem Professor, der eine Selektion unter Studenten vornehmen mußte, wird erzählt, daß er die jungen Leute nicht nach ihren Kenntnissen fragte, sondern nach ihren Hobbys, weil er damit bessere Aussagen über ihre Person bekam als durch ihr Wissen.

Menschen mit Hobbys haben Interessen, sie engagieren sich und entwickeln auf ihrem Gebiet Fähigkeiten, die sie manchmal zu Experten machen. Hobbys haben aber auch noch eine andere Funktion: Erholung durch eine angenehme, andersartige Tätigkeit, die sich von der Tagesarbeit abhebt.

Für die Hobbys der Kinder gilt sicher auch beides, Interessenentwicklung und Erholung in einer selbstgewählten Aktivität. Sie sind ein gutes Gegengewicht zum Fernsehkonsum, schon darum sollte man sie pflegen.

Wir widmeten deshalb den Hobbys einige Zeit und setzten Hobbystunden ein, in denen sie vorgeführt werden konnten, wenn es möglich war. Ein Junge brachte eine Steinsammlung mit, die er mit seinem Großvater anlegte, ein anderer war Legosteinarchitekt und führte uns seine Bauten vor. Zwei Mädchen sammelten Rosenbilder, und drei Briefmarkensammler gab es. Sport als Hobby war vorzugsweise bei den Jungen zu finden. Sie waren in der Jugendhandballgruppe, der Judogruppe oder Fußballgruppe der Sportvereine. Mädchen gaben Flötenspiel, Geigenspiel, Ballettanz und Häkeln an.

Hobby und Schule sind nicht unabhängig voneinander. Die ästhetischen Fächer Kunst, Musik und Sport und die Arbeitsgemeinschaften legen Grundlagen, aus denen sich Hobbys entwickeln können. Sie profitieren aber auch von den Hobbys, wenn Kinder außerhalb der Schule trainieren, musizieren, zeichnen, malen und bauen. Gleiches gilt auch für technische und naturkundliche Hobbys, die bei manchen Kindern zu einem außerhalb der Schule erworbenen Wissen führen, das den Unterricht bereichert.

Bild 107

Bild 108

Realisation

Die Kinder hielten ihre Hobbys für ihre Ich-Mappen fest. Es konnte geschrieben oder gemalt oder beides getan werden. Die Wahl hing natürlich auch von der Darstellbarkeit ab. Nicht jedes Hobby konnte man im Bild gut ausdrücken, dann war das Schreiben die bessere Lösung. Die schriftlichen Arbeiten wurden mit kleinen Zeichnungen geschmückt. Insgesamt entstanden mehr Bilder als Texte.

Der Unterricht verlief recht fröhlich, weil auch der Anlaß und das Thema eine Quelle des Vergnügens waren. Die Kinder verfolgten gespannt die Arbeiten ihrer Mitschüler.

Stefan malte sich und seinen Bruder bei dem gemeinsamen Hobby „Eisenbahn". Die Bastelei und ständige Verbesserung der Anlage wurden zu einem besonderen Vergnügen, wenn der Zugverkehr funktionierte. Gerade diesen Moment hielt er fest (Abb. 106). Er führte die Eisenbahnlinie in einem großen Schwung an den Rändern des Blattes entlang. Damit schuf er sich auf dem Papier einen Raum, der die beiden Jungen umschließt und räumliche Tiefe bewirkt. Die Brüder haben es sich in der Anlage gemütlich gemacht und beobachten vergnügt den Zugverkehr.

Abb. 108: Sven stellte sich und seine Freunde beim Jogging vor. Er selbst liegt nicht an der Spitze, bildet aber den Mittelpunkt des Bildes und hebt sich durch seine helle Kleidung ab. Ihm gelang es, die Laufbewegung darzustellen. Das basierte auf der eigenen Körpererfahrung beim Laufen und dem Wahrnehmen beim Training anderer Läufer.

Heike spielt Altflöte (Bild 107). Musik ist ihr Hobby. Hier übt sie gerade in ihrem Zimmer. Sie hebt sich mit ihrem Instrument und dem Notenständer klar von dem farbigen Hintergrund ab. Sie versuchte, die Ausstattung ihres Zimmers mit vielen Einzelheiten getreu wiederzugeben.

Mein Berufswunsch (4. Schuljahr)

Anlaß und Intention

Wer wollte nicht in seiner Kindheit hoch hinaus, Pilot werden, Urwaldforscher oder Filmstar? Man erinnert sich noch, aber selten wurden kindliche Aufzeichnungen oder Bilder aufbewahrt, die von den Gedanken und Wünschen in der Kindheit erzählen könnten. Mit den gesammelten Arbeiten in der Ich-Mappe hielten die Kinder fest, wie sie sich selbst in ihrer Grundschulzeit gesehen haben, welche Wünsche und Gedanken sie hatten. Die Berufswünsche sollten nicht fehlen.

Bild 109

Bild 110

Material

- Jacksonkreide
- schwarzes Tonpapier DIN A3

Bild 111

Realisation

Einige Jungen sahen sich in Traumberufen, als Astronaut, Pilot oder Urwaldforscher. Bei den übrigen Kindern waren die Berufswünsche realistischer, besonders bei den Mädchen, oder waren sie nur vorsichtig und wollten nicht mit überhöhten Vorstellungen Zweifel bei ihren Mitschülern hervorrufen?

Es gab aber auch so etwas wie eine frühe Berufung. Hendrik wollte Bauer werden (Abb. 109). Er hatte diesen Wunsch nicht nur, weil er den elterlichen Hof erben würde, sondern aus großem Interesse an der Landwirtschaft und im besonderen an den Maschinen. Er baute, bastelte und wirtschaftete täglich auf dem Hof herum. Er malte sich mit der Forke, der Trecker wartet im Hintergrund. Sein Gesicht strahlt, er fühlt sich in seinem Element.

Abb. 110 zeigt Kerstin, die Lehrerin werden möchte. Diese Lehrerin schwingt den Zeigestock und macht ein sehr ernstes Gesicht. Allem Anschein nach führt sie ein strenges Regiment.

Nadjas Berufswunsch war es, Säuglingsschwester zu werden (Abb. 111). Sie geht fröhlich mit einem Säugling auf dem Arm durch die Reihen der Kinderbetten. Eltern und Verwandte warten am Besuchsfenster, gleich wird sie ihnen das Baby zeigen.

Die Berufswünsche, auch wenn sie nur kurzlebig sein sollten, sagen viel über die Schülerinnen und Schüler und ihre Selbstkonzepte aus.

Die Kinder haben noch weitere Ich-Bilder gezeichnet und gemalt: Ein Blick aus meinem Fenster, mein Lieblingstier, mein Ferienwunsch u.a.m. Eine Arbeit entstand später in einer anderen Klasse, die auch in diesen Rahmen gepaßt hätte: Mein Fahrrad.

Anlaß und Intention
Jedes Jahr findet im 4. Schuljahr in Zusammenarbeit mit der Polizei die Radfahrausbildung statt. In dieser Zeit dominiert im Unterricht das Thema „Verkehrssicheres Verhalten auf dem Fahrrad".
Die Unterweisung in Theorie und Praxis ist sicher lebenswichtig. Fahrrad und Radfahren haben aber für Kinder noch eine andere Funktion. Ein gutes Fahrrad ist für ein Kind das, was ein gutes Auto für einen Erwachsenen ist, ein wichtiger Besitzgegenstand. Es dient seinem Freizeitvergnügen und ist eine Art von Sportgerät für Wettkämpfe. Was Kinder dabei lernen müssen, ist, daß diese Funktion des Fahrrades nichts für den Straßenverkehr ist.
Im Kunstunterricht ging es um das Vergnügen am Fahrrad und am Radfahren.

Material
- Es wurde den Kindern freigestellt, welches Material sie benutzen wollten.

Realisation
Das Thema wurde nicht eingegrenzt, Geschichten um das Fahrrad sollten in Bildern erzählt werden. Die Kinder waren an eine freie Motivwahl gewöhnt und so bereitete ihnen die Entwicklung von Ideen keine Schwierigkeiten.

Bild 112

Auf ihrem Bild stellte Heike eine Verkehrssituation dar (Abb. 112). Eine Schülerin fährt an einen Zebrastreifen heran. Eine Mutter mit zwei Kindern und eine Frau mit Hund warten darauf, über die Straße gehen zu können. Die Szene ist sehr gut wahrgenommen und realistisch wiedergegeben.

Material
- Dispersionsfarben
- Zeichenblockpapier DIN A3

Bild 113

„Mein schönstes Geburtstagsgeschenk" nannte Jennifer ihr Bild (Abb. 113). Die ganze Familie, einschließlich Oma, ist versammelt. Das Geburtstagskind rechts im Bild strahlt. Sein heißester Wunsch, ein Fahrrad, ist erfüllt worden. Alle anderen Geschenke werden kaum beachtet. Das Fahrrad steht im Zentrum des Bildes, zwischen der Geschenkreihe und der Personenreihe. Es ist Gegenstand allgemeiner Aufmerksamkeit. Der Ort des Geschehens ist das Wohnzimmer. Es wird mit Bild und Tisch angedeutet.

Material
- Jacksonkreide
- schwarzes Tonpapier DIN A3

Bild 114

Bild 115

In Bild 114 stellte Marcel Geschicklichkeitsfahren dar. Es entstand ein interessanter Bildbau durch die drei Fahrer, die in Gegenbewegung in den Mittelpunkt des Bildes gestellt sind. Sie werden nach hinten kleiner, ebenfalls die Geräte und die Bäume am Rande des Schulhofs. Dadurch weitet sich optisch der Platz tief in das Bild hinein aus. Die Fahrer auf den Rädern sind in ihrer Haltung sehr gut beobachtet worden.

Material

- Deckfarben
- Zeichenblockpapier DIN A3

Abb. 115: Roland zeichnete den Augenblick des Startes zu einer Radfahrrallye. Die Kinder sitzen schon im Sattel und brausen gleich los. Er ist derjenige mit dem roten Hemd in der Mitte der Gruppe.

Die Schwierigkeit, Fahrräder frontal zu zeichnen, löste er auf seine Weise recht gut.

Material

- Farbige Filzstifte
- Zeichenblockpapier DIN A3

Diese letzte kleine Radgeschichte ist ein Beispiel für kindliche Phantasie, die sich immer dann entfaltet, wenn ihr genügend Raum gegeben wird.

Bild 116

Abb. 116 zeigt eine lustige Szene. Viola und ihre Freundin begleiten die Oma auf einem Spaziergang. Ihr Fahrrad hat sie mitgenommen. Auf einem Waldweg, weitab vom Verkehr, bekommt die Oma Lust, das Radfahren auch noch einmal zu versuchen und steigt auf das Rad ihrer Enkelin. Die ruft ihr zu, daß sie schneller fahren muß, weil sie sonst hinfällt. Ganz gebannt schaut die Freundin zu und wartet ab, was passieren wird.

Material

- Farbige Filzstifte
- Zeichenblockpapier DIN A3

Angst haben – Angst machen

Kinder haben vielfältige Ängste. Bei den jüngeren Schülerinnen und Schülern sind es in der Regel Ängste, die nicht von einer realen Gefahr ausgehen, sondern irreale Angst vor Gespenstern, Ungeheuern, Monstern oder Angst vor dem Alleinsein in der Dunkelheit, auch Angst vor großen Tieren oder vor Menschen wie Entführern oder Mördern.
Die Kinder können oft mit ihren Ängsten nicht allein fertig werden. Sie sind ihnen hilflos ausgeliefert, falls man ihnen nicht die Möglichkeit gibt, über sie zu sprechen. Wenn Kinder auf Verständnis stoßen und man ihnen klar macht, daß jeder Mensch Angst vor etwas hat, finden sie dadurch oft den Mut, sich anzuvertrauen. Das Reden über die Angst ist die erste Hilfe.
Die Geschichten von Kindern und ihren Ängsten, die im Religions- und im Sprachunterricht vorgelesen werden, erleben sie intensiv mit. Dieses Miterleben, bei dem sie selbst nicht unmittelbar betroffen sind und das gemeinsame Gespräch darüber, können einen Weg zur Angstbewältigung weisen.
Das Malen und Zeichnen von Angsterlebnissen hat die Funktion der Bannung und Verarbeitung von Ängsten. Es kann, so hoffen wir, zu einer Distanz zu ihnen führen.

Ich bin allein in der Nacht (1. Schuljahr)

Anlaß und Intention
Wenn die dunkle Jahreszeit kommt, stellen sich oft bei jüngeren Kindern Angstgefühle ein. So berichteten Schülerinnen dieses 1. Schuljahres, daß sie frühmorgens in der Dunkelheit manchmal Angst auf dem Schulweg hätten. Aber auch die Angst vor dem Alleinsein in der Wohnung, wenn die Eltern noch nicht zu Hause sind, war besonders groß, wenn es dunkel draußen war. Manchmal half dann das Fernsehen. Am schlimmsten empfanden die Kinder die Angst, nachts aufzuwachen und sich bewußt zu werden, daß sie allein im Zimmer sind. Die große Stille und seltsame Geräusche hier und da waren ihnen unheimlich. Diese Angstsituationen sollten aus der Distanz im hellen Tageslicht durch Darstellung relativiert werden.

Realisation
Zum Malen wählten wir Leimfarben in einer Farbbeschränkung von Gelb, Rotbraun, Weiß und den Kontrastfarben Blau und Orange. Das sind Farben, aus denen sich gedämpfte Töne mischen lassen. Das Malen mit pastosen Faben ist auf S. 30 beschrieben worden.
Den Zustand der Angst zu malen, gelang den Kindern dadurch, daß einige von ihnen zu Beginn das Angsthaben mit Körper und Mimik darstellten, das vollzogen unwillkürlich alle Kinder nach. Es wurde während des

Bild 117

Material
- Leimfarben
- graues Tonpapier DIN A3
- Borstenpinsel

Malens zur Vergewisserung von ihnen noch manchmal wiederholt. Auf allen Bildern wurde die Angst deutlich.
Brita malte sie besonders eindringlich (Abb. 117). Die Gestalt des Kindes wirkt zusammengeduckt, der Kopf ist eingezogen und die Arme abwehrbereit eingewinkelt. Angst steht in den enggestellten Augen. Der offene Mund drückt großes Unbehagen aus.
Man hat den Eindruck, daß das Kind jeden Augenblick anfangen kann zu weinen. Der einzige klare, helle Fleck im Bild ist der Mond in dem schmalen, dunklen Fenster, der andeutet, daß es Nacht ist.

Kinder des 1. Schuljahres haben in ihren Bildern manchmal eine Expressivität, die in dieser Form niemals wieder erreichbar ist.

Monster wollen mich packen (1. Schuljahr)

Anlaß und Intention

Angst war auch das Thema in einem anderen 1. Schuljahr, in dem der Anteil der Jungen besonders hoch war. Vielleicht ist es darauf zurückzuführen, daß hier andere Ängste zur Sprache kamen.

Die meisten Jungen dieser Klasse machten den Eindruck, unter Ängsten nicht zu leiden. Einer von ihnen bekannte aber, Angst vor Monstern zu haben, wenn er abends in den Keller geschickt wird, um etwas zu holen. Das war der Auslöser für die spontane Beteiligung der ganzen Klasse. Plötzlich wußten viele Kinder zu erzählen, daß sie sich auch im Keller und überhaupt im Dunkeln fürchten, von unheimlichen Monstern gepackt zu werden.

Diese Angst hat es bei Kindern immer gegeben, nur früher standen Gespenster oder Ungeheuer in den Ecken, heute sind es Monster, die man aus dem Fernsehen kennt. Das wollten die meisten Kinder gleich malen.

Material

- Dispersionsfarben
- schwarzes Tonpapier DIN A3
- Borstenpinsel

Bild 118

Bild 119

Realisation

Die phantasievolle Gestaltung der Monster trat in den Vordergrund des Interesses. Dieses Thema wurde aber nicht festgeschrieben, auch andere Ängste konnten dargestellt werden.

Christine malte die Angst, die sie nachts im Bett hat, wenn sie aufwacht (Abb. 118). Die Angst kommt, so erzählte sie, wenn sie merkt, daß sie allein ist. Sie wagt dann nicht, aus dem Bett aufzustehen und horcht auf Geräusche. Diesen Moment des Horchens hat sie durch Kopfhaltung und Gesicht gut zum Ausdruck gebracht. Sähe man Mond und Sterne nicht im Fenster, könnte das Bild durch die Helligkeit des Raumes auch ein Morgenbild sein. Die geblümte Bettdecke wirkt fröhlich. Dadurch tritt für den Betrachter das Thema Angst zurück, für Christine war das nicht so. Sie malte ihren Angstaugenblick beim Aufwachen und ihr Zimmer und ihr Bett wie sie sie kennt und nicht wie sie in der Nacht erscheinen. Die Nacht stellte sie nicht durch Farbe, sondern durch Mond und Sterne dar. Inhaltlich gehört dieses Bild zum Thema „Ich bin allein in der Nacht", farblich ist es dem Monsterbild ähnlich.

Abb. 119: Für Robin, der dieses Bild malte, hat das Monster ein krokodilähnliches Aussehen. Es will ihn gerade erwürgen. Er kann sich nicht wehren, weil es viel größer und stärker als er ist und ihn von hinten gepackt hält. Der Augenblick des Schreckens und der Hilflosigkeit kommt in Körperhaltung und Gesicht gut zum Ausdruck.

Die Resultate machen deutlich, wie unterschiedlich zwei erste Schuljahre auf das gleiche Thema reagieren. In der einen Klasse haben die Kinder viel von ihren Wahrnehmungen gelernt und Angst in Gesichtern und Körperhaltung bei ihren Gestalten anschaubar gemacht. Auf Grund der Farbbeschränkung wurde die Farbe dem Thema angepaßt.

In der anderen Klasse lag der Akzent auf der Sichtbarmachung des Irrealen bei der Angst. Diesen Akzent hatten die Kinder selbst gesetzt. Die Bilder wurden durch die Ausnutzung der Farbskala gelb, blau, rot, grün, braun und weiß bunter, und das Mischen und Dämpfen der Farben wurde weniger angewandt.

Die Angst der Jünger im Sturm (2. Schuljahr)

Anlaß und Intention

Im Religionsunterricht des 2. Schuljahres war die Geschichte von Jesus und den Jüngern im Sturm besprochen worden. Angesichts der aufgepeitschten Wellen und des tobenden Sturms erlebten die Jünger eine reale, menschliche Todesangst, während Jesus schlief. Diesen Augenblick aus der biblischen Geschichte griffen wir auf, weil er den Kindern zeigt, auch Menschen wie die Jünger hatten Angst, selbst wenn Jesus in der Nähe war.

Bild 120

Realisation

Das Motiv des Bildes lag durch die enge Bindung an den Bibeltext fest. Alle Kinder malten das Boot mit Jesus und den Jüngern im Sturm. In der Realisation des Motivs waren jedoch große Unterschiede zu erkennen, sowohl in der Farbwahl als auch im Bildbau.

Daniela zeigt in ihrem Bild den Kontrast zwischen der Ruhe, die von dem schlafenden Jesus ausgeht und den schreienden Jüngern, die um ihr Leben fürchten (Abb. 120).

Der See ist aufgewühlt, und die Wellen schlagen über den Bootsrand. Aber das Schiff mit Jesus liegt ruhig im tobenden Wasser.

Mit diesen Bildaussagen hat Daniela die biblische Geschichte gut interpretiert. Die Verwendung verschiedener Blautöne unterstreicht die starke Wellenbewegung des Wassers. Durch ihre kräftigen Farben treten die Gestalten vor dem unruhigen Hintergrund klar hervor.

Material

- Dispersionsfarben
- Packpapier DIN A3
- Borstenpinsel

Die Angst der kleinen Maus vor der großen Katze (1. Schuljahr)

Anlaß und Intention

Eine Katz-und-Maus-Geschichte in der Fibel und das Lied „Auf unserm Speicher tanzt etwas" waren der Anlaß, Angst nicht nur als eigene Angst zu begreifen, sondern als allgemeines Phänomen zu erkennen, Angst auch bei Tieren. Das relativiert die eigenen Ängste und sensibilisiert die Anteilnahme.

Bild 121

Material

- Schwarze und weiße Wachskreide
- Packpapier DIN A3

Realisation

Die Katz-und-Maus-Geschichte und das Spielen des Liedes mit dem Anschleichen der Katze und dem Weglaufen der Maus regte die Phantasie der Kinder an. Bei dem Bild ging es nicht um eine realistische Katz-und-Maus-Darstellung, sondern um Bedrohung und Angst. Die Katze mußte deshalb ganz groß und böse gezeichnet werden und die Maus ganz winzig und ängstlich.

Ralf zeichnete die Katze riesengroß auf sein Blatt (Abb. 121). Sie schleicht sich an, ihr Blick ist drohend. Das winzige Mäuschen will noch entkommen, aber es hat keine Chance. Sein Ende wird, wie es in dem Lied war, kommen. Der Junge hebt in seinem Bild den Gegensatz hervor von riesiger Bedrohung und ängstlicher Winzigkeit. In dem großen, runden Kopf der Katze und dem spitzen Köpfchen der Maus steckt viel Charakteristisches, ebenso in dem gefleckten Katzenfell und dem unscheinbaren Fell der Maus.

Der Fehlervogel (1. Schuljahr)

Bild 122

Anlaß und Intention

Die Geschichte vom Fehlervogel, der die Fehler der Kinder aus den Heften so lange wegfrißt bis er platzt, beeindruckt Grundschüler immer wieder. Auch in dieser Geschichte steckt ein Angstproblem, die kreatürliche Angst vor der Vernichtung.

Die Kinder in der Geschichte haben dem Vogel zu viel zugemutet, nun kann er keinem mehr helfen.

Nicht nur Tiere machen den Kindern Angst, sondern auch Kinder bereiten Tieren Angst. Kinder als Angstmacher bei Tieren ist ein Problem, das hier nur andeutungsweise enthalten ist.

Aus der Geschichte erwuchs die Aufgabe, die Angst des Fehlervogels vor dem Platzen darzustellen.

Material

- Leimfarben
- Leim
- Zeitungspapier
- Packpapier DIN A3
- Borstenpinsel

Realisation

Für dieses Bild wurde als adäquate Technik die Collage gewählt. Die Vorbereitung erfolgte vor Beginn des Unterrichtes. Jede Tischgruppe bekam blaue, gelbe und rote Leimfarbe, Leim und Packpapier, Zeitungspapier für die Collage brachten die Kinder mit. Die Technik der Collage wurde ihnen erklärt und vorgemacht und entstehende Fragen beantwortet.

Nach der Sachbesprechung folgte das Vorlesen der Geschichte. Sie sollte bei Beginn der Arbeit noch lebendig sein und wurde deshalb hinter die Besprechung der Arbeitstechnik gesetzt.

Im anschließenden Gespräch bedauerten die Kinder den Tod des Fehlervogels. Wir versuchten uns in seine Lage zu versetzen. Wie war ihm zumute, als er die vielen Fehler gefressen hatte? Die Kinder beschrieben ihn als ganz dick - er konnte sich nicht mehr bewegen - er konnte nicht mehr richtig atmen - er ließ den Kopf und die Flügel hängen - in seinem Bauch waren viele Buchstaben. Ein kurzer Hinweis vor Beginn des Malens war nötig: Die Farben sollten nicht zu bunt werden, weil die Geschichte traurig war. Sie durften aber auch nicht zu hell sein, damit sich der Vogel aus Zeitungspapier gut abheben konnte. Er sollte ganz groß nach dem Malen auf den Bogen geklebt werden.

Die Kinder fingen mit dem Bemalen des Packpapierbogens an. Sie ließen die Farbe trocknen, dann rissen, legten und klebten sie ihre Vögel. Die großen Zeitungsbuchstaben wurden für den Bauch genommen. War der Vogel fertig geklebt, malten sie seine Augen in die Collage ein. Die fertigen Bilder hängten wir im Klassenraum auf, und jedes Kind konnte zu seinem Bild erzählen.

Den Augenblick vor dem Platzen des Vogels hat Emely sehr eindrucksvoll dargestellt (Abb. 122). Im Bauch des Vogels befinden sich die vielen gefressenen Buchstaben. Der Vogel wirkt ganz matt. Die dickumrandeten Augen schauen verloren und ängstlich. Der Kopf ist eingezogen, die Federn sind gesenkt. Die ganze Haltung drückt Erschöpfung aus. Gleich wird er platzen!

Das Ungeheuer und der Stier (3. Schuljahr)

Anlaß und Intention

Eine Sage aus der Schweiz „Der Stier von Uri“ wurde im Sprachunterricht gelesen. Darin bedrohte ein Ungeheuer einen ganzen Landstrich, bis es von einem weißen Stier getötet wurde. Das Untier war in der Sage nicht beschrieben worden, deshalb rätselten die Kinder herum, wie es wohl ausgesehen haben könnte.
Das war der Anlaß, um mit Hilfe der Phantasie ein Ungeheuer zu erfinden. Diese Aufgabe wurde in den Kunstunterricht übernommen.

Bild 123

Material

- Schwarze Wachskreide
- weißes Papier
- Klebstoff
- schwarzes Tonpapier DIN A3

Bild 124

Realisation

Für alles Phantastische eignet sich die Frottage. Sie ist auf S. 69 und 79 beschrieben worden.
Die Frottagepapiere mit ihren unterschiedlichen Strukturen und Musterungen regten zu phantasievollen Gestaltungen unmittelbar aus dem Material heraus an. Sie wurden gerissen und der Körper des Ungeheuers von innen nach außen entwickelt. Den Stier schnitten die Kinder aus weißem Papier aus und stellten den ungleichen Kampf der beiden dar. Wenn der Bildbau ausgewogen war, klebten sie die beiden ungleichen Tiere auf schwarzes Tonpapier. Erst an den Wänden wurde die Vielfalt von Ungeheuern deutlich.

Abb. 123 und Abb 124 zeigen zwei unterschiedliche Frottagen, ein laufendes Untier mit Flügeln und ein Rieseninsekt mit Spinnenbeinen. Sie sehen beide sehr bedrohlich aus. Der weiße Stier nimmt in den Bildern mutig den Kampf auf. Mit schwarzen Filzstiftlinien wurden die Augen und einige Formen aus den Musterungen hervorgehoben.

Wie die gebaute Umwelt, in der ein Mensch lebt, sein Leben prägt, wird erkennbar, wenn man die Wohnbedingungen in Wohnsilos mit denen in einem Einfamilienhaus mit Garten vergleicht. Bauen und Wohnen sind Grundbedürfnisse des Menschen. Sie haben viele Dimensionen: historische, ästhetische, geographische, ökonomische, politische und sind daher nur integrativ zu erfassen.

Im Unterricht der Grundschule gehen wir von der kleinen Zelle aus, dem Haus, in dem das Kind lebt. Wir führen die Schülerinnen und Schüler weiter über den Wohnbezirk zum Heimatort und seiner Umgebung. Nur hier können sie in originalen Begegnungen die elementare Bedeutung gebauter Umwelt für das menschliche Leben erfahren.

Unser Haus (1. Schuljahr)

Bild 125

Anlaß und Intention

Das Wohnhaus als Lebensstätte hat einen großen emotionalen Wert. Es braucht nicht schön zu sein, es kann groß oder klein sein, ein Eigenheim oder ein Mietshaus, innerhalb oder außerhalb der Stadt liegen, solange man in ihm wohnt, ist es „unser Haus". Für ein Kind ist es ein Ort der Geborgenheit, in dem es sich „zu Hause" fühlt.

Im Unterricht des 1. Schuljahres spielt das Zuhause eine besonders wichtige Rolle. Wir planten deshalb, ein großes Bild von den Häusern aller Kinder zu machen.

Material

- Filzstifte
- Zeichenblockpapier DIN A3
- Schere
- Klebstoff
- ein Bogen aus braunem Tonpapier, 70 x 100 cm

Realisation

Als Hausaufgabe erhielten die Kinder den Auftrag, ihr Haus von der Straßenseite aus genau anzusehen und es mit Bleistift zu zeichnen. Das Zeichnen erfordert genaues Hinsehen, es schärft die Wahrnehmung.

Wir hängten die Skizzen am nächsten Morgen an der Wand auf, und jedes Kind erzählte dazu und wurde befragt, dabei setzte es sich mit seiner Zeichnung auseinander. Die Bleistiftskizzen dienten als Vorlage für Filzstiftzeichnungen, die nun in der Schule entstanden. Die fertigen Häuser wurden ausgeschnitten und auf den großen, braunen Tonpapierbogen gelegt.

Wir stellten uns vor, daß die Häuser nicht verstreut im Stadtteil liegen würden, sondern nahe beieinander in Wunschstraße, in denen alle Kinder der Klasse zusammen spielen konnten.

Bei der Planung der Wunschstraßen trat ein Problem auf. Zu ihnen gehört es, daß man sich seine Nachbarn aussuchen kann. Das stand aber manchmal nicht in Einklang mit einer ästhetischen Ordnung, die hier von den Kindern erfahren werden sollte. Die Häuser einer Reihe sollten in der Größe ungefähr zueinander passen. Das wurde für die Kinder einsichtig, als wir das am größten gezeichnete Haus und das kleinste nebeneinandersetzten. Sie fanden selbst heraus, daß das für beide Häuser nicht passend war.

So wurde hin- und hergeschoben, bis durch Kompromisse eine alle befriedigende Lösung gefunden wurde in einer Staffelung nach Größen unter Berücksichtigung von Nachbarschaften unter Freunden (Abb. 125).

Die Straßen mußten nun aber noch mit Leben gefüllt werden, denn man sollte ja auch sehen können, daß es Spielstraßen waren. Jedes Kind zeichnete darum sich selbst. Dann fehlten noch die Bäume neben und hinter den Häusern, die für die Kinder von Bedeutung waren, weil es in ihrem Wohnviertel viele gab. Als Figuren und Bäume zur Zufriedenheit aller eingeordnet waren, wurde geklebt.

Im Vergleich mit den Schemahäusern, die in der Regel in den ersten Schuljahren entstehen, waren diese nach Wahrnehmung gezeichneten Häuser, zu denen die Kinder eine emotionale Bindung hatten, erstaunlich differenziert gezeichnet.

Die Kinderburg (1. Schuljahr)

Bild 126

Material

- Kleine und mittelgroße Schachteln von Medikamenten, Zahnpasta, Käse usw.
- Papprollen von Küchen- und Toilettenpapier
- Deckweiß
- Deckfarben
- Borstenpinsel
- Filzstifte
- Verstärkungsringe und
- anderes Aufklebmaterial

Anlaß und Intention

Im spielenden Umgang mit Bauklötzen, Legosteinen und anderem Material erlernen viele Kinder schon in der Vorschulzeit Grundfunktionen des Bauens. Sie bauen Türme, Wände, Häuser, Brücken und bringen in die Schule schon Erfahrungen mit, die es möglich machen, mit ihnen komplexere Gebilde zu bauen.

Warum bauen Kinder so gern? Bauen ist Spiel und Arbeit zugleich, lustbetontes Experimentieren, aber auch zielgerichtetes Schaffen auf ein Objekt hin, das sie wieder zum Spielen verwenden, sei es eine Hütte, eine Höhle, ein Flugzeug u.a.m. Spielendes Bauen ist ein offener Prozeß, bei dem der Plan sich erst entwickelt.

An die Baulust knüpfte ein Vorhaben im 1. Schuljahr an, dessen Ziel durch das Material und die Kinder bestimmt werden sollte.

Realisation

Die mitgebrachten Schachteln wurden mit einer Mischung aus Deckweiß und einer Deckfarbe nach Wahl so bemalt, daß die Beschriftung verschwand. Nach dem Trocknen konnten die Kinder sie bekleben und mit Filzstiften bemalen. Die Motive waren freigestellt. Diese Schachteln waren das Baumaterial. Was konnten wir mit ihnen bauen?

Eine Stadt oder eine Burg wurden genannt. Wir kamen überein, eine Kinderburg zu bauen. Die buntbemalten Schachteln würden sich gut dafür eignen. Es sollte eine Burg zum Spielen werden.

Nun war zu überlegen, wie eine solche Burg aussehen konnte. Die Kinder schlugen hohe Türme vor, gute Verstecke, Mauern und Tore.

Um bauen zu können, mußten wir Gruppen bilden. Immer eine Gruppe baute, die anderen Kinder standen um sie herum und begutachteten die Baukonzepte und machten Vorschläge. So wurde die Burg mehrmals umgebaut (Abb. 126).

Die Schachteln hatten einen Nachteil, sie waren nicht sehr standfest. Deshalb beschlossen wir, sie auf einer Holzplatte festzukleben. Gemeinsam versuchten die Kinder, der Burg ein endgültiges Gesicht zu geben. Verschiedene kleine, verschachtelte Höfe entstanden, mit Toren und verwinkelten Ecken. Eine Mauer mit zwei Eingangstoren umschloß die Burg. Einige Schüler brachten Legofiguren mit, weil nach ihrer Meinung sie dadurch erst zu einer richtigen Spielburg wurde.

Bauen und Wohnen
- früher - heute -
in der Zukunft

Wir beschäftigten uns im 3. Schuljahr mit dem Wandel im Bauen und Wohnen im Laufe der Zeit. Das geschah sowohl unter sachunterrichtlichen als auch unter ästhetischen Aspekten.
In alten Städten, wie unsere Stadt Lemgo, können Grundschüler die historischen Bedingungen des Bauens und Wohnens an Häusern aus der Vergangenheit kennenlernen und sie mit gegenwärtigen Bauweisen und Wohnbedingungen vergleichen.
Grundschulkinder bringen aber auch baulichen Zukunftsperspektiven ein großes Interesse entgegen.

Bauen und Wohnen vor 400 Jahren (3. Schuljahr)

Anlaß und Intention
Unsere Stadt erlebte ihre architektonische Blütezeit im 16. Jahrhundert. Neben den gotischen Bauten und den Renaissancehäusern der reichen Kaufleute sind heute in der Stadt noch zahlreiche Fachwerkhäuser erhalten.
Das schwarz-weiße Fachwerkhaus war das Haus der gesamten Region. In der Umgebung war das Material für den Bau vorhanden, Holz, Lehm und Weiden.
Fachwerkhäuser sind zwar ein vertrauter Anblick für unsere Schülerinnen und Schüler, aber ihre Bedeutung für unseren Raum war ihnen noch nicht bewußt. Sie sollten deshalb das Fachwerk als heimische Bauweise in der Vergangenheit durch Unterrichtsgänge, Sammeln von Fotos und eigene Darstellungen besser kennenlernen.

Material
- Schwarze und rote 2 cm breite Tonpapierstreifen
- weißer Karton DIN A3
- schwarzer Fineliner
- Klebstoff
- grünes Tonpapier
- Fotokopien von Fachwerkhäusern

Bild 127

Realisation
Etwa zwei Wochen vor Beginn der Arbeit erhielten die Kinder den Auftrag, in Büchern, Zeitungen und Prospekten nach Abbildungen von Fachwerkhäusern zu suchen. Wir fotokopierten und sammelten sie.
Wir sahen uns in der Nähe der Schule ein altes Fachwerkhaus an, das gerade renoviert wurde. Balken waren bloßgelegt, so daß Ständer und Gefache gut zu erkennen waren. Hier konnten wir nachvollziehen, wie es gebaut wurde. Wir sahen auf den Grundmauern die Schwellenbalken liegen und stellten uns das Aufrichten des Gerüstes vor. Viele Männer mußten dabei mithelfen. Das Aufrichten der schweren Ständer war gefährlich. Erst wenn die Riegel, die Querstücke, verzapft oder verblattet waren, war das Gerüst standsicher.
Grundschulkinder haben ein großes Sachinteresse. Sie können Sachverhalte aber besser erfassen, wenn sie in den Ablauf eines Geschehens eingebettet sind, wenn sie erfahren, wie die Menschen ihr Haus errichteten, was sie dabei bedenken mußten, welchen Gefahren sie dabei ausgesetzt waren und wie der Bauherr, wenn das Wandgefüge, das Raumgefüge und das Dachgefüge fertig waren, mit seinen vielen Helfern nach dieser schweren Arbeit das Richtfest feierte.
Nach dem Unterrichtsgang ordneten wir die Sammlung der Fachwerkhausbilder und stellten sie im Klassenzimmer aus.
Die Kinder erkannten, daß es breite Bauernhäuser und schmale Stadthäuser aus Fachwerk gibt, mit Schnitzwerk versehene und schlichte Fachwerkhäuser, hohe und niedrige, also eingeschossige und mehrgeschossige.
So vorbereitet begann die Gemeinschaftsarbeit „Wohnen vor 400 Jahren". Jedes Kind legte mit Hilfe von schwarzen Tonpapierstreifen eine Fachwerkfassade auf seinen weißen Kartonbogen. Es konnte sich an den fotokopierten Fachwerkhäusern orientieren. Rote Streifen bildeten die Dachkanten. Geklebt wurde, wenn der Balkenaufbau gelungen war. Schnitzwerk wurde mit schwarzem Fineliner oder Filzstift eingezeichnet. Zum Schluß schnitten die Kinder ihre Häuser aus.
Nach ihrer Fertigstellung hefteten wir sie an die Steckwand. Wir fanden, daß wir sie nicht in eine gleichmäßige Reihe nebeneinander heften sollten, sondern sie umordnen mußten. Nach vielem Probieren entstand eine Ortsansicht, die wir um des Kontrastes willen mit grünem Tonpapier unterlegten (Abb. 127).

So wohnen wir heute (2. Schuljahr)

Anlaß und Intention

Eine allgemeine Aussage über Bauen und Wohnen heute hätte die Möglichkeiten von Grundschülern überschritten. Darum hielten wir uns an das Naheliegende, über das die Kinder am besten Auskunft geben konnten, ihre eigenen Wohnhäuser.

Die Schülerinnen und Schüler dieser Klasse kamen aus einem eingemeindeten Dorf und einem Stadtrandbezirk mit vielen Einfamilienhäusern. Nur ein griechisches Mädchen kam aus der Innenstadt.

Realisation

Wie im 1. Schuljahr stand die gezielte Wahrnehmung des eigenen Hauses und eine Bleistiftskizze am Anfang. In das Bild sollte die unmittelbare Umgebung und die Darstellung der Familie mit einbezogen werden.

Es entstanden Familienhäuser unterschiedlicher Art: Flachdachhäuser, Spitzdachhäuser mit einer oder zwei Etagen, auch ein ländliches Fachwerkhaus war darunter.

In Abb. 128 ist das Haus des griechischen Mädchens zu sehen, fröhlich in der Farbe, ein schmales Haus in der Häuserreihe einer Altstadtgasse mit den Bäumen des Walles im Hintergrund. Im Gegensatz dazu steht das moderne Flachdachhaus (Abb. 129). Beim Vergleich zwischen den

Bild 128

eigenen Häusern und den Fachwerkhäusern der Vergangenheit stellten die Kinder fest, daß die Häuser heute zum Teil farbig angestrichen sind, daß es im Gegensatz zu den Fachwerkhäusern verschiedene Hausformen gibt mit unterschiedlichen Dächern, daß die Fenster größer und die Türen oft kleiner sind und auch von der Seite ins Haus führen und daß Garagen an die Häuser angebaut sind.

Ein Junge warf die Frage auf, warum die Leute früher so anders gebaut

Material

- Jacksonkreide
- schwarzes Tonpapier DIN A3

Bild 129

hätten. Zunächst entstand die Meinung, daß die Fachwerkhäuser ihnen besser gefallen hätten, weil sie so schön aussähen. Aber diese Antwort befriedigte nicht so ganz. Wir sprachen deshalb über die Lebensbedingungen der Menschen damals und heute und fanden von daher die Gründe für ihre Art des Bauens.

Bauen und Wohnen in der Zukunft (3. Schuljahr)

Anlaß und Intention

Grundschüler, besonders die Jungen, interessieren sich für Sience fiction, überhaupt für alle modernen technischen Geräte. Bei freier Arbeit entwerfen sie phantastische Flugmobile und Autos. Warum sollten sie nicht einmal ihre Phantasie dazu benutzen, um neue Wohnmöglichkeiten zu erfinden? Dazu brauchten wir ein Material, das die Kreativität anregen konnte und nicht zu kostspielig war, weil noch nicht abzusehen war, was bei dem Experiment herauskommen würde. Wegwerfmaterial schien für unsere Zwecke das richtige zu sein.

Realisation

Etwa zwei Wochen vor Beginn des Bauens fingen die Kinder mit dem Sammeln von Wegwerfmaterial an. Als wir mit der Arbeit begannen, war eine reiche Auswahl vorhanden. Die Klasse war gespannt, war wir mit dem Abfall anfangen wollten. Die Aufgabe, Bauten für die Zukunft zu entwikkeln, wurde begeistert aufgenommen.

Es bildeten sich Partnergruppen, die sich später zu größeren Gruppen zusammenschlossen.

Beim Bauen gingen die Kinder von stabilen, nicht zu kleinen Elementen aus, damit die Gebäude standfest wurden. Papprollen und Eierkästen wurden mit Vorliebe für Aufbauten verwandt. Langsam bildete sich ein Trend heraus. Die meisten Jungen bauten, provoziert von den Papprollen, Abschußrampen und Riesenfernrohre. Die Mädchen stellten lieber aus Eierkästen bizarre Gebäude her. Ein Junge erkannte den allgemeinen Trend und sagte: „Das könnte alles irgendwo im Weltraum stehen.“ Diese Idee fand großen Anklang und es entwickelte sich daraus das Thema „Mondstationen“.

Material
- Verpackungen
- Flaschenverschlüsse
- Papprollen von Küchen- und Toilettenpapier
- Nägel
- Drähte
- Klebstoff
- Dispersionsfarben
- Borstenpinsel
- Verstärkungsringe
- schwarzes Tonpapier

Bild 130

Bild 131

Es ging bei dieser Arbeit nicht nur um Bauen, wir wollten das Wohnen nicht ganz aus den Augen verlieren. Dafür hatten die Kinder gleich eine Lösung bereit, die Unterbauten wurden zu Wohnungen ernannt und mit vielen Fenstern ausgestattet.
Ganze Gebäudekomplexe entstanden in Partnergruppen. Nach der Klebearbeit wurde alles mit Dispersionsfarben bemalt, Fenster aus schwarzem Tonpapier ausgeschnitten und aufgeklebt.
Auf einer schwarz ausgelegten Tischplatte wurden die Mondstationen ausgestellt.
Abb. 130 zeigt einen Gebäudekomplex mit Abschußrampen für bemannte Flugkörper. Es ist das Modell einer Jungengruppe. Die Bauten einer gemischten Gruppe sollen Beobachtungs- und Empfangsstationen mit Wohnräumen sein (Abb. 131). Die Gesamtstation wurde immer wieder zu neuen Konstellationen umgruppiert.

Fachwerktürme (4. Schuljahr)

Anlaß und Intention
In einem 4. Schuljahr war der Fachwerkbau Unterrichtsthema, bevor die Klasse das Westfälische Freilichtmuseum Detmold besuchte. Eine Sammlung und Ausstellung von Fachwerkabbildungen und der Bau von Fachwerktürmen gingen voraus. Beim Unterrichtsgang zeigte es sich, daß für 10jährige Schülerinnen und Schüler die Technik des Fachwerks durchaus interessant ist. Sie sind auch in der Lage, zielgerichtet mit vorgegebenem Material zu bauen, bei dem ein gewisses Maß an handwerklicher Geschicklichkeit und vorausdenkender Planung erforderlich ist.
Sie bauten Fachwerktürme, weil Turmbau für Kinder leichter und auch faszinierender ist als Häuserbau.

Realisation
Am Anfang stand wie im 3. Schuljahr ein Unterrichtsgang zu dem Fachwerkhaus, das wegen Renovierungsarbeiten als Anschauungsobjekt so gut geeignet war. Der Unterrichtsgang mit dem 3. Schuljahr ist auf S. 92 beschrieben worden. Es soll hier nur hinzugefügt werden, wofür sich die Kinder des 4. Schuljahres interessierten. Im Unterschied zum 3. Schuljahr gingen sie mehr auf technische Einzelheiten ein. Sie fragten z. B. nach der Verzapfung und Verblattung der Ständer und Riegel, warum Holznägel statt Eisennägel benutzt wurden, weshalb man Weiden und Lehm zum Ausfüllen der Gefache nahm u.a.m. Sie beschäftigten sich auch damit, welche Absicht hinter der Vorkragung der oberen Stockwerke steckte, war es der Raumgewinn, der Witterungsschutz oder sollte das Haus damit verschönt werden? Solche Fragen zeigten das lebhafte Interesse dieser Schüler an der alten Bauweise.
In die Schule zurückgekehrt, bauten wir eine Schauwand mit der Überschrift „Fachwerkhäuser“ auf. Für die Beschaffung und Erstellung des Ausstellungsmaterials wurden Gruppen gebildet, die folgende Aufgaben übernahmen:

Bild 132

Material
- Vierkanthölzer in den Längen von 15 cm, 12 cm, 7 cm und 5 cm
- Laubsägen
- Holzkleber

Für die Abteilung „So werden Fachwerkhäuser gebaut“:
1. Technische Zeichnungen von Häusern mit 2, 3 und 4 Ständerreihen
2. Beschaffung technischer Detailzeichnungen der Holzverbindungen aus Büchern (Fotokopien)

Für die Bilderabteilung:
1. Beschaffung von Abbildungen verschiedener Fachwerkbauten aus Prospekten, Zeitschriften und Büchern (auch Fotokopien)
2. Ordnung der Abbildungen Finden von Ordnungen

Folgende Ordnung wurde von der Gruppe gefunden und ausgeführt:
A Bauernhäuser
B Rathäuser und Türme
C Wohnhäuser in Städten
   1. Wohnhäuser mit Schnitzwerk
   2. hohe 3–4stöckige Wohnhäuser
   3. niedrige 1–2stöckige Wohnhäuser

Nachdem die Schauwand fertig war, begann der Bau der Fachwerktürme in Partnerarbeit oder Einzelarbeit. Die Fachwerkbauweise mit Verzapfungen und Verblattungen konnte nicht übernommen werden. Sie war für die Kinder zu schwierig und konnte auch nicht mit den Vierkanthölzern durchgeführt werden. Deshalb wurden die Stäbe geklebt. Für die Stabilität erwies es sich als günstig, wenn mehrere waagerechte Balkenkränze übereinandergelegt wurden. Auf einen geraden Aufbau mußten die Kinder achten und zu dem Zwecke den Turm beim Arbeiten drehen. Ständerbalken mußten so lange gehalten werden, bis sie auf den Querbalken festgeklebt waren. Das erinnerte an die Aufstellung des Fachwerkgerüstes, bei dem viele Menschen mithalfen, die Ständer so lange zu halten, bis sie verzapft waren.

Abb. 132 zeigt Fachwerktürme unterschiedlicher Art und Größe. Der hohe Turm wurde von zwei Partnergruppen in zwei Teilen gebaut. Die Hälften wurden aufeinandergeklebt. Bei schmalen Türmen stellten einige Kinder die Hölzer zu einem Spitzdach auf. Die größeren Türme erhielten z. T. als Abschluß einen kleineren Aufbau.

Im Westfälischen Freilichtmuseum Detmold

Im Freilichtmuseum konnten die Kinder die Vielfalt im Fachwerkbau kennenlernen. Das Museum will aber mehr. Es will den Besuchern vermitteln, wie die Menschen, denen diese Gehöfte und Häuser gehörten, lebten. Zu den Häusern gehören die vielen Einzelobjekte, die zusammen erst erkennen lassen, was Leben früher bedeutete. Der Reichtum und die Armut werden sichtbar in den Gehöften und den Tagelöhnerkaten. Die Häuser und die Dinge erzählen von den Arbeits- und Lebensbedingungen der Bauern und Bäuerinnen, der Knechte und Mägde. Die Kinder sahen in den Handwerkerhäusern dem Schmied, dem Töpfer und der Wollspinnnerin zu und dem Müller in der Mühle. Sie konnten erfahren, daß die Fachwerkhäuser in ihrer Bauweise den Lebensbedingungen der Menschen entsprachen. Das Museum gab ihnen Auskunft über eine weit zurückliegende Lebenswelt, die hier für sie anschaubar wurde.

Unsere Stadt

„Es ist wichtig, daß das Kind bereits in der Grundschule der geschichtlichen Dimension des Lebens begegnet, und zwar nicht nur bezogen auf den engsten Lebenskreis des Kindes, sondern durchaus bezogen auf größere soziale Einheiten: die Stadt, das Dorf, Umgebung im größeren Sinne."[44)]
Unsere Stadt Lemgo ist eine alte Hansestadt, die im Mittelalter als Handelsort mit weitreichenden Verbindungen bedeutsam für die Region war. Wie manche andere deutsche Stadt, die im 30jährigen Krieg ihren Reichtum und ihre Bedeutung verlor, ist durch die Armut großer Teile der Bevölkerung, die sich keine neuen Häuser leisten konnte, viel historische Bausubstanz erhalten geblieben und in unserer Zeit restauriert worden. So prägt ihre Geschichte noch heute das Gesicht der Stadt. In einer Reihe von Unterrichtsgängen sind wir dieser Geschichte nachgegangen.
Die Vermittlung von Ortsgeschichte setzt voraus, daß der Lehrer sich intensiv vorbereitet, um sie seinen Schülern nahebringen zu können. Es sind weniger Zahlen und Fakten, die Geschichte für sie lebendig machen, sondern Erzählungen vom Leben der Menschen in ihrer Zeit, verbunden mit bestimmten Orten und Gebäuden der Stadt.
Die Sachkompetenz der Lehrerin, des Lehrers, ist um so wichtiger, je jünger die Kinder sind, weil sie die historischen Quellen nicht selbst finden und einsehen können.
Quellen für diesen Unterricht sind außer in der Ortsliteratur und in den Ortsarchiven in alten und neueren Regionalzeitungen zu finden, die man in Bibliotheken aufspüren kann. Die wichtige Mitarbeit der Schüler in der Vorbereitung besteht aus dem Sammeln von Informationen über ihren Heimatort in ihrer Familie und im Bekanntenkreis und dem Suchen von Texten und Bildern. Sehr informativ und interessant war für die Kinder des 3. Schuljahres der Besuch im Stadtarchiv, bei dem uns der Archivar eine alte Schrift zum Brauch des Sünte-Märten-Singens in Lemgo heraussuchte. Das betraf die Kinder unmittelbar, weil dieser Brauch auch heute noch von ihnen gepflegt wird und durch die süßen Gaben an den Haustüren sich großer Beliebtheit bei ihnen erfreut.

Lemgo für Kinder - Ein Ratespiel zum Kennenlernen (3. Schuljahr)

Anlaß und Intention

Das Interesse der Kinder dieses 3. Schuljahres an ihrer Heimatstadt war groß. Sie fanden ihre Stadt schön und wollten gern mehr von ihr erfahren.
Unsere gemeinsame Planung lief darauf hinaus, zunächst die Stadt zu erkunden und dann in Bildern und Texten ihre Geschichte in einer Gemeinschaftsarbeit aufzuzeichnen.
Im Laufe der Erkundungen veränderte sich der Plan. Die Lust am Entdecken alter Häuser und die vielen Fragen nach dem Leben der Menschen in diesen Häusern und Straßen in früheren Zeiten machte uns bewußt, daß es eigentlich ein Buch für Kinder über unsere Stadt geben müßte. Aus dieser Überlegung heraus entstand unser Heft: Lemgo für Kinder - Ein Ratespiel zum Kennenlernen -
Die Form eines Ratespiels wählten wir, weil Suchen, Entdecken und Raten allen Kindern Spaß macht. Die Notwendigkeit, intensiv wahrzunehmen, Texte sorgfältig zu lesen, zu kombinieren, verlangt beim Raten Anstrengungsbereitschaft, es waren Nüsse zu knacken. Das fanden die Kinder auch wichtig, weil dadurch mehr Spannung entsteht.

Realisation

Unser erster Unterrichtsgang in die Innenstadt diente dazu, das Feld abzustecken, in dem wir uns in der nächsten Zeit bewegen würden und mit Hilfe eines Planes zu überschauen. Den Umgang mit einfachen Karten hatte die Klasse schon bei dem selbsterstellten Wohnbezirksplan erlernt.
Alle Kinder hatten kartonierte Pläne der Lemgoer Innenstadt aus dem Besitz der Schule. Wir wanderten in die Stadt hinein. Sie orientierten sich an der Karte, besahen sich die Häuser, benannten sie, soweit sie sie kannten

Bild 133

Material
- Fineliner
- weiße DIN-A4-Bögen

und merkten sich die Straßennamen, die ihnen noch unbekannt waren. Die Innenstadt ist von Wällen umgeben, so daß wir uns in einem abgegrenzten Bezirk befanden.
In der Folgezeit haben wir noch eine Reihe von Unterrichtsgängen in die Stadt gemacht; dabei sind wir dem Lauf der Geschichte gefolgt und haben uns immer ein bis zwei Objekte sehr genau angesehen. Die vielen auftauchenden Fragen führten uns in die Geschichte hinein. Die Kinder fertigten nach jedem Unterrichtsgang Bleistiftzeichnungen an und machten Aufzeichnungen. Sie sammelten Bilder und Texte von Lemgo, die sie in Tageszeitungen, Prospekten, Heimatzeitschriften und Büchern fanden. Aus Büchern fotokopierten wir. Diese Aufzeichnungen und Sammlungen bildeten das Arbeitsmaterial bei unserem kleinen Lemgoheft. Der Plan, wie es aussehen sollte, wurde nicht von vornherein festgelegt, er entwickelte sich erst im Laufe der Arbeit.
Am Anfang stand wieder ein Gang in die Innenstadt, bei dem wir acht Gebäude aussuchten, die mit Hilfe des Heftes gefunden werden sollten. Wir entdeckten interessante Details an den Häusern, die beim Raten eine Hilfe sein konnten.
Die Gebäude hatten ihre Namen und ihre Geschichten, die auch die Geschichten der Menschen dieser Stadt waren. Namen und Geschichten ergänzten das Ratespiel.
Wir beschlossen, in Gruppenarbeit an das Werk zu gehen und bildeten vier Gruppen. Jede Gruppe übernahm zwei Gebäude mit den Details, den Namen und den Geschichten.
Die Verteilung der Arbeit innerhalb der Gruppenmitglieder verlief reibungsloser als angenommen, weil sich bei den vorangegangenen bildlichen und schriftlichen Aufzeichnungen schon Fachleute entwickelt hatten.
Die Gruppengrenzen lösten sich im Laufe der Zeit mehr und mehr auf, so daß am Schluß sich jeder dort einsetzte, wo er gebraucht wurde. Kunst-, Sachunterrichts- und Sprachstunden standen zur Verfügung.
Die Häuser und die Details mußten so gezeichnet werden, daß sie von den ratenden Kindern gut erkannt werden konnten. Schüler des 3. Schuljahres brauchen neben ihren Skizzen dazu Fotos der Häuser, weil sie in den engen Straßen vor den Gebäuden die Proportionen und die Details in ihrer Fülle nicht übersehen können. Das Abzeichnen, früher so verpönt, ist heute durchaus legitim. „Abzeichnen und Zeichnen sind also nicht so prinzipiell unterschieden, wie die Tradition der Trennung vorgibt. Insofern sind Zeichnen und Abzeichnen, sofern sie sich an wirklichen Gegenständen orientieren, Basispraktiken, durch die ein ganz spezifisches Interesse in der Wahrnehmung verankert werden kann: das an der gegenständlichen Wirklichkeit.“[45]
Die Fotos erleichterten den Kindern das Zeichnen, obwohl Zeichnungen, besonders Feder- und Finelinerzeichnungen, eigene ästhetische Strukturen haben. Sie sind im Gegensatz zum Foto lineare Formgebilde, die durch Schwarz-weiß-Kontraste, Musterungen, Strukturierungen, Verstärkungen der Linie, Überschneidungen usw. besondere Qualitäten besitzen, die die Kinder hier in ihren Zeichnungen weiterentwickeln konnten.
Es ging in den Darstellungen nicht nur um die Gebäude, sondern auch um Menschen, die in früheren Zeiten zu ihnen in einer Beziehung standen. Dadurch bekamen die Bilder einen höheren Erzählwert und eine größere Spannung im inhaltlichen und formalen Sinne, statische und dynamische Elemente ergänzten einander.
In Kostümkundebüchern konnten die Kinder sich über die Kleidung der Menschen in den in Frage kommenden Jahrhunderten orientieren. Von den Zeichnungen im Lemgoheft sind einige hier abgebildet:
Bild 133: Das Rathaus mit den Türmen der Nikolaikirche und dem Marktplatz zu zeichnen, war eine schwierige Aufgabe, die Andrea übernahm. Die Größe des Gebäudes, die verschiedenartigen Giebel, in der Gotik und in der Renaissance entstanden, der Laubengang und das geschäftige Treiben auf dem Marktplatz wurden von ihr mit Ausdauer und Akribie gezeichnet.

Bild 134

Bild 135

Bild 136

In anfänglicher Weise können hier schon Einsichten in unterschiedliche Bauweisen in verschiedenen Epochen gewonnen werden.[46)]

Bild 134 stellt einen Ritterhof dar. Es ist der in der Architektur bescheidendste der Stadt, aber von der Geschichte der Ritterfamilie her der interessanteste. Heike stellte in die Mitte des Bildes das Ritterpaar, so wie sie es sich vorstellte, umgeben von Reitern, Pferdewagen und Kindern.

Bild 135: Das wohl bekannteste Haus Lemgos ist das Hexenbürgermeisterhaus. Es wurde von dem berüchtigten Hexenbürgermeister bewohnt, unter dessen Herrschaft 90 unschuldige Menschen als Hexen gefoltert, verurteilt und getötet wurden. Marcel hat durch die Schwarz-weiß-Kontraste den Formenreichtum der Fassade gut zum Ausdruck gebracht. Vor dem Haus rumpelt der Hexenkarren mit einer Unschuldigen vorbei, beweint von Angehörigen und umgeben von mitfühlenden und neugierigen Menschen. Auf dem Bild wird die Diskrepanz deutlich zwischen dem prächtigen Haus und den Schrecken der Hexenzeit, die ihm anhaften. Sie deckt die sozialen Verhältnisse im Leben der Menschen auf, die einmal in dieser Stadt wohnten.

Bild 136 zeigt die Fassade von Haus Sonnenuhr, das einmal ein in seiner ganzen Gestalt gut erhaltenes spätgotisches Haus aus dem Jahre 1546 war. Es wurde 1970 von einem Kaufhauskonzern gekauft, bis auf den Giebel und eine Saaldecke abgerissen und in die Verkaufsräume integriert. Die Kinder äußerten großes Bedauern über die Zerstörung dieses Hauses. Ihnen wurde an diesem Beispiel bewußt, wie wichtig der Denkmalschutz heute ist. Katrin zeichnete vor dieses Haus, das keines mehr ist, das Leben auf der Straße heute: Kinder, die an zwei Sonnabendenl im Monat in der Fußgängerstraße ihr Spielzeug oder andere Dinge verkaufen können und eilige Passanten, die einkaufen wollen.

Unter jede Zeichnung des Ratespiels wurde ein Kästchen zum Eintragen von Nummern gezeichnet. Durch Numerierungen sollten den Gebäuden charakteristische Details der Fassaden, Namen und Häusergeschichten zugeordnet werden.

Die Detailzeichnungen mußten wie die Häuserzeichnungen gut erkennbar sein. Das verlangte von den Zeichnerinnen und Zeichnern genaues Hinschauen und die Betonung des Wesentlichen.

Die Namen der Häuser wurden aus Buchstaben zusammengefügt, die aus Zeitschriften geschnitten waren. Über die Namen setzten die Kinder kleine Zeichnungen, die Charakteristisches von den Gebäuden wiedergeben.

Die Texte schrieben die Kinder so, als wenn die Häuser ihre Geschichte selbst erzählten, denn sie waren ja die Kronzeugen. Die kleinen Illustrationen in den Texten sollten nicht nur Schmuck sein, sondern auch Verbindungen zu den Häusern und ihren Namen herstellen.

Das Titelblatt wurde noch gezeichnet und beschriftet und die Karte der Lemgoer Innenstadt, auf der die acht Gebäude markiert und mit Nummern versehen wurden, die den Jahreszahlen ihrer Erbauung folgten. Nr. 1 war das älteste und Nr. 8 das jüngste Gebäude. Die Aufstellung der Spielregel war ein schwieriges Unterfangen. Sie mußte kurz gefaßt werden und klar sein. Wir haben gemeinsam einige Zeit an ihr herumgebastelt.

Auf den Rückendeckel schrieben die Autoren, das waren alle Kinder der Klasse, ihre Namen.

„Lemgo für Kinder" sollte ein kleines geheftetes DIN-A5-Buch werden. Die Herstellung eines solchen Buches ist auf S. 56 beschrieben worden.

Die Sparkasse und die Stadtdruckerei übernahmen die Vervielfältigung. Es wird von Klassen der eigenen Schule benutzt und an Schulklassen, die Lemgo besuchen, im Verkehrsamt ausgegeben.

Das Bewußtsein, dieses kleine Lemgobuch haben wir in gemeinsamem Einsatz zustande gebracht, war wohl der größte Gewinn für die Klasse.

Bild 137

Material
- Schwarze Fineliner oder Filzstifte
- Zeichenblockpapier DIN A3

1447 – Die Böhmen kommen! Eine Bildgeschichte (3. Schuljahr)

Anlaß und Intention
Es gibt Ereignisse in der Vergangenheit einer Stadt, die Grundschulkindern bewußt machen, was Leben in früheren Zeiten bedeuten konnte. Ein solches Ereignis war der Einfall einer böhmischen Söldnertruppe in Lippe während der Soester Fehde. 1447 stand sie vor den Mauern der Stadt. Sie kam von Osten und wird das Gebiet, in dem heute unsere Schule liegt, durchquert und vielleicht hier gelagert haben. Unmittelbar in unserer räumlichen Nähe werden die Verhandlungen zwischen den Unterhändlern Lemgos und den Anführern der berüchtigten Truppe stattgefunden haben. Das weckte das Interesse der Kinder.
„Allein die Tatsache, daß sich ein historisches Ereignis in dem Raum abgespielt hat, in dem der Schüler selbst täglich agiert, daß sich hier Relikte befinden, die mit dem historischen Ereignis unmittelbar zusammenhängen, daß hier Menschen leben, die möglicherweise, wenn auch über viele Generationen hinweg, in Verbindung zu den damaligen Akteuren stehen, dies alles schafft eine seelische Nähe zur Vergangenheit, die für den Bereich der allgemeinen Geschichte nie zu erreichen ist. Jedem Lehrer, der heimatgeschichtliche Situationen in den Unterricht einbringt, ist diese Reaktionsweise der Schüler evident.“[47)]
Die adäquate Darstellungsform für ein solches historisches Ereignis ist die Bildgeschichte, in der eine Begebenheit in einer Bildfolge erzählt wird. Sie ist eine alte, eigenständige Form des Erzählens, die in unserer Zeit ihre Nachfolger in Comics gefunden hat. Durch ihre Anschaulichkeit ist sie leicht verständlich und zieht deshalb besonders Kinder an (siehe S. 49).

Realisation
Die Göttinger Chronik, die über den Einfall der berüchtigten böhmischen Söldner berichtet, hat das Ereignis in wenigen Sätzen festgehalten: „. . . darna thogen se vor Lemegove, de weren alle ut de stad gelopen un hadden in de holtere und woelde gebracht, wat se hadden.“
Nur 30 Mann waren auf den Türmen geblieben und verhandelten mit den „Heerleuten“, sie wollten 25 000 Gulden geben, „uppe dat se in de stad nicht enthogen un de vorbrenden, dato mosten se on gheven alle, dat se hadden tho eten und to drinken . . . und von dar thogen se vor de borgh Brack . . .“[48)]
Dieser Text aus „Geschichte der Stadt Lemgo“ stand an der Tafel. Er wurde den Kindern vorgelesen und mit ihnen gemeinsam ins Hochdeutsche übersetzt.
Wir überlegten, wie wir diesen knappen Bericht in einzelne Bilder umsetzen könnten. Dazu mußten noch viele Einzelheiten geklärt werden. Schließlich fanden wir 14 Bildmotive, die die Kinder übernahmen, für einige von ihnen entschieden sich zwei Kinder.
Zur Vorbereitung gehörte die Orientierung über das Aussehen der Menschen zwischen 1400 und 1500 n.Chr. In Kostümkundebüchern konnten sich die Schülerinnen und Schüler mit der Kleidung der damaligen Zeit vertraut machen. Von der Stadtbefestigung und der Ansicht des mittelalterlichen Lemgos gab es Stiche in Abbildungen. Sie wurden fotokopiert und beim Zeichnen zu Hilfe genommen. Jedes Einzelbild war ein wichtiges Element der Bildfolge, aus der hier einige wiedergegeben werden, die den Verlauf der Geschichte in großen Zügen zeigen.

Bild 138

Bild 143

Bild 144

Bild 139

Bild 140

Bild 141

Bild 142

Bild 137: Die Böhmen sind in Lippe eingedrungen. Sie haben einen Bauernhof geplündert und ihn in Brand gesteckt. Einige Bewohner versuchen in die Stadt zu entkommen. Die Söldner beladen einen Wagen mit Raubgut, schlachten eine Kuh, spießen einen Hahn auf und schleppen Säcke weg. Mit viel Phantasie und Vorstellungskraft hat Thorsten diesen Überfall in seinem Bild erzählt. Er setzte unterschiedliche graphische Mittel ein, Linien und strukturierte und schwarze Flächen.
Bild 138: Zwei Boten kommen am Lemgoer Ostertor an. Sie bringen die schlimme Nachricht vom Anrücken der Böhmen. Ein Wächter empfängt sie am Stadttor. Lemgoer Bürger und Bürgerinnen auf dem Torplatz geraten in Aufregung. Mehrere Frauen tragen die Nachricht weiter. Juliane zeichnete diese Szene. Sie läßt den Betrachter von schräg oben über die Mauern in die Stadt hineinsehen. Dadurch entsteht eine interessante Perspektive, die man selten in Bildern von Grundschülern sieht. Juliane erweiterte dadurch den Handlungsraum.
Bild 139: Die Nachricht vom Anrükken der Böhmen hat sich in der Stadt verbreitet. Kirsten stellte in ihrem Bild den Aufbruch aus der Stadt dar. Frauen, Kinder und Männer haben ihr wichtigstes Hab und Gut auf Wagen verladen. Sie wollen in die Wälder fliehen.
Bild 140: Die Bürger transportieren ihre Habseligkeiten mit Pferdewagen, Handwagen und in Säcken zum Wald hin. Marc ordnete die Figuren in Reihen übereinander und vermied dabei Überdeckungen. Er zeichnete die Menschen im Profil und konnte dadurch ihre Eile ausdrücken.
Bild 141: Im Wald haben die Lemgoer eine Lagerstelle gefunden. Daniela zeichnete hier die Geschäftigkeit, mit der die Menschen beginnen, sich dort einzurichten. Sie versuchte trotz der Dichte der Darstellung, Überdekkungen zu umgehen und wandte das Prinzip der Streuung in ihrem Bild an.
Bild 142 zeigt wieder die Stadt. Sie ist leer und das Ostertor ist geschlossen. Auf den Mauern wachen drei von den dreißig Männern, die in der Stadt zurückgeblieben sind. Die Stille und das Warten auf den Feind hat Thomas durch die drei einzeln stehenden Wachen und die geschlossene Front von Mauer und Tor veranschaulicht.
Bild 143: Der Türmer sieht vom Turm der Nikolaikirche die brennenden Dörfer und Höfe in der Umgebung. Es ist das Bild von Fabian, der durch unterschiedliche Strukturierungen im Wechsel mit weißen Flächen Stadt, Landschaft und brennende Höfe voneinander abhebt.
Bild 144: Hier stellt Florian die Söldnerschar vor den Mauern der Stadt dar. Ein Wächter bietet Verhandlungen an. Mit kräftigen Strichen und strukturierten und schwarzen Flächen zeichnete der Junge die wüste Truppe. Sie steht wild gestikulierend vor der in zarten Linien gezeichneten Stadt. Durch diesen Kontrast wird die Bedrohung gut veranschaulicht.
Bild 145: Die Stadt hat sich zur Zahlung der damals ungeheuren Summe von 25 000 Gulden bereiterklärt und kommt auch dem Verlangen nach Proviantlieferungen nach.

Zwei Kompositionsformen stoßen in Thomis Bild aufeinander: die Reihung Tor – Brücke – Wagen und die Streuung, in der der Junge die Söldnertruppe darstellte. Er umging damit die Überdeckung.

Bild 145

Bild 146

Bild 147

Bild 146: Befreit von der Bedrohung kehrt die Lemgoer Bevölkerung in ihre Stadt zurück. Anke, die dieses Bild zeichnete, setzte die graphischen Mittel der Linienzeichnung, der Strukturierungen und der Schwarz-Weiß-Kontraste differenziert ein.

Bild 147: Nach der Göttinger Chronik zog die Söldnerschar weiter zu der Burg Brake. Alexandra zeichnete ihre Ankunft vor der Burg. Der Kontrast zwischen den feinen Strukturierungen in der Darstellung der Burg und den einfachen im Schwarz-Weiß-Kontrast gezeichneten Söldnern gibt dem Bild einen besonderen Reiz.

Die gesamte Bildgeschichte von 19 Bildern wurde für jedes Kind fotokopiert.

Fachspezifische Anmerkungen

Zum Zeichnen: „Das Zeichnen eignet sich mehr als andere Techniken dazu, Sachverhalte und Gegenstandsmerkmale genau zu kennzeichnen."[49] Die Kinder können darum im Zeichnen ihre Formvorstellungen am besten klären. Den Prozeß dieser Klärung hat Kurt Staguhn als einen dialektischen zwischen Vorstellung und Form beschrieben: „Indem Formen entwickelt werden, die den Vorstellungen entsprechen, werden diese klarer, greifbarer und beständiger."[50] Das Zeichnen ist deshalb für die ästhetische und geistige Entwicklung des Kindes gleichermaßen bedeutsam.

Schulanfänger können ihre Vorstellungen mit graphischen Mitteln schon gut realisieren. Dabei gehen sie weniger von ihren optischen Wahrnehmungen aus als von Bedeutungen, die Menschen, Tiere und Gegenstände für sie haben (s. S. 20).

Grundschulkinder entwickeln zeichnerische Fähigkeiten in dem Maße, in dem sich ihre Wahrnehmungen und Vorstellungen erweitern und klären. Ihre Zeichnungen werden im Laufe der Grundschulzeit differenzierter. Sie entwickeln neue Raumordnungen, die einfachen Formen werden durchgegliedert und strukturiert (s. S. 98 ff). Sie gruppieren und ordnen ihre Figuren und Gegenstände und schaffen Verbindungen zwischen ihnen. Bewegungsdarstellungen werden möglich und Bildgegenstand und Hintergrund können sie aufeinander beziehen.

Ihre Zeichnungen werden reicher, aber nicht unbedingt ausdrucksvoller. Die Aussagekraft ist oft in den ganz einfachen Formen der frühen Bilder stärker.

Neue Zeichentechniken werden im Laufe der Grundschulzeit erlernt. Sie sind nicht das Ziel des Zeichenunterrichts, erweitern aber die Möglichkeiten graphischer Darstellung.

Bei allen Techniken ist die Linie das Hauptelement der Zeichnung. Schulanfänger grenzen mit ihr Figur oder Gegenstand ein und heben diese damit hervor. Der Grund, auf dem sie stehen, wird dabei kaum von ihnen beachtet. Sie müssen erst lernen, ihn mit zu sehen, ehe sie einen Figur-Grund-Bezug herstellen können, bei dem die Form gut in den Grund eingepaßt ist.

Bleistift, Filzstift, Fineliner und Kreide sind ihre Zeichenwerkzeuge. Für feine Linien und einfache Formen ist ein Zeichenblatt DIN A4 angemessen. Beim Zeichnen mit der dickspurigen Kreide eignet sich dagegen das Format DIN A3 besser (s. S. 87).

Schon Kindern des 1. Schuljahres genügen Konturenzeichnungen nicht mehr. Sie bringen Kontraste in ihre Motive, indem sie Flächen schwärzen und einfache Texturen und Strukturen einsetzen (s. S. 36).

In der weiteren Entwicklung werden Strukturen und Musterungen wesentliche Bildelemente in den Zeichnungen der Grundschulkinder (s. S. 116).

Eine einfache, aber wirkungsvolle Technik ist das Zeichnen mit Feder und Skriptol auf einem feuchten Grund. Die Linie verschwimmt und bekommt dadurch einen ganz anderen Charakter. Sie wirkt bewegter, zarter und weicher (s. S. 125).

In der Pinselzeichnung ist die Linie ebenfalls weich, aber unterschiedlich dick. Mit den grauen und den schwarzen Flächen verbinden sich in dieser Technik Zeichnen und Malen (s. S. 125).

Tiere Tiere üben auf Kinder eine starke Anziehungskraft aus. Tiergeschichten sind eine äußerst beliebte Lektüre. Es gibt eine umfangreiche Tierliteratur für Kinder, Tierzeitschriften, Tierbücher und Tiercomics. Tierbilder, Tierpostkarten und Tierposter werden gesammelt und im eigenen Zimmer und in der Klasse aufgehängt. Die Ankündigung eines Tierfilmes löst Jubel aus. Woraus ist diese Anziehungskraft der Tiere auf Kinder zu erklären? Sie liegt zum einen darin begründet, daß Kinder Haustiere wie Katzen, Hunde, Kaninchen und Vögel als ihre Spielgefährten ansehen. Zum anderen wecken freilebende Tiere ihre Neugierde. Sie möchten erkunden, wie sie sich verhalten, wie sie leben und wo sie wohnen. Ein Igel im Garten oder ein Vogelnest im Baum werden über lange Zeit beobachtet und darüber wird in der Schule berichtet. Wißbegier und emotionales Engagement verbinden sich in der Hinwendung der Kinder zu Tieren.

Ich wünsche mit ein Tier als Freund (2. Schuljahr)

Anlaß und Intention
Die Klassenlehrerin dieses 2. Schuljahres hatte mit ihren Schülerinnen und Schülern das Thema „Ich wünsche mir ein Tier als Freund“ aufgegriffen. Im Unterricht sollten die Kinder erkennen, daß Tiere kein Spielzeug sind, sondern eigenständige Lebewesen, die als Haustiere Zuwendung und Pflege brauchen.
In den Kunstunterricht übernahmen wir das Thema. Es ging darum, in den Bildern Zuwendung zwischen Kind und Tier auszudrücken.

Material
- Jacksonkreide
- schwarzes Tonpapier DIN A3

Bild 148

Bild 149

Realisation
Wir kamen auf den vorangegangenen Unterricht zurück. Die Kinder erzählten von den Tieren, die sie sich wünschten oder schon hatten. Einige von ihnen berichteten von ihrem Umgang mit ihnen. Ein Mädchen nahm oft seinen Vogel auf die Hand und sprach mit ihm, ein anderes spielte mit seiner Katze gern Ball und ein Junge mit dem Hund der Familie Pfötchengeben.
Wir hatten kein Tier in der Schule, mit dem die Kinder hätten spielen können, um Zuwendung zu erleben und zu sehen. Wahrscheinlich hätten sich dann aber die meisten von ihnen in ihren Darstellungen auf dieses Tier bezogen, so daß die individuellen Neigungen zu bestimmten Tierarten in den Hintergrund getreten wären.
So blieben wir beim Thema und jeder malte sich mit dem Tier seiner Wahl. Zuwendung wurde auf zweierlei Weise ausgedrückt, entweder durch die Drehung der Körper in die Profilansicht oder durch Körperkontakt mit dem Tier:
In Abb. 148 stellt Daniel sich mit seinem Wunschtier, einem Vogel, dar. Der Körper des Vogels berührt noch den des Jungen, das Tier hat sich aber schon von ihm abgewandt. Hätte er es auf den anderen Arm gesetzt, wäre Zuwendung im Bild deutlicher geworden. Er drückt sie jedoch in der Freude am Vogel aus, die im Gesicht des Jungen zu sehen ist.

Abb. 149: In Nadines Bild springt ein großer Hund das Mädchen an und leckt ihm das Gesicht. Es ist eine Szene, die das Kind oft erlebt, denn der Hund gehört der Familie. Hier ist die gegenseitige Zuneigung ganz eindeutig zu erkennen. Nadine hat die stürmische Begrüßung des Hundes gut zum Ausdruck gebracht.

Tiere in unserem Garten (2. Schuljahr)

Material
- Jacksonkreide
- schwarzes Tonpapier DIN A3

Bild 150

Bild 151

Bild 152

Anlaß und Intention
Nicht nur Haustiere, auch freilebende Tiere gibt es ganz in unserer Nähe, in den Gärten. Fast alle Kinder dieses 2. Schuljahres wohnten in Häusern mit einem Garten.
Manchmal erzählten sie von Igeln und Vögeln. Die Kleintiere Bienen, Ameisen, Schnecken und Mäuse fanden weniger Beachtung, sie wurden als gegeben hingenommen. Diesmal wollten wir den Blick besonders auf sie richten, weil sie oft unbemerkt um unser Haus herum leben und doch zu unserer Umwelt gehören.

Realisation
Eine Woche, bevor wir mit dem Malen beginnen wollten, bekamen die Kinder den Auftrag, sich Aussehen und Bewegung bei einer der Tierarten im Garten sehr genau anzuschauen. Schon in den folgenden Tagen berichteten sie von ihren Beobachtungen. Alle in der Schule vorhandenen Wandbilder von diesen Tieren hängten wir im Klassenraum auf. Ihr Aussehen wurde den Kindern immer vertrauter. Tiergeschichten von Ameisen, Igeln und Bienen ergänzten die Wahrnehmungen.
Zu Beginn der Kunststunde wurde das besondere Problem der Arbeit besprochen. Die Tiere sollten überlebensgroß in ihrer natürlichen Umgebung gemalt werden. Um sich an die Größe zu gewöhnen, skizzierten die Kinder die Tiere erst mit der Kreide auf die Bildfläche. Sie konnten die Skizzen so lange verändern, bis sie zu ihrer Zufriedenheit ausfielen. Die Kreidestriche ließen sich ja überdecken. Es trat eine Gewöhnung an den unvertrauten Anblick von Riesenbienen und -ameisen ein, und dann machte das Malen in einer anderen Dimension den Kindern richtigen Spaß.
Abb. 150: Monika malte zuerst eine große Biene in der Aufsicht und überlegte sich dann, daß sie auch die Blume, auf die sie sie setzen wollte, besser von oben als von der Seite malen würde. So entstand der Blätterkranz der roten Blüte mit der Biene in der Mitte. Mit den anderen Bienen und Blüten verfuhr sie genauso. Dabei wurde das Problem der Überdeckung evident, das sie aufgriff und in ihrem Bild anwenden konnte.
Abb. 152: Dieses Bild malte Philipp. In seinem elterlichen Garten war ein Buchfink aufgetaucht, den er und sein Freund entdeckt hatten. Der Vogel saß auf einem Ast. Den Augenblick des Entdeckens hielt der Junge im Bild fest. Er malte den Vogel als Hauptmotiv sehr groß in seiner sehr individuellen Art, in der Haltung eines Wappenvogels. Die klar abgegrenzten Farbflächen unterstreichen die Stilisierung. Auch die Blätter der Bäume brachte der Junge in eine gleichmäßige, strenge Ordnung. Das Grün des Tonpapiers bezog er in sein Bild ein.
Abb. 151: Brita malte Feldmäuse, die auf einem Laubhaufen herumspringen. Ein Mäuschen guckt vom Mauseloch aus zu. Es ist besonders originell geraten, weil es in der noch ungeklärten Frontalansicht gemalt wurde und sich vom Mäuseschema abhebt. Die drei dicken Mäuschen auf dem Laubhaufen hat das Kind in eine Beziehung zueinander gesetzt, die wie ein Mäusespiel oder ein Mäusetanz wirkt.

Bild 153

Beobachtungen an den Försterteichen (4. Schuljahr)

Anlaß und Intention
Am Rande unseres Stadtwaldes liegen die Försterteiche, deren Zufluß- und Abflußgebiete sumpfig sind. Das ist ein ideales Terrain für bedrohte, freilebende Tiere. Dort leben Frösche und Kröten, Flugenten und Libellen u.a.m. Von Zeit zu Zeit wanderten wir zu diesen Teichen, um dort das Tierleben zu beobachten.
In früheren Jahren hatten wir uns aus den Försterteichen Froschlaich geholt und die Entwicklung zum Frosch im Klassenaquarium beobachtet. Sobald der erste kleine Frosch sich entwickelt hatten, setzten wir ihn mit den restlichen Kaulquappen wieder aus. Die Aufzucht im Aquarium hatten wir aus ökologischen Gründen eingestellt. Wir ließen die Tiere nun in ihrer natürlichen Umgebung und wanderten zu ihnen hin. Die Beobachtungen in der freien Natur bildeten Grundlagen für den Sachunterricht und den Kunstunterricht.

Realisation
Die an den Försterteichen gewonnenen Eindrücke wurden im Kunstunterricht in Bilder umgesetzt. Es standen zwei Vorschläge zur Debatte, die die Motivwahl offen ließen:

1. Ein Ausschnitt von einem der Försterteiche mit den Tieren und Pflanzen, die es dort gibt.
2. Die Begegnung von einem beobachtenden Kind mit einem Tier im Gebiet des Teiches.

Die Motivfindung blieb jedem Kind überlassen.
Bei ihren Bildern wandten die meisten Kinder eine Mischtechnik an von lasierendem Malen mit Deckfarben und deckendem Farbauftrag mit Jacksonkreiden. Sie legten skizzenhaft ihre Bildidee mit Jacksonkreide an und malten über die ganze Blattfläche die Landschaft mit wasserverdünnten Deckfarben. Nach dem Trocknen des Blattes wurde die durchscheinende Skizze mit Jacksonkreide so weitergemalt, daß das Motiv verdeutlicht wurde. Bei zu starkem Kreideauftrag konnte die Jacksonkreide weggeschabt werden. Dann trat der Aquarellgrund wieder stärker hervor.
Die Kinder entwickelten sehr unterschiedliche Motive.

Abb. 153: Florian malte einen Teichausschnitt. Eine Dreieckskomposition von schwirrenden Libellen beherrscht das Bild. Der Kontrast von dem Blau des Teiches und dem Gelb des Ufers wird durch das bizarre Gitterwerk des Schilfes gemildert. Es bildet einen passenden Hintergrund für die schmalen, bunten Körper und die zarten Flügel der Libellen. Das Bild gibt die Atmosphäre eines Sonnentages an den schilfbewachsenen oberen Teichen treffend wieder.
Abb. 154: Stefan malte sich im Schilf bei der Beobachtung eines Frosches, der behäbig auf einem Seerosenblatt im Teich hockt und ein wenig müde und resigniert in die Gegend schaut. Ganz agil und aufmerksam fixiert der Junge dieses selten große Exemplar von einem Forsch. Eine Wand von Schilf in vielen Grüntönen trennt die beiden voneinander. Der helle Kopf des Jungen und der kräftige Körper des Frosches ziehen in diesem Bild von Grün- und Blautönen die Aufmerksamkeit des Betrachters auf sich. Die Aufgabe, Beobachtung eines Tieres darzustellen, ist Stefan gut gelungen.

Bild 154

Bild 155

Material
- Deckfarben
- Jacksonkreiden
- Zeichenblockpapier DIN A3

Abb. 155: Heikes große Füße in Stiefeln haben eine Libelle und einen Frosch aufgeschreckt. Mit einem Sprung versucht der Frosch sich in Sicherheit zu bringen. Die Stiefel sind in sehr dezenten Farben gemalt und verschwinden fast hinter dem kräftigen Grün des Schilfes. Auch in diesem Bild ereignet sich Begegnung zwischen Kind und Tier, aber in anderer Weise. Hier ist der Mensch der Störenfried. Die zarte Farbigkeit des Bildes mildert diesen Eindruck.
Diese drei Bilder zeigen, welche differenzierten Ausdrucksmöglichkeiten Kinder im 4. Schuljahr schon besitzen.

Fachspezifische Anmerkungen

Zur Einführung in den Arbeitsprozeß:
Einführungen in den Arbeitsprozeß sind unterschiedlich und hängen von den Bedingungen ab, die vorausgegangen sind.

1.
Erwächst das Thema aus dem integrativen Unterricht, ist es schon so mit Inhalten gefüllt, daß die Schülerinnen und Schüler ihre Motive selbst finden und Klärungen bei einzelnen Kindern im Lehrer-Schüler-Gespräch erfolgen können. In einem solchen Falle ist entweder die Darstellungstechnik bekannt (Beispiel Gärtnerei S. 42) oder sie ist freigegeben (Beispiel Mein Fahrrad S. 83).

2.
Eine neue Technik wird eingeführt mit einem adäquaten Thema. In diesem Fall wird die Technik den Kindern vorgeführt. Wenn sie schwierig ist, probieren sie sie auf der Rückseite ihres Zeichenblattes oder auf einem besonderen Blatt aus. Nach Einführung der Technik wird das Thema so vorgetragen, daß bei den Kindern innere Bilder entstehen können, aus denen sich ihre Motive entwickeln (Beispiel Froschkönig S. 126).

3.
Beobachtungen der Kinder bilden die Grundlage eines Themas. Die Schülerinnen und Schüler berichten, was sie beobachtet haben und beschreiben es sehr genau. Die Maltechnik sollte bekannt sein. Dann kann jedes Kind gleich nach dem Berichten mit seinem Motiv beginnen (Beispiel Tiere S. 103).

4.
In einem Thema sind Bewegung oder Mimik besonders wichtig. Eine neue Technik wird auch eingeführt und vor der Einführung in das Thema erprobt. Das Thema erfordert gezielte Wahrnehmung und eigene Körpererfahrungen.
Den Kindern wird vor dem Gestaltungsprozeß Gelegenheit dazu gegeben (Beispiel Schulhofspiele S. 32).
Jede Einführung in den Arbeitsprozeß richtet sich nach den Voraussetzungen, die für das Thema und die Technik vorhanden sind. Die eigene Motivwahl sollte angestrebt werden, weil sie den Kindern die Möglichkeit gibt, ihre kreativen Kräfte zu entfalten.

Bild 156

Bild 157

Mensch und Wald in Not (3. und 2. Schuljahr)

Anlaß und Intention

Im Jahre 1986 nahmen zwei unserer Klassen an einem regionalen Plakatwettbewerb der Schulen unseres Kreises Lippe teil, dessen Thema „Mensch und Wald in Not" war. Er wurde ausgeschrieben von einer Aktionsgemeinschaft zur Rettung des Waldes, zu der sich Naturschutzverbände, Umweltausschüsse und das Umweltamt zusammengeschlossen hatten.
Wir leben in einer Region mit Waldgebieten, da werden auch die Kinder in ihrer unmittelbaren Umgebung mit dem Waldsterben konfrontiert.
Der Wald in seiner Bedeutung für die Menschen war im 3. Schuljahr Thema des Sachunterrichtes. Auf einer mehrtägigen Klassenfahrt in den Teutoburger Wald (s. S. 52) widmete uns der Förster einen Vormittag. Er verstand es ausgezeichnet, den Kindern die Pflanzengemeinschaft Wald zu erklären und er zeigte ihnen sterbende Bäume und die Wiederaufforstung. Unsere Schülerinnen und Schüler konnten hier die Gefährdung sehen, die dem Wald droht. Die Bereitschaft, sich an dem Wettbewerb zu beteiligen, war deshalb in dieser Klasse sehr groß.

3. Schuljahr

Material
- Illustriertenpapier
- Packpapier DIN A2
- Klebstoff

Realisation

In dem Plakat sollte der Zusammenhang zwischen den Ursachen des Waldsterbens und ihren Auswirkungen auf den Wald und die Menschen erkennbar werden.
Wir wählten als Technik die Collage aus Illustriertenpapier, weil sie durch ihre intensive Farbigkeit Appellcharakter hat. Es wurde in Partner- und Dreiergruppen gearbeitet.
Diese Plakate stellten hohe Anforderungen an die Kinder. Eine treffende Bildidee mußte gefunden werden, und viel Ausdauer war für so große Collagen erforderlich. Aber die Tatsache, an einem Wettbewerb teilnehmen zu können, wirkte sehr motivierend.
Die Beschaffung von passenden Farbpapieren aus Illustrierten wurde zum Teil in die Hausarbeit übernommen.
Ein, zwei oder drei Menschen in einem sterbenden Wald waren das Motiv bei allen Kindern. Sie brachten in unterschiedlicher Weise die Notsituation zum Ausdruck.
Im Plakat von Birger und Katrin (Abb. 156) steht ein weinender Junge einsam und hilflos in einem sterbenden Wald. Nur wenige Bäume haben noch Blätter, die meisten sind abge-

storben oder schon umgefallen. Das Plakat appelliert eindringlich: Laßt es nicht so weit kommen! Über dem sterbenden Wald liegen Dunstschichten aus rötlichen, blauen und hellgrauen Farben. Diese Farben kehren in der Kleidung des Jungen etwas blasser wieder. Er steht vor umgestürzten schwarz-braunen Bäumen und tritt dadurch in seiner hellen Erscheinung klar hervor.
Im Plakat von Marcel und Stefan (Abb. 156) schaut ein Mann betroffen auf die letzten grünen Blätter eines schwarzen, sterbenden Baumes. Der Wald ist schon weitgehend entlaubt. Im Hintergrund qualmen weiter die Schornsteine, dicke Rauchwolken wälzen sich heran. Die leuchtenden Farben der Gestalt stehen in Kontrast zu den dumpfen Farben der geschädigten Natur und lassen sie noch trostloser erscheinen.
Im Plakat von Alexander und Sascha (Abb. 157) steht ein Mensch zwischen Apparaturen, aus denen rötliche Dämpfe aufsteigen. Sie sehen aus wie Geräte aus einer Chemieküche, können aber auch als chemische Fabrikgebäude gedeutet werden. Der Mensch steht in einer Reihe mit ihnen. Seinem Gesicht sieht man an, daß es ihm nicht wohl in ihrer Nähe ist, aber er stützt sich auf sie. Die orangefarbenen Dünste ziehen über einen Wald, der schon völlig entlaubt ist. Sie vermischen sich mit den Rauchwolken am Himmel. Es gibt kein Grün mehr in dieser Landschaft. Die beiden Jungen nahmen die blauvioletten und blaugrauen Papierflächen aus Industriereklamen. Sie bilden einen gelungenen, farblichen Kontrast zu den gelben und orangebraunen Farben im Bild.
Im Plakat von Thorsten und Lars (Abb. 159) steht ein hoffnungsloser Mensch an einem großen Haufen Wohlstandsmüll, der mitten in den Wald gekippt wurde. Nur noch wenige Bäume sind grün. Hinter kahlen Baumskeletten erkennt man die Hochhausskyline einer Großstadt, über die Dunstschwaden dahinziehen. Durch den Müllhaufen tritt in dieses Plakat ein neues Moment, das auf die Gleichgültigkeit der Menschen hinweist. Die Jungen nahmen ganze Bildteile aus den Illustrierten und setzten sie in einen anderen Zusammenhang. Aus werbewirksamen, bunten Reklamen wurde Müll. Die Kulisse der Hochhäuser löst durch den gelb-violetten Dunst, der auf ihr lagert, negative Gefühle aus, die sich durch den zerstörten Wald noch verstärken.
Durch die Plakate wurde ein Umweltproblem in den Mittelpunkt des Unterrichtes gestellt, das sonst nur am Rande besprochen worden wäre. Eine Reihe von Stunden setzten sich die Kinder mit ihm auseinander. Sie wurden hellhöriger und aufmerksamer gegenüber Problemen, die in ihrer Umwelt vorhanden waren. Sie brachten Broschüren und Zeitungsausschnitte zur Problematik in die Schule mit. Befriedigende Antworten waren nicht zu finden. Das Problem blieb stehen und wird in ihr weiteres Leben hineinwirken.

Bild 158

Bild 159

Bild 160

2. Schuljahr

Ein zweites Schuljahr wollte sich auch an dem Wettbewerb beteiligen. Im Sachunterricht konnte das Thema nicht so intensiv behandelt werden, wie im 3. Schuljahr. Vom Waldsterben hatten alle Kinder schon gehört und sie wußten, daß es ein großes Problem für die Menschen ist.

Material
- Dispersionsfarben
- Packpapier DIN A2
- Borstenpinsel

Realisation
In dieser Klasse wählten wir eine einfachere Technik, das Malen mit Dispersionsfarben, das die Kinder kannten. Obwohl sie die Plakate des 3. Schuljahres nicht gesehen hatten, wählten sie sehr ähnliche Motive.
Im Plakat von Daniel und Philipp (Abb. 160) steht ein Junge weinend vor einem toten Wald. Eine Fabrik und eine Autostraße sind als Verursacher des Baumsterbens in den oberen Teil des Bildes gesetzt worden. Die einfachen Formen und die wenigen Farben in ihrem starken Kontrast verstärken die Aussagekraft des Plakates.
Die beiden Jungen, die dieses Plakat malten, erhielten dafür den 1. Preis für Grundschulen. Für das Plakat von Birger und Katrin (Abb. 156) gab es den 2. Preis und das Plakat von Thorsten und Lars (Abb. 159) wurde im Umweltkalender veröffentlicht.

Frühling, Sommer, Herbst und Winter

Die Jahreszeiten sind als Unterrichtsinhalte von jeher in der Grundschule fest etabliert. Gewiß zu Recht, denn in der Kindheit wird der Wechsel der Jahreszeiten besonders intensiv erlebt: Die ersten Blumen im Frühling und die länger werdenden Tage, die Hitze und der Badespaß im Sommer, die bunten Farben des Herbstes, reifendes Obst und Drachen steigen lassen und dann im Winter der erste Schnee. Frühling, Sommer, Herbst und Winter sind für Kinder mit unterschiedlichen Erlebnissen und Vergnügungen verknüpft. Auch Großstadtkinder sind davon nicht ausgeschlossen.
Im Sachunterricht sind die Jahreszeiten unter verschiedenen Aspekten in allen vier Jahrgangsstufen zu finden. Sie sind in Geschichten und Gedichten beschrieben und werden im Sprachunterricht vorgelesen und vorgetragen, sie werden im Musikunterricht besungen und im Kunstunterricht in Bildern dargestellt. Sie sind ein fächerintegrierendes Thema.
Die adäquaten ästhetischen Mittel für die bildnerische Darstellung der Jahreszeiten sind die Farben - die zarten Farben des Frühlings - die warmen Farben des Sommers - die satten, bunten Farben des Herbstes - die kalten Farben des Winters.

Frühling

Blumen (1. bis 4. Schuljahr)

Anlaß und Intention
Blumen gehören zum Frühling. Sie sind beliebte Bildmotive in allen Jahrgangsstufen. Die oft stereotypen Blumenformen der Kinder können durch unterschiedliche bildnerische Techniken neue Ausdrucksqualitäten gewinnen. Die Techniken wurden den Möglichkeiten der Schülerinnen und Schüler entsprechend eingesetzt.

„Löwenzahn, Löwenzahn . . .“ (1. Schuljahr)

Material
- Jacksonkreide
- grünes Tonpapier DIN A4
- großer grüner Tonpapierbogen

Realisation
Die Kinder des 1. Schuljahres brachten Löwenzahnpflanzen mit in die Schule und stellten sie in Wassergläsern auf ihre Tische. Wir sahen uns ihre gelben Blüten an, ihre gezackten Blätter und die „Pusteblume“ mit ihren Samenschirmchen. Dann lernte die Klasse das Lied „Löwenzahn, Löwenzahn, zünde deine Lichtlein an . . .“ Nach dem Singen wurden grüne Tonpapierbögen ausgeteilt, und jedes Kind wußte, daß wir nun den Löwenzahn malen wollten, seine gelben Blüten und seine gezackten Blätter. Sie benutzten dazu ihre Jacksonkreiden. Kinder, die fertig waren, schnitten die Blume aus und legten sie auf den großen, grünen Tonpapierbogen. Sie malten dann eine „Pusteblume“. Als alles, was gemalt wurde, ausgeschnitten war, legten wir gemeinsam eine Löwenzahnwiese auf dem großen Bogen an. Kleine und große gelbe Löwenzahnblüten mit hellgrün und dunkelgrün gezackten Blättern und weiße Pusteblumen wechselten einander ab. Die Vielzahl der kindlichen Formen gab der Blumenwiese Leben.
Wir hefteten das große Bild an die Wand des Klassenraumes.

„. . . und alles fängt zu blühen an . . .“ (2. Schuljahr)

Realisation
Von dem Lied „Nun fängt das schöne Frühjahr an, und alles fängt zu blühen an . . .“, das wir gemeinsam sangen, gingen wir aus. Das Material für eine Collage hatten die Kinder bereits auf ihre Tische gelegt und die Technik kannten sie (s. S. 69). Sie errieten, daß wir Frühlingsbilder kleben wollten. Aus dem Lied konnten sie sich ihr Motiv aussuchen. Es wurden Blumenbilder daraus.
Gerissenes Papier wirkt durch seine Unregelmäßigkeit und die weißen Reißränder lebendiger. Die Scheren blieben in den Fächern.
Durch das Material und die Technik bedingt, entstanden große Blumen auf den Blättern. Es ist günstig, daß bei Illustriertenpapier nicht so große Flächen eines bestimmten Farbtones vorhanden sind. Es müssen passende Töne kombiniert werden. Durch diese Farbvariationen gewinnen die Darstellungen.

Bild 161

Der Schwierigkeitsgrad dieser Arbeit war höher als der beim Blumenbild des 1. Schuljahres, weil der Bildgrund mitgestaltet werden mußte.

Material
- Illustriertenpapier
- Klebstoff
- Zeichenblockpapier DIN A3

Abb. 161 zeigt die Collage von Martina. Sie begann mit dem Inneren der großen Blüte und entwickelte sie von innen nach außen, dabei stimmte sie die Farben gut aufeinander ab. Die beiden kleineren Blüten ließ sie einfarbig und paßte sie farblich der großen Blüte an. Die differenzierten Blumenfarben leuchten vor dem Blau-Grau des Himmels und den Grüntönen der Landschaft.

Sandblumen (3. Schuljahr)

Realisation
Die Blumenbilder des 3. Schuljahres standen ganz im Zeichen einer Technik, die sich vom Spurenzeichnen im Sand herleitet.
Auf das Zeichenblockpapier, das noch im Block befestigt sein sollte, strichen die Kinder eine Leimschicht, die mit Sand bestreut wurde, in die feuchte Sandschicht zeichneten sie mit dem stumpfen Stielende des Borstenpinsels ihr Motiv ein. Der weiße Papiergrund trat in den Spuren wieder in Erscheinung. Der Bogen wurde getrocknet und danach der Sand, der nicht festgeklebt war, vorsichtig abgeschüttelt.
Man kann das Bild als Sandzeichnung so belassen oder es mit Deckfarben teilweise bemalen. Die Kinder wollten es farbig haben, das entsprach auch dem Thema „Blumen“. Zu einer Beschränkung der Farben wurden sie angehalten.

Bild 162

Mit dem dicken Haarpinsel und Deckfarben malten sie die Sandblumen an. Der Pinsel mußte dabei leicht über die Sandflächen geführt werden, deshalb sollte er sehr feucht sein. Sie achteten darauf, daß die Spuren nicht überdeckt wurden, sondern stehenblieben, denn in der rauhen Oberfläche und in den weißen Spuren liegt der Reiz dieser Technik (Abb. 162).

Material
- Zeichenblockpapier DIN A3
- heller Vogelsand
- Tapetenleim
- Borstenpinsel
- Deckfarben
- dicker Haarpinsel

Bild 163

Frühblüher (4. Schuljahr)

Realisation

Auch bei den Blumenbildern des 4. Schuljahres wurde eine neue Technik eingeführt, die Absprengtechnik. Gerade bei der Erprobung neuer Techniken empfiehlt es sich, Motive anzuregen, die einfach sind. Die Durchführung bereitet dann den Schülerinnen und Schülern weniger Probleme und die Wirkung ist oft besser.
Wir wählten deshalb für das Blumenbild Frühblüher in ihren einfachen Formen, Narzissen und frühe Tulpen, die die Kinder mit zur Schule brachten.
Sie malten ihre Blumen mit einer Mischung aus Deckweiß und Deckfarben, die nicht zu dünn sein durfte und stark deckend aufliegen mußte. Auch zu den Hintergrundfarben mischten sie Deckweiß. Um die Blumen herum ließen sie einen unregelmäßigen weißen Rand stehen.
Sobald die Bilder völlig getrocknet waren, wurden sie mit schwarzem Skriptol überzogen. Skriptol und Deckweißmischungen verbinden sich nicht. Nach dem zweiten Trocknen legten wir nacheinander die Bilder in eine große Schale mit Wasser. Das Skriptol blätterte dann ab, wo es sich mit der Mischfarbe nicht verbinden konnte. Es blieb überall da stehen, wo es in den weißen Papiergrund eingezogen war. Beim Absprengen brauchen die Kinder die Hilfe des Lehrers. Zwei Fehler werden oft gemacht, entweder waschen die Kinder zu viel Skriptol aus oder zu wenig. Spuren des schwarzen Skriptols sollten auch in den Blumen und im Hintergrund erhalten bleiben, nicht nur in den Umrandungen (Abb. 163). Man muß das Bild aus dem Wasser nehmen, bevor das Skriptol ganz von der Deckfarbe verschwunden ist.
Ist der Farbauftrag zu dünn, kann es vorkommen, daß das Skriptol schlecht absprengt. Es hilft dann manchmal, wenn man mit dem Finger auf die schwarzen Stellen klopft. Das abgesprengte nasse Blatt läßt man am besten auf einer Tischplatte trocknen, damit es sich nicht wellt.
Für die Kinder war das Absprengen des Skriptols von ihren Bildern wie ein Zauberwerk, das sie äußerst gespannt verfolgten. Die mit Deckweiß gemischten Farben wirkten besonders hell und zart, deshalb eignete sich diese Technik gut für die Frühlingsbilder.

Material

- Deckweiß
- Deckfarben
- Skriptol
- Haarpinsel
- Borstenpinsel
- Zeichenblockpapier DIN A3

Ein Stückchen Gras (4. Schuljahr)

Realisation
Auf einem Unterrichtsgang im März sahen einige Kinder zufällig die ersten kleinen Blumen in der freien Natur. Sie standen am Wegrand zwischen Gras. Zwei Stückchen Gras mit Blumen nahmen wir aus der Erde. Sie wurden das Motiv eines Frühlingsbildes.
Man kann mit Deckfarben in Schichten malen, eine Malweise, die für Grundschüler nicht schwierig ist und sich für ein Motiv wie dieses eignet. Als erste Schicht legten die Kinder in lasierenden, hellen Tönen eine Wiesenfläche und den Himmel an. Über diesen Grund setzten sie die Grashalme in einem kräftigeren Grün. Als letztes wurden die Blumen zwischen oder auf die Grashalme gemalt.
Einige Kinder bemühten sich darum, Blüten und Gräser als Naturstudien möglichst getreu nach dem Objekt zu malen (Abb. 164).

Bild 164

Andere Kinder lösten sich ganz von den mitgebrachten Objekten und malten ihre Vorstellungen von einem Stückchen Gras, die aber nicht unabhängig von den vorausgegangenen Wahrnehmungen waren.

Material
- Deckfarben
- Zeichenblockpapier DIN A3
- Haarpinsel

Frühlingslieder (4. Schuljahr)

Realisation
Im 1. und 2. Schuljahr waren die Frühlingsmotive mit Liedern verbunden. Im 4. Schuljahr wurden Frühlingslieder in Bildern dargestellt. Wir sangen sie im Unterricht, und die Kinder hatten eine Woche Zeit, sich persönlich ein Lied auszusuchen. Die Maltechnik war freigestellt. Es entstanden Collagen, Deckfarbenbilder, Jacksonkreidebilder und Mischtechniken von Deckfarbenmalen und Collagieren.
Oliver verwandte Deckfarben und Jacksonkreide. Er malte ein Bild zu dem Lied „Es geht eine helle Flöte, der Frühling ist über dem Land" (Abb. 165).
Es gelang ihm, ein fröhliches Lied in ein ebenso fröhliches Bild umzusetzen. Worte und Melodie des Liedes kehren hier in einem anderen Medium wieder: der Flötenspieler, der lustig springende Bach, die drei Buchen, die zaghaft den Tanz versuchen wollen und die horchenden, leise tanzenden Birken in der Frühlingslandschaft.

Bild 165

Sommer

Der Sommer verbindet sich für Kinder mit Vorstellungen von schönem, sonnigen Wetter und Spielen im Freien, von Spaß im Wasser der Badeanstalt an heißen Tagen und natürlich auch von Sommerferien, Ungebundenheit und Reisen.
In unseren Sommerbildern versuchten wir, etwas von diesen Vorstellungen, die das Wort Sommer auslöste, einzufangen. Aber auch die intensive Farbigkeit, das Grün in der Natur, das Blau des Wassers, sollte sich in den Sommerbildern widerspiegeln.

Im Gebüsch (1. Schuljahr)

Anlaß und Intention
Bei den Kindern eines 1. Schuljahres war das Spielen im Gebüsch besonders beliebt. An warmen Sommertagen versteckten sie sich in den Schulhofbüschen, krochen hindurch und brachen aus ihnen heraus, um die Mitschüler zu erschrecken. Solche Spiele fanden auch am Nachmittag statt, denn nach Schulschluß ist der Schulhof als Spielplatz freigegeben.
Die Spiele im Gebüsch bildeten den Anlaß zu einer Darstellung der eigenen Gestalt, die eingebunden war in eine bestimmte Umgebung. Das bedeutete hier, in den Büschen sein oder aus ihnen hervorkommen zu malen.

Material
- Leimfarben
- graue Tonpapierbögen DIN A3
- Borstenpinsel

Leimfarbenpulver, das man mit Leim selbst zu Leimfarbe anrührt, gibt es in Geschäften kaum noch zu kaufen. Wir bekamen Restbestände von Pulver bei einer Geschäftsaufgabe geschenkt, verschiedene Grüntöne von dunkel bis hell, rotbraun, ocker und weiß. Sie paßten sehr gut zum Thema und erforderten eine Beschränkung auf den Rot-Grün-Kontrast.

Bild 166

Realisation
In den Büschen versteckt sein oder durch die Büsche zu kriechen, wählten die Kinder dieses 1. Schuljahres nicht als Motiv. Sie malten sich beim Herauskommen aus den Büschen. Dabei konnten sie ihre Gestalt klar in der Frontalansicht malen, mit den Büschen rings um sie herum. Dieses Motiv entsprach ihrem Können am besten, deshalb gaben sie ihm den Vorzug.
Die Klasse hatte schon einmal großflächig mit pastosen Farben gemalt, deshalb hatten die Kinder keine Schwierigkeiten mit dem großen Format.
Die Gründe der Farbbeschränkung wurden ihnen erklärt. Sie fragen nicht nach anderen Farben und stellten sich gut auf die Farbkombination ein.
Die Leimzugabe war beim Farbenmischen etwas zu groß gewesen. Die Leimfarben verloren ihre volle Deckkraft. Gerade das erwies sich als ein Vorteil, der Farbauftrag wurde lasierender.
Die differenzierte Farbigkeit, die dadurch entstand, ist in Abb. 166 zu sehen. Günther malte sich beim Ausbrechen aus dem Gebüsch. Er setzte seine Gestalt sehr groß in das Blattformat ein. Dabei benutzte er den unteren Blattrand als Standlinie. Das ist für viele Grundschüler typisch und wird nur allmählich von ihnen aufgegeben. Bedingt durch die Farbkonsistenz schimmert der graue Untergrund stellenweise durch. Die Spuren des Pinsels sind noch zu erkennen. Das gibt dem Bild eine Lebendigkeit, die ein deckender Farbauftrag nicht hätte bewirken können.
Auch Techniken können dazu beitragen, die Qualität der Bilder zu erhöhen. Man muß allerdings darauf achten, daß sie die altersgebundenen und die individuellen Darstellungsweisen nicht verdrängen.

Hast du schon jemals Moos gesehen? (3. Schuljahr)

Anlaß und Intention
Das Gedicht „Moos" von Siegfried von Vegesack machte die Kinder dieses 3. Schuljahres sehr nachdenklich und berührte sie so, daß sie es trotz seiner Länge gern auswendig lernten. Sie brachten Moos mit in die Schule. Auf Tellern mit Wasser hielten wir es einige Zeit frisch, um eine kleine Moosausstellung mit verschiedenen Arten zu machen.
Das Malen der kleinen Welt im Moos, die im Gedicht so gut dargestellt ist, schloß sich an.
Die Kinder malten ihre Moosbilder in Schichten. Sie setzten ihr Motiv auf den zuvor angelegten Grund, der oft in hellen Tönen Waldboden, Hügel und Himmel andeutete.
Das Moos betrachteten sie nicht von oben, sondern stellten es in einem Ausschnitt von der Seite in Übergröße dar. Sie orientierten sich beim Malen an der Moosausstellung. Unterschiedliche Bilder entstanden, da waren dichte Moose mit vielen zarten Stengeln und Blättchen zu sehen und kräftiges, struppiges Moos. Stengel waren miteinander verflochten oder standen starr und aufrecht. Laub oder Nadeln wurden im Moos festgehalten, und kleine Tiere wie Käfer, Ameisen und Fliegen bevölkerten es.
in einigen Bildern entstand ein Rot-Grün-Kontrast durch rotgefärbtes Laub oder rote Käfer und braunrote Ameisen im Grün des Dickichts.

Material
- Deckfarben
- Zeichenblockpapier DIN A3
- Haarpinsel

Bäume am Wege (4. Schuljahr)

Bild 167

Material
- Glasplatten
- Deckfarben
- weißes Zeichenpapier
- Haarpinsel

Realisation
Das Motiv „Bäume am Wege" erinnert an Wanderungen und Fahrten im Sommer. Es wurde in einer für die Klasse neuen Technik ausgeführt, dem Aquarelldruck.
Die Kinder bemalten Glasplatten von etwa DIN A5 Größe mit ihren Motiven. Sie nahmen dazu Deckfarbe, die sie mit dicken, spitzen Haarpinseln auftrugen. Die Farbe mußte sehr satt und flüssig sein, damit sie nicht gleich antrocknete. Über die Motive legten sie weißes Papier und drückten es fest an. Vorsichtig zogen sie dann ihr Blatt ab und konnten nun sehen, ob ihr Druck gelungen war. Fehldrucke entstanden, wenn die Farbe auf dem Glas schon vor dem Drucken angetrocknet war, wenn sie zu dünnflüssig aufgetragen wurde und beim Auflegen des Papiers schon verlief, wenn das Blatt verrutschte oder das Papier nicht fest genug angedrückt wurde.
Wegen der Gefahr des Eintrocknens der Farbe mußte schnell gearbeitet werden. Die Motive sollten deshalb einfach sein. Daniels Baummotiv (Abb. 167) hat seine Wirkung gerade durch seine Einfachheit.
Die Kinder druckten sehr gern, weil diese Technik etwas von einem Spiel an sich hat. Man weiß vorher noch nicht, was beim Drucken herauskommen wird. Es gibt immer Überraschungen.

Ich kann schwimmen! (1. Schuljahr)

Bild 168

Material
- Jacksonkreide
- schwarzes Tonpapier DIN A3

Anlaß und Intention
Unsere ersten Klassen haben einmal in der Woche Schwimmunterricht. Am Ende des Schuljahres, wenn der Sommer kommt, können die Kinder in der überwiegenden Mehrzahl schwimmen. Sie zeigen dann gern ihre Künste. Deshalb waren sie auch sehr motiviert, sich als Schwimmerinnen und Schwimmer zu malen.

Realisation
In ihren Bildern gelang es allen Kindern sich in der Schwimmlage darzustellen, die Bewegungen bereiteten noch Schwierigkeiten. Das beeinträchtigte aber den Spaß am Malen nicht. Abgespreizte Beine und Arme deuteten die Schwimmbewegungen an. Die Freude am Schwimmen wurde in allen Bildern durch lachende Gesichter und fröhliche Farben ausgedrückt.
In Abb. 168 zeigt Rabea ihre Schwimmkünste den Freundinnen am Beckenrand, die dort Ball spielen. Das Kind versucht in seinem Bild die Streckbewegungen beim Brustschwimmen darzustellen, und das gelang ihm schon recht gut. Die leichte Wellenbewegung im Wasser veranschaulichte es durch hellblaue und dunkelblaue Linien. Das Im-Wasser-sein des Körpers kann es nur andeuten, das ist eine Malaufgabe späterer Jahre. Es geht jüngeren Kindern immer um die Klarheit ihrer Aussage, und die ist hier gegeben.

Ich lasse mich ins Wasser plumpsen (3. Schuljahr)

Bild 169

Material
- Dispersionsfarben
- Packpapier Format DIN A2
- Borstenpinsel

Anlaß und Intention
Zu den Badevergnügen der Kinder gehört das Springen ins Wasser in allen möglichen Formen, auch das Sich-ins-Wasser-hineinplumpsen-lassen, an dem manchmal ganze Kindergruppen ihren Spaß haben. Das Thema wurde den Schülerinnen und Schülern dieser Klasse einige Zeit vor dem Malen angekündigt, damit sie durch Beobachtungen in der Badeanstalt klären konnten, wie die Körper ins Wasser plumpsen und wie das Wasser sich verhält.

Realisation
Große Formate und großflächiger Farbauftrag mit deckenden Farben, die korrigiert werden können, sind bei einem solchen Thema angebracht. Deshalb verwandten wir Dispersionsfarben und große Packpapierbögen DIN A2.
Die Kinder begannen mit der Darstellung ihres fallenden Körpers, um den sie dann die entstehenden Wasserbewegungen herummalten.
In Abb. 169 plumpst ein Mädchen ins Wasser. Es macht ihm offensichtlich Spaß. Der fallende Körper ist sehr gut in das Blattformat eingepaßt. Tanja, die dieses Bild malte, gibt den Augenblick des Auftreffens auf der Wasserfläche wieder. Das Wasser spritzt und weicht nach den Seiten aus. Das Bild ist nicht nur im Bildbau, sondern auch farblich gut gelungen. Das Mädchen mischte sich wenigstens sechs verschiedene Blautöne, mit denen es die unruhige Wasseroberläche treffend darstellte.

Herbst Die zwei Gesichter des Herbstes, seine Farbenpracht, die Fülle seiner Gaben und Wind, Nebel, Regen werden in Geschichten, Gedichten und in Liedern geschildert. Wir stellten sie im Sprachunterricht einander gegenüber und malten sie im Kunstunterricht. Wind und Regen sind in einem eigenen Kapitel zusammengefaßt worden, so daß hier die freundliche Seite des Herbstes dargestellt ist.

Wir helfen beim Apfelpflücken (1. Schuljahr)

Anlaß und Intention

Die Mehrzahl unserer Schülerinnen und Schüler kommt aus Familien, die in Häusern mit Gärten wohnen. Das beliebte, alte Thema Apfelernte war deshalb für unsere Klassen durchaus noch aktuell.

Im Herbst nach der Einschulung brachten mehrere Kinder Obst aus den elterlichen Gärten mit in die Schule.

Sie erzählten vom Pflücken, das meistens der Vater am Wochenende übernahm, und von ihrer Hilfe, die in der Regel im Aufsuchen heruntergefallener Äpfel, Birnen oder Pflaumen bestand.

Die Darstellung der Obsternte wurde nicht allein wegen ihrer jahreszeitlichen Aktualität in den Kunstunterricht aufgenommen, sondern weil sie zu differenzierteren Formen des Zeichnens hinführt und einen Beziehungskomplex beinhaltet.

Material

- Schwarzer Filzstift
- weißes Papier DIN A4

Realisation

Die Kinder kannten bereits das Zeichnen mit schwarzen Filzstiften, so daß sich eine Einführung in die Technik erübrigte. Wir faßten aus ihren Erzählungen zusammen, worin die Arbeiten der Kinder bei der Apfelernte bestanden und was wohl alles auf dem Bild zu sehen sein müßte. Bäume, Kinder, Leitern und Körbe entstanden auf den Zeichenbögen. Kein Kind stieg oder befand sich auf einem Baum. Die Tätigkeiten konzentrierten sich um die Apfelkörbe.

Bild 170

Bild 171

Bild 172

Bild 173

In Bild 170 trägt ein Mädchen einen kleinen Korb voller Äpfel zum Sammelkorb. In Bild 172 wirft das Kind Äpfel in den großen Korb. Die Wurfbewegung und die Hinwendung zum Korb konnte es noch nicht zeichnen. Es meinte mit den fliegenden Äpfeln das Werfen dargestellt zu haben. Das ist vom Erwachsenen zu akzeptieren. Das Kugelbaumschema, mit dem viele Kinder begannen, wurde im Verlauf der Arbeit von ihnen aufgegeben, weil es ihnen für die Darstellung der Apfelbäume nicht mehr genügte. So bekamen die Bäume Zweige, Blätter und Früchte.

Zwei kindliche Kompositionsformen sind in den Zeichnungen zu erkennen. Einige Kinder gingen von einer Grundlinie aus, der Bodenlinie, auf der Bäume, Menschen und Körbe stehen. Vögel, Drachen und Wolken befinden sich in der Luft und benötigen deshalb keine Ausrichtung auf eine Bodenlinie (Abb. 170 und 172).

Andere Kinder verteilten Menschen, Bäume und Gegenstände über die ganze Blattfläche nach dem Prinzip der Streuung (Abb. 171 und 173).

Die Vögel in den Bildern 172 und Abb. 173 unterscheiden sich dadurch, daß in Bild 172 die Klischeeform der beiden Schwingen benutzt wurde, allerdings in einer Abwandlung, Kopf und Andeutung von Federn verändern das Klischee. In Bild 173 sind Vögel in einer kindlichen Schemaform dargestellt worden. Die Flügel stehen im rechten Winkel (Richtungsunterscheidung) zu Kopf, Körper und Beinen.

Bild 174

Bild 175

Material
- Füllfederhalter
- Zeichenblockpapier DIN A3

Apfelernte (3. Schuljahr)

Realisation
In einem 3. Schuljahr wurde ebenfalls an die Erlebnisse der Kinder angeknüpft. Vorausgegangen war außerdem eine Unterrichtsreihe „Von der Blüte zur Frucht“.
Das 3. Schuljahr hatte einige Erfahrungen im Zeichnen, die sich in den Arbeiten auswirkten. Vor allem zeigte sich im Vergleich mit dem 1. Schuljahr der höhere Grad an Differenzierungsfähigkeit.
In der Zeichnung von Nils (Abb. 174) steht z. B. der Apfelbaum auf einer Wiese und im Hintergrund ist eine bergige Landschaft zu sehen. Auch bei der Tätigkeit kommt Neues hinzu. Die Kinder steigen selbst schon auf den Baum. Ein Junge reitet auf einem Ast, ein zweiter will gerade mit einem kleineren auf die Leiter klettern, ein vierter sammelt Äpfel auf.
Die Baumkrone hat eine flächenfüllende, dichte Belaubung, in der dikke, helle Äpfel zu sehen sind. Der graphische Reiz dieses Bildes liegt in dem Kontrast zwischen lebendig strukturierten und freien Flächen. Nur die sehr dunklen Strukturierungen der Leiter und der Kinder fallen aus der zeichnerischen Behandlung der Flächen heraus.
Abb. 175 zeigt eine ähnliche graphische Auffassung. Auch hier sind die feinen Strukturierungen das wesentliche Element der Zeichnung. Sven ging vorsichtiger mit den Hell- und Dunkelwerten um, fand aber nicht so interessante graphische Ordnungen, wie sie in Bild 174 zu sehen sind. Witzig ist seine Auslegung der Apfelernte, die Äpfel purzeln in Reihen ohne Mithilfe der Menschen in die Körbe.

Im Wurzellande - Der Bau (2. Schuljahr)

Anlaß und Intention
Die Kinder dieses 2. Schuljahres wohnen am Rande des Stadtwaldes. Sie brachten im Herbst Bucheckern, Eicheln, Tannenzapfen und Moos mit zur Schule. Wir überlegten uns, was wir daraus basteln könnten und entschlossen uns, mit dem Bauen von Mooshütten anzufangen.

Realisation
Die Mooshütten brauchten einen festen Unterbau. Wir sägten darum Stöcke in annähernd gleiche Längen. Zwei bis drei Kinder arbeiteten immer zusammen. Sie legten in Blockhausbauweise die Stöcke übereinander und klebten sie fest. So entstanden solide Gerüste, auf die sie ihr Moos als Abdeckung packen konnten. Auf einer grün angestrichenen, dicken Styroporplatte bauten sie eine Mooshüttensiedlung auf. Auch den Boden bedeckten sie mit Moos, nur in der Mitte der Siedlung blieb ein freier Platz. Eine kleine aufgerichtete Baumwurzel wurde das Wahrzeichen des Dorfes, das die Kinder fortan Wurzelland nannten.
Nun mußte das Wurzelland aber auch Bewohner haben. Wir spitzten etwa 10 cm lange Stöckchen an, drückten eine Eichel auf die Spitze und klebten sie fest. Sie bildete den Kopf. Die männlichen Bewohner bekamen spitze Hüte aus Bucheckernhülsen und die Frauen Kappen aus Eichelhülsen. Die Kleidung bestand aus einem Blättermantel, der mit einem roten Faden am Hals befestigt wurde. Diese kleinen Gestalten steckten wir in die Styroporplatte (Abb. 176).

Material
- Moos
- Stöcke
- kleine Baumwurzeln
- Eicheln
- Bucheckern und ihre Hülsen
- Herbstblätter
- Gartenscheren
- kleine Sägen
- Holzkleber
- Styroporplatte
- grüne Dispersionsfarbe

Bild 176

Die Bildgeschichte

Gemeinsam verfaßten wir einen kurzen Text vom Wurzellande, den die Kinder mit kleinen Zeichnungen ausschmückten. Sie gaben den Anstoß zu einer Bildgeschichte. Wir fingen mit dem Sammeln von Vorschlägen an. Es kristallisierte sich allmählich eine Grundidee heraus: Anja und Dirk, zwei Freunde, sollten das Wurzelland entdecken. Jedes Kind überlegte sich, was es zu dieser Idee beitragen konnte. Wir schrieben alle Einfälle an die Tafel und entwickelten deraus die Geschichte von den beiden Kindern, denen im Wald ein Wurzelmännchen begegnet und sie zum Wurzellande führt.

Ein Junge wollte unbedingt ein brennendes Mooshaus malen. Wir bauten es in die Geschichte ein, und daraus entwickelte sich der Wiederaufbau des Hauses, das Freudenfest darüber und schließlich der Abschied der Kinder vom Wurzellande.

Es gab für den Aufbau der Geschichte wichtige und weniger wichtige Motive. Sie wurden alle in die Bildfolge hineingenommen.

Die Kinder malten mit Jacksonkreiden auf grüne DIN-A2-Tonpapierbögen, die in einem hellen, einem mittleren und einem dunklen Grün zur Verfügung standen. Der Untergrund wirkte in den Bildern mit und wurde deshalb dem Motiv entsprechend gewählt.

Aussehen und Kleidung der Wurzelmänner und -frauen waren durch die gebastelten Gestalten vorgegeben. Für Anja und Dirk mußten sie erst entworfen werden. Carolin hatte als erste die beiden auf ihren Bogen gemalt. Die Kleidung und Haartracht gefiel den Mitschülern. Sie übernahmen sie für ihre Bilder. Dadurch waren sie bei sonst individueller Gestaltung als Anja und Dirk sofort zu erkennen.

Anne hält in ihrem Bild den Augenblick fest, in dem ein Wurzelmännchen bei den Kindern auftaucht. Sie sind noch eifrig mit dem Sammeln von Pilzen beschäftigt und haben es noch nicht entdeckt (Abb. 177).

Die Zusammenarbeit der Klasse war gut. Jedes Kind war in die gemeinsame Arbeit eingebunden und bemühte sich, sein Bestes zu geben. Gegenseitige Hilfe war selbstverständlich, weil alle auf das gleiche Ziel hinarbeiteten, eine gute Bildgeschichte zu machen.

Bild 177

Was raschelt da im Laub (3. Schuljahr)

Anlaß und Intention
In den Gärten und im Wald raschelt es manchmal verdächtig im Laub. Das löst Neugierde aus oder auch Angst. Auf jeden Fall versucht man der Ursache nachzugehen oder macht sich Gedanken über sie. Diese Situation wurde mit der Klasse besprochen.

Realisation
Auf das Thema reagierten die Kinder lebhaft. Sie erzählten eigene Erlebnisse oder berichteten von ihren Vorstellungen, die aus ihrer Angst und Phantasie beim Rascheln im Laub entstanden.
Da Dispersionsfarben gut decken, brauchte eine bestimmte Reihenfolge beim Malen nicht eingehalten zu werden. Deshalb wurde es den Kindern anheimgestellt, ob sie ihr Bild mit dem Herbstlaub oder dem Verursacher des Raschelns beginnen wollten. Mitgebrachte Herbstblätter dienten als Vorlage bei der Darstellung des Laubes. Die Motive wurden den Erzählungen entsprechend gewählt.

Bild 178

Material
- Dispersions farben
- Packpapier DIN A2
- Borstenpinsel

Auf den Bildern raschelten Igel, Kaninchen, Rehe oder Vögel in den Herbstblättern, aber auch Indianer oder sich versteckende Kinder schlichen durch das Laub. Eine schwarzweiß gefleckte Katze auf der Suche nach einer Maus bildete einen sehr wirkungsvollen Kontrast zu den bunten Laubfarben.
Das Bild von der Schlange im Laub (Abb. 178) entsprang kindlichen Angstvorstellungen. Der Grund des Raschelns konnte nicht festgestellt werden, und der Junge bildete sich ein, daß sich eine Schlange plötzlich aus den Blättern aufrichten würde, um ihn zu beißen.
Er hatte sichtlich Spaß an seinem ausgefallenen Motiv und verstand es, die rhythmische Bewegung der angreifenden Schlange auf dem farblich differenzierten Laubgrund gut zur Geltung zu bringen.

Ein Blätterwirbel im Herbst (4. Schuljahr)

Bild 179

Anlaß und Intention
Das Verfärben und das Fallen der Blätter im Herbst war Thema des Sachunterrichtes. Blätter unterschiedlicher Art wurden gesammelt und gepreßt. Es entstanden Schaubilder, in denen sie nach Farben und Formen geordnet und bezeichnet wurden. Das sind ästhetische Arbeitsweisen im Sachunterricht.
Gepreßte Blätter werden im Kunstunterricht aber auch als Gestaltungsmittel für Bilder verwandt.
Eine Gruppe entwickelte den Blätterwirbel (Abb. 179).

Realisation
Aus dem Wirbelkern heraus legten die Kinder die Blätter. Dabei gingen sie nicht wahllos vor, sondern schufen Konzentrationen gleicher oder ähnlicher Farben im Wirbelkreis. Nur so blieb in der Buntheit der Blätter die Wirbelform erkennbar.

Im Februar, als der Winter mit starkem Frost kam, suchten die Kinder eines 4. Schuljahres Wintergedichte und Wintergeschichten aus verschiedenen Lesebüchern heraus, die in Klassensätzen in der Schule vorhanden sind. Sie lasen sie durch und einigten sich in ihren Gruppen, in welcher Aufteilung sie vorgelesen oder vorgetragen werden sollten. Sie lernten dabei ein breites Spektrum von Wintererlebnissen, Winterbeschreibungen und Winterpoesie kennen. Für die Kinder selbst hat der Winter zwei Seiten. Die kalten, schneefreien Tage lieben sie nicht, weil sie nicht mehr draußen spielen können und in Dunkelheit und Kälte morgens zur Schule gehen müssen.

Schneetage sind dagegen für sie etwas anderes. Sie sind mit allerlei Vergnügungen verknüpft, Schlittenfahren, Skilaufen, Schneemänner und Iglus bauen, Schneebälle werfen, sich im Schnee wälzen u.a.m.

Diese zwei Seiten, die der Winter für die Kinder hatte, wurden im Kunstunterricht in Farben ausgedrückt.

Eiswesen (4. Schuljahr)

Realisation

Wir sprachen darüber, daß das Wort kalt eine Empfindung beschreibt, die sich nicht nur auf die Temperatur bezieht. Sie kann zum Beispiel auf den Mangel an Gefühlen beim Menschen angewandt werden, und man spricht auch von kalten Farben. Auf einer Farbskala suchten die Kinder solche kalten Farben. Sie benannten schwarz, weiß, grau, blau und ein helles Gelb.

Diese Farben wählten sie aus unserem Kasten mit Dispersionsfarben aus und nahmen noch ein Blau-Grün dazu. Sie probierten sie auf der Rückseite ihrer Packpapierbögen aus und mischten sie untereinander.

Die Farbversuche bildeten die Grundlage für die anschließende Malaufgabe, den Winter in kalten Farben darzustellen.

Wir stellten uns vor, daß es vielleicht irgendwo eine Eislandschaft in diesen kalten Farben gibt, in der Wesen leben mit menschen- oder tierähnlichem Aussehen, die Eiswesen. Die Kinder sprangen lebhaft auf das Thema an und äußerten ihre Vorstellungen.

Bild 180

So vorbereitet begannen sie ihre Phantasien in Bildern zu realisieren. Es entstanden Wesen ganz unterschiedlicher Art: angsteinflößende und freundliche, menschenähnliche Wesen, gefährliche und harmlose Tiere. Bizarre Eislandschaften malten sie und blasse Sonnen. Sehr blasse Sonnen wurden im Inneren mit Orange verstärkt.

Der Komplementärkontrast blau-orange wurde dadurch in seiner Wirkung erfahren.

Bedrohlich wirken die Wesen, die Nils erfand (Abb. 180). Ein Ungeheuer mit einem dicken Kopf, langen Armen und Beinen, ein angriffslustiges Wolfstier, ein herabstoßender Ohrenvogel und andere feindselige Tiere leben in seiner Eiswelt, in die nur die Sonne etwas Licht und Farbigkeit bringt. Mit viel Phantasie hat er eine fremde, kalte Welt erschaffen.

Material

- Dispersionsfarben
- Packpapier DIN A2
- Borstenpinsel

Die Schneekönigin (1. und 2. Schuljahr)

Bild 181

Material
- Fineliner oder Filzstift
- Deckfarben
- Zeichenblockpapier DIN A3
- Haarpinsel

Realisation
Das Märchen von der Schneekönigin von Hans Christian Andersen eignet sich gut zum Malen mit den kalten Winterfarben. Es wurde den Kindern erzählt und in die Geschichte die Beschreibung der Schneekönigin und ihrer Umgebung eingeflochten: Es gab in ihrem Lande keine bunten Farben. Es wuchsen dort keine grünen Pflanzen. Alles war kalt und blaß und steif wie Eis und gefrorener Schnee. Die Kinder meinten, daß auch die Schneekönigin ganz kalt aussehen müßte. Sie stimmten zu, daß sie deshalb in blassen, blauen Farben gemalt werden sollte.
Etwas Orange konnte als Kontrastfarbe mit im Bild verwandt werden.

Weil Kinder des 1. und 2. Schuljahres ihre Formen mit einem Stift besser verwirklichen können als mit einem Pinsel, zeichneten sie die Schneekönigin mit Fineliner oder Filzstift und malten dann ihr Bild mit lasierenden Farben.
Abb. 181: Ein Mädchen aus dem 1. Schuljahr malte eine dicke Schneekönigin, die wie ein Eiskegel in der Felsenlandschaft steht. Die Krone und die Sterne weisen sie als Königin aus. Das Kind hat sie in seiner einfachen Darstellungsweise überzeugend gezeichnet und gemalt.
Ein phantasiebegabter Junge aus dem 2. Schuljahr zeichnete und malte ein Bild voller bizarrer, spitzer Formen, das seine Vorstellungen von der eisigen Welt der Schneekönigin wiedergab: Vor einer felsigen Eislandschaft steht eine schmale Schneekönigin. Ihre lange, sperrigen Haare und ihre Krone bestehen aus Eiszapfen. Eiszapfen hängen auch am Saum ihres Kleides, das mit vielen Schneekristallen geschmückt ist. Fünf spitzköpfige, kleine Männchen scheinen ihre Vasallen zu sein. Drei Tiere um sie herum haben Felle aus Eisstacheln und ein Vogel hat Schwingen aus Eis.
In seine Zeichnung mit Fineliner setzte der Junge mit wenig Farbe im Pinsel kalte Blautöne lasierend ein.

Spaß im Schnee (3. Schuljahr)

Realisation
Zu dem Thema Spaß im Schnee fand die Klasse viele Motive. Die Darstellung von Kindergruppen bei Aktivitäten im Schnee wurde bevorzugt. Es wurde vor Beginn der Arbeit noch einmal darauf hingewiesen, daß sich bei den Handlungen im Bild die Personen aufeinander beziehen sollten.
Die fröhliche Seite des Winters, die das Thema beinhaltet, sollte auch in den Farben zum Ausdruck kommen. So entstanden mit Jacksonkreide auf den schwarzen Bögen Kinder in farbigen Anoraks, Hosen und Mützen. Die Schneelandschaft wurde mit Deckweiß gemalt. Sie wirkt auf einem schwarzen Untergrund lebendiger als auf einem weißen, weil die Kinder die dunkle Fläche nicht gleichmäßig abdecken und so hellere und dunklere ineinander übergehende Stellen entstehen. Auch der Himmel wird dadurch nicht eintönig, sondern wolkig.

Bild 182

Bild 183

Material
- Jacksonkreide
- schwarzes Tonpapier DIN A3
- Deckweiß
- Borstenpinsel

Nach dem Malen der Landschaft und des Himmels wurden die zuvor angelegten Jacksonkreidezeichnungen, Personen und Bäume, beendet.
Der Beginn einer Schneeballschlacht ist in Abb. 182 zu sehen. Noch ist es ein kleines Geplänkel, aber der Junge links hat seinen Schneeball schon auf den Kopf des rechten Jungen gezielt. Die Dreiergruppe ist groß und gut ausgewogen in die Blattfläche gesetzt worden.
Frauke, die dieses Bild malte, hat sich auf wenige Farben beschränkt und läßt sie in der Kleidung der drei Kinder wiederkehren. Zuwendung kann sie darstellen, so daß durch Form und Farbe die Gruppe eine Einheit bildet.
Spaß im Schnee bedeutet für Carsten, der Bild 183 malte, Bobfahren. Er ist in seinem Bild gerade über einen Buckel gesaust und schwebt in der Luft. Um die Wiedergabe der Konstruktion des Schlittens hat er sich besonders bemüht. Sie steht in einem interessanten Gegensatz zu der Landschaft. Er verwandte nur Jacksonkreide im Bild.

Fachspezifische Anmerkungen

Zur Farberziehung: „Der ständige, probierende Umgang mit Farben schafft ein wichtiges Fundament elementarer und konkreter Farberfahrungen.“[51)]
Systematische Farbübungen im Sinne einer Farblehre bewirken bei Grundschülern keine Sensibilisierung ihrer Farbgebung. Sie sind für sie im besten Fall ein Spiel, das sie aber in ihre Bilder nicht übertragen.
Farbgebung ist für Kinder an Inhalte gebunden. In einem thematischen Zusammenhang haben Farben für sie ihren Sinn.
Kinder fangen ganz selbstverständlich an, Farben zu mischen, wenn sie beim Malen erleben, wie viele Möglichkeiten sie dadurch haben, um neue Farben für ihr Bild zu gewinnen (s. S. 27 f).
Sie erkennen, wie gleiches Farbmaterial, z. B. gelbe Jacksonkreide, auf dem eigenen schwarzen Tonpapierblatt ganz anders wirkt, als dieselbe Farbe auf dem weißen Bogen des Nachbarn und noch wieder anders auf einem roten oder blauen Papier.
Sie erleben Kontraste als wirkungsvoll und klingend, wenn sie vor ihren grünen Wald die Collage des Nikolaus im roten Mantel setzen (s. S. 65), wenn in der blauen Eiswelt eine orangefarbene Sonne steht (s. S. 119), oder wenn sie bei ihren Karnevalsmasken mit schwarzen und weißen Flächen arbeiten (s. S. 62).
Sie sehen, daß Farbmaterial unterschiedliche Wirkungen erzeugt, wenn sie Bilder vergleichen, die mit Pastell-Öl-Kreiden, Dispersionsfarben, Deckfarben, Leimfarben oder Filzstiften gemalt wurden.
Sie erfahren die Unterschiede von bunt und farbig, wenn sie entweder mit sehr vielen unterschiedlichen Farben malen oder eine Farbauswahl treffen und mit einer bestimmten Farbpalette arbeiten.
Sie lernen die Leuchtkraft von Farben kennen, wenn sie sie auf weißen Bögen rein verwenden oder mit verwandten Farben mischen, und sie sehen ihre Dämpfung und Trübung bei Mischungen von Kontrastfarben. Kinder staunen immer, wenn sie erleben, wie Grün vermischt mit einem Rot sich in ein Grau verwandeln kann und wie kleine Zugaben von Kontrastfarbe schon genügen, um eine Farbe zu dämpfen.
Sie lernen an ihren Bildern, wie ihre Farben durch Wasserzusatz hell und durchscheinend werden, daß aber auch das Deckweiß die Farben aufhellt und daß das Schwarz sie verdunkelt.
Wenn Grundschüler in Einklang mit ihrem Thema unterschiedliches Material erproben und durch verschiedene Techniken vielfältige Malerfahrungen machen können, entwickelt sich ihr Gefühl für eine adäquate farbliche Gestaltung.

Wind und Regen

Das Wetter ist täglicher Gesprächsstoff der Menschen. Es beeinflußt ihr Befinden, ihre Stimmungen und ihre Unternehmungen. Auch Kinder beachten das Wetter und bringen ihm ein reges Interesse entgegen. Im Unterricht können sie die Wetterphänomene systematischer erkunden. Auf der Grundlage sinnenhafter Wahrnehmungen, Erlebnisse und Erfahrungen wurde im 3. Schuljahr das Thema „Wetter" in der Integration von Sach-, Sprach-, Kunst- und Musikunterricht erarbeitet.

Wind (3. Schuljahr)

Anlaß und Intention

Der Wind ist für Kinder interessant, sie spüren seine Kraft und sie sehen seine Wirkung. Dem 3. Schuljahr machte die sinnenhafte Begegnung mit ihm große Freude (s. S. 14).

Die Schülerinnen und Schüler näherten sich dem Phänomen von verschiedenen Seiten: Der Wind wurde täglich beobachtet, gemessen und seine Stärke und Richtung mit anderen Wettererscheinungen in eine Wetterkarte eingetragen. In Lesebüchern und Gedichtbänden zu Hause und in der Schule suchten sie Windgedichte. Sie fanden viele mit recht unterschiedlichen Aussagen, trugen sie vor und verglichen sie. Unter Mithilfe von Eltern und Großeltern forschten sie nach Redewendungen und Sprichwörtern. Wir sangen und spielten Windlieder.

In die Bilder flossen die ästhetischen Beobachtungen und Erfahrungen ein.

Realisation

Wind zu malen, war das Problem vor dem wir standen. Die Kinder machten allerlei Vorschläge: Bäume und Zweige, die vom Wind gebogen werden, Menschen, die der Wind treibt oder dem sie sich entgegenstemmen, umgeschlagene Regenschirme, wirbelnde Blätter usw.

Wir überlegten, ob es möglich wäre, auch die Strömungen des Windes, die wir spüren, zu malen.

Das blieb als Möglichkeit offen und wurde im Laufe der Arbeit von einigen Kindern versucht und gelöst.

Es gelang ihnen, die Kraft des Windes in ihren Bildern zu zeigen. Auch Gedichte gaben Anregungen zu Winddarstellungen. Der fliegende Robert z. B. wurde von einem Jungen fliegend auf Windströmungen gemalt.

Zwei Kinder zeigten sehr originelle Lösungen zum Sichtbarwerden des Windes.

Bild 184

Bild 185

Material
- Deckfarben
- Zeichenblockpapier DIN A3
- Haarpinsel

In Andreas Bild (Abb. 185) stemmen sich eine Frau und ein Kind einem starken Wind entgegen, die Kleidung flattert, das Haar des Mädchens weht und der Hut wird der Frau vom Kopf gerissen. Der Baum bewegt sich unter seiner Kraft. Der Wind wird nicht nur an Mensch und Baum erkennbar, man sieht ihn an dem in Farbstrichen angelegten, gepeitschten Gras und in den mit kurzen Pinselstrichen gemalten Luftströmungen, die Blätter mit sich reißen.

Abb. 184: Eine besonders gelungene Lösung zeigt das Bild von Marcel. Der Wind treibt einen Mann vor sich her. Er kann seinen Hut gerade noch festhalten. Die Bäume biegen sich und die Blätter werden von den Ästen gefegt. In diesem Bild sind Erde und Himmel in die Windströmungen einbezogen. Die Bewegung der Bäume und die Gegenbewegung des Mannes unterstreichen die Kraft des Wirbelwindes.

Regen (3. Schuljahr)

Anlaß und Intention
Auch das Malen von Regenbildern war eingebettet in integrativen Unterricht. Wolkenformen wurden im Sachunterricht beobachtet, Niederschläge gemessen und in die Wetterkarte eingetragen. Redewendungen vom Regen gesucht und das Bild „Hu, im dicken Wolkengrau hockt die alte Regenfrau“ regte zum Malen an.

Bild 186

Wolkenbilder (3. Schuljahr)

Material
- Deckfarben
- Glasplatten
- weißes Papier DIN A4
- Haarpinsel

Bild 187

Realisation
Wolken und Regen lassen sich sehr gut im Aquarelldruck verwirklichen. Die Technik ist auf S. 113 beschrieben worden. Bei ihrer Darstellung muß nasser als üblich gearbeitet werden, damit Regenspuren entstehen können. Die Farbe wird am besten in Klecksen auf die Glasplatte gegeben, das weiße Papier aufgelegt und abgezogen. Beim Abziehen entstehen die Regenspuren (Abb. 187).

Die alte Regenfrau (3. Schuljahr)

Material
- Leimfarben
- Packpapier DIN A2
- Flachpinsel

Realisation
Das Lied von der alten Regenfrau war der Klasse bekannt. Wir sangen es und sprachen über Motive zum Malen, die in dem Lied steckten.
Die Farbe und der Farbauftrag spielen bei Regenbildern eine besondere Rolle. Wolkengrau und Regenfeuchtigkeit sollten in dem Bild dargestellt werden. Die Leimfarben vereinfachten dieses Problem, weil eine geeignete Farbzusammenstellung schon vorgegeben war. Hier wurden die Farben Weiß, Schwarz, Dunkelgrün und Dunkelrot verwandt. Das Malen mit pastosen Farben ist auf S. 30 beschrieben worden. Viele Kinder malten die alte, hockende Regenfrau, die Regenfäden spinnt. Je deutlicher das Motiv hervortrat, desto weniger Atmosphärisches verblieb in den Bildern. In Bild 186 tauchen nur das Gesicht und der Oberkörper der Regenfrau aus dem Regendunst auf. Die triste Feuchtigkeit in den Wolken ist gut eingefangen worden. Graue Schwaden überziehen das Bild, nichts tritt deutlich hervor.

Fachspezifische Anmerkungen

Zur Nachbesprechung: Wenn alle Arbeiten fertiggestellt sind, werden sie aufgehängt und die Schülerinnen und Schüler setzen sich im Halbkreis vor die Bildwand.
Jedes Kind bekommt die Gelegenheit, sich zu seinem Bild zu äußern. Je jünger die Kinder sind, desto mehr steht der Inhalt im Vordergrund, aber sie erzählen auch, warum sie so gemalt oder gezeichnet haben, was schwierig war, und was ihnen am meisten Spaß gemacht hat.
Die älteren Kinder sehen ihre Darstellungen differenzierter. Sie äußern sich auch zu ihren bildnerischen Mitteln. Sie haben gelernt, über ihre Intentionen zu sprechen und werden auch danach gefragt.
Es geht in der Nachbesprechung nicht darum, Urteile über Bilder zu fällen, sondern darum, die Bilder der anderen zu verstehen und die Intentionen zu sehen und zu erkennen, wie sie ins Bild gesetzt wurden.
Bei unterschiedlichen Motiven ist ein Vergleich der Arbeiten untereinander nicht möglich. Er ist auch nicht wünschenswert. Die Kinder erkennen durch die Vielfalt der Darstellungen, daß es nicht nur eine Lösung gibt. Das macht die Bilder der Mitschüler interessanter, die Kinder verweilen vor ihnen länger, betrachten sie aufmerksamer und befragen ihre Mitschüler nach Details. Dadurch findet eine stärkere Auseinandersetzung mit den Bildern statt.
So wie die Einführungen verschieden sind, unterscheiden sich auch die Nachbesprechungen, beide sind themenabhängig in dem Sinne, daß das Thema die Technik mit umfaßt. Die inhaltlichen und bildnerischen Intentionen und Probleme sind z. B. bei den Frühlingsblumen in der Absprengtechnik ganz anderer Art, als bei der Bildgeschichte „Die Böhmen kommen!“

Trotz der Allgegenwart der Bildmedien hat das Buch seine Stellung behauptet. Noch nie gab es so zahlreiche und hohe Auflagen wie heute, das gilt auch für Kinderbücher. Daraus ist nicht unbedingt zu schließen, daß Kinder heute mehr lesen als früher. Aber es gibt sie noch, die Leseratten.
Die Grundschule bemüht sich, den Schülern auch außerhalb des täglichen Unterrichtes mit freien Lesezeiten und den immer zur Verfügung stehenden Klassenbibliotheken einen Zugang zum Bücherlesen zu eröffnen. Auch das Vorlesen guter Kinderbücher durch Lehrerinnen oder Lehrer, Schülerinnen oder Schüler am Ende der Unterrichtszeit oder in der Frühstückspause weckt das Interesse am Bücherlesen.
Gutes Vorlesen steht gleichberechtigt neben dem Erzählen. Zwar ist das Erzählen eingängiger, aber das Vorlesen bleibt unmittelbar bei den Worten und den Intentionen des Autors und gibt Impulse zum Selberlesen.
Bei der engen Verbindung von Kunst- und Sprachunterricht liegt es nahe, Texte aus Büchern in Bilder umzusetzen. Dabei ist weniger an das Illustrieren von Texten gedacht, als an einen Umwandlungsprozeß in eine andere Sprache, die Bildsprache, für die der Text zwar Auslöser ist, die aber auch ohne ihn existieren kann.

Der Glückliche Löwe im Urwald (2. Schuljahr)

Anlaß und Intention
Das Buch „Der Glückliche Löwe in Afrika", aus der Reihe „Der Glückliche Löwe" von Fatio-Duvoisin, sprach die Schülerinnen und Schüler eines 2. Schuljahres sehr an. Eine Szene in der Geschichte regte sie zum Malen an: Als der Löwe in Afrika gelandet war, geriet er aus Unkenntnis des Landes in einen Urwald und irrte in ihm herum. Darüber wunderten sich die Kinder, ihnen war unbekannt, daß Urwald nicht der Lebensraum von Löwen ist. Wir stellten uns die Situation vor, in der er sich in dieser für ihn fremden, unheimlichen Umgebung befand.
Die Motivation, ihn zu malen, war groß, weil die Begriffe „Löwe" und „Urwald" die kindliche Phantasie anregten.

Realisation
Lebhaft äußerten sich die Kinder dazu, wie der Löwe sich durch das dichte Urwaldgebüsch bewegte: Er kann nicht so springen - er muß durch das Gebüsch kriechen - er schleicht, weil er den Urwald nicht kennt und Angst hat - er weiß nicht, wie er da herauskommen soll . . .
Vage Vorstellungen von Urwald waren bei ihnen durch Film und Fernsehen vorhanden. Wir sprachen darüber, daß der Löwe sich mitten in dem Gebüsch befindet und daß es viele Urwaldpflanzen gibt, in unterschiedlichen grünen Farben.
Das Thema appellierte an die Phantasie. Es war eng gesteckt, darum ähnelten sich die Motive, doch der Ausdrucksgehalt der Bilder war unterschiedlich. Für einige Kinder war der Löwe auch in dieser Situation das mächtige Tier, für andere war er hier ein hilfloser, sich in der fremden Umgebung zaghaft bewegender Löwe. In allen Bildern wurde er in seiner prägnanten Seitenansicht mit dem nach vorn gedrehten Kopf dargestellt. Unterschiedlich waren die Urwälder, die z. T. eine phantastische, üppige Pflanzenwelt zeigten.

Bild 188

Material
- Deckfarben
- helle Tonpapierbögen DIN A3
- Haarpinsel

In Christines Bild schiebt sich ein mächtiger Löwe durch Urwaldlianen und Buschwerk. Er schaut in dieser ungewohnten Umgebung drohend um sich und zeigt seine Zähne. Sein gelbbrauner Körper ist inmitten der wildwuchernden Urwaldpflanzen gut zu erkennen. Im Bild entstand durch die Dominanz der Farben Ocker, Violett, Rot und Grün ein interessanter Farbklang (Abb. 188).

Der kleine Wassermann und sein Vater (4. Schuljahr)

Anlaß und Intention

In dem Buch „Der kleine Wassermann“ von Ottfried Preußler gibt es eine Szene, in der der Wassermannvater auf seinen Sohn sehr ärgerlich ist, weil er durch das Öffnen des Schleusentores die Familie in Gefahr brachte. Diese Szene wurde in einem Unterwasserbild von den Kindern dargestellt.

Material

- Skriptol
- Zeichenfeder und Halter
- Zeichenblockpapier DIN A3

Bild 189

Realisation

Das entsprechende Kapitel im Buch wurde zu Beginn der Stunde den Kindern noch einmal vorgelesen und das Thema „Ärgerlicher Wassermannvater und zerknirschter Sohn“ besprochen.

Die Technik des Zeichnens mit Skriptol und Federhalter auf einem feuchten Grund war den Kindern bekannt. Sie hielten ihre Zeichenblätter von beiden Seiten unter den Wasserhahn und legten sie glatt auf ihre Tischflächen. Das Zeichnen wurde sofort begonnen, damit der Strich ausläuft. Während des Zeichenprozesses konnten angetrocknete Stellen mit einem Pinsel und Wasser wieder angefeuchtet werden. Dabei mußten die Kinder aufpassen, daß sie nicht in die Zeichnung hineinwischten.

Abb. 189: In Michaels Bild wendet sich der Wassermannvater ärgerlich von seinem Sohn ab, der um Verzeihung bittend hinter ihm herschwimmt. Michael setzte den Wassermann groß auf die Papierfläche. Durch das Schuppenmuster und durch das Auslaufen des Striches wird das Motiv Wassermann erkennbar. Die Stelle, an die er den kleinen Wassermann setzen wollte, feuchtete er noch einmal an. Dadurch lief das Skriptol stärker aus und der kleine Wassermann wurde dunkler. Das erwies sich für die Zeichnung als sehr günstig, weil sich Vater und Sohn gut voneinander abheben.

Es spielen natürlich bei dieser Technik auch Zufälligkeiten eine Rolle. Aber man kann mit ihr ein solches Motiv so darstellen, daß Technik und Inhalt korrelieren.

Tschip der Klabautermann (3. Schuljahr)

Anlaß und Intention

„Tschip der Klabautermann“ von Josef Carl Grund ist ein lustiges Buch, an dem die Kinder eines 3. Schuljahres viel Spaß hatten. Die Klabautermänner lieben es, sich als Piraten zu verkleiden und auf Piratenschiffen Schabernack zu treiben.

Das Wort Piratenschiff genügte schon, um die Kinder zum Zeichnen zu motivieren.

Bild 190

Material

- Japanaqua
- Haarpinsel Nr. 12
- Zeichenblockpapier DIN A3

Realisation

Die Technik der Pinzelzeichnung, in der das Schiff dargestellt werden sollte, mußten sie erst kennenlernen. Jedes Kind bekam einen Klecks schwarze Japanaquafarbe in seinen Farbkastendeckel. Auf der Rückseite der Zeichenblätter wurde die Technik erprobt. Die Kinder zeichneten mit dem Pinsel dünne und dicke Linien. Sie verdünnten etwas Japanaqua mit Wasser und versuchten einen flächigen Farbauftrag. In der Verdünnung wird die Farbe grau und durchscheinend. Deckweiß sollte man auf keinen Fall zusetzen. Der Pinsel muß leicht und zügig über das Papier gleiten, dann wirkt die Linie lebendig. Sie ist nie ganz gleichmäßig. Nach der Erprobung fingen alle Kinder an, ihr Piratenschiff zu zeichnen. Susanne setzte es groß in die Bildfläche (Abb. 190). Es besitzt viele Details, die für Kinder ein Piratenschiff erst ausmachen: Totenkopfsegel, vertäute Masten mit schwarzen Wimpeln, eine schwarze Fahne am Bug und eine Kanone. Tschip und sein Freund stehen als Piraten verkleidet an Deck.

Das Verhältnis von Linien und Flächen ist in diesem Bild ausgewogen. Der Pinselstrich ist sicher und die Flächen sind klar und zügig aufgetragen.

Die Märchen sind voll rehabilitiert. Vor einigen Jahren noch als grausam und angstmachend verdammt, werden sie heute als wirklichkeitsbezogen eingeschätzt, als Möglichkeit zur Bewältigung von Angst, als moralische Erziehung, als echte Poesie und als Auslöser von Vorstellungen und Phantasie. Sie sind nie aus der Grundschule verschwunden, weil die Kinder nach ihnen verlangten. Ihre Faszination beim Vorlesen und Erzählen hat auch im Fernsehzeitalter nicht nachgelassen. Sie regen zum Bildermachen an und haben immer schon Sprache, Kunst und Musik verbunden.

Der Froschkönig (1. Schuljahr)

Anlaß und Intention

Der Froschkönig ist weniger ein moralisches als ein poetisches, sehr bildhaftes Märchen. Der König sagt zwar zu seiner Tochter einen Satz, der ein fester Bestandteil unserer Sprache geworden ist: „Was du versprochen hast, mußt du auch halten", aber die Königstochter handelt nur unter Zwang danach und wird trotzdem am Ende mit dem Prinzen belohnt.

Die inneren Bilder, die das Märchen auslöst, sind seine Stärke. Schon das Wort Froschkönig, in dem sich Häßlichkeit und Würde verbinden, ist ein Bild. Der Kontrast zwischen der schönen Prinzessin und dem als häßlich geschildertem Tier erzeugt bildhafte Vorstellungen.

Darum ist die Gestalt des Froschkönigs unten im Brunnen ein Motiv, das sich für Kinder des 1. Schuljahres eignet. Der Bildbau ist einfach. Sie können bei Ausnutzung des ganzen Zeichenblattes den Frosch sehr groß malen und Binnendifferenzierung erproben.

Bild 191

Material

- Weißer Wachsstift oder eine weiße Kerze
- Deckfarben
- Jacksonkreide
- Zeichenblockpapier DIN A3
- Haarpinsel Nr. 12

Realisation

Das Märchen wurde aus dem Buch „Kinder- und Hausmärchen" der Gebrüder Grimm vorgelesen. Einige Schülerinnen und Schüler kannten es schon, hörten aber gern noch einmal zu. In den anschließenden, spontanen Äußerungen drückten die Kinder ihre Befriedigung aus, daß aus dem Frosch wieder der Prinz wurde, der er gewesen war. Von dem Kontrast Frosch – Prinz gingen wir aus und überlegten uns, wie der Froschkönig wohl ausgesehen hatte, sicher nicht wie ein einfacher Frosch, sonst hätte er den Namen Froschkönig nicht bekommen.

Die Kinder beschrieben das Aussehen eines Frosches, Kopf, Augen und Gestalt. Nun sollte jeder auf seine Weise den Frosch als König, als Froschkönig, darstellen.

Die vor dem Vorlesen eingeführte Maltechnik wird hier in ihrem Verlauf beschrieben: Die Kinder zeich-

Bild 192

Bild 193

neten mit weißem Wachsstift oder einer dünnen, weißen Kerze den Froschkönig groß auf ihr weißes Blatt. Dann mischten sie sich in ihren Farbkästen blaue und grüne Deckfarbe. Sie wurde in lasierendem Farbauftrag mit einem dicken Haarpinsel quer über die ganze Blattfläche gemalt. Dieser Vorgang muß zügig erfolgen, damit die Ansatzstellen nicht schon getrocknet sind, wenn weitergemalt wird. Nur so kann man ungewollte Flecken vermeiden und die weißen Wachsspuren erhalten. Die Froschgestalten traten bei flüssigem Übermalen klar hervor, weil die Farbe von den Wachsstrichen abperlte. Wir vereinbarten für die Weiterarbeit mit Jacksonkreide eine Farbbeschränkung auf die Froschfarben Grün in allen Variationen, auf Blau und die Königsfarbe Gold, hier Orange.

Auf den getrockneten Blättern malten die Kinder nun ihre Froschkönige mit den Jacksonkreiden weiter, dabei sollten die weißen Spuren der Wachsstifte oder der Kerze nicht überdeckt werden, weil sie im Gesamtbild mitwirken.

Es entstanden sehr unterschiedliche, eindrucksvolle Froschkönige.

Abb. 191: Julius malte einen dicken, gravitätischen Froschkönig, der unten im Brunnen in aller Ruhe der Dinge harrt, die da kommen werden. Er verwandte die Farben spontan und ließ am Kopf verschiedene Grüntöne ineinander übergehen. Auch die anderen Farben grenzte er nicht scharf voneinander ab und die Übergänge zum Wasser blieben fließend. Diese unscharfe Malweise paßt gut zu dem Motiv Frosch im Wasser.

Auf Stefanies Bild ist ein fröhlicher Froschkönig zu sehen (Abb. 192). Er richtet seinen Blick aus großen, vorstehenden Augen hoffnungsvoll nach oben. Stefanie hat ihn sehr exakt in scharf abgegrenzten Flächen gemalt. Die Vorderbeine sind wie Arme richtungsunterschiedlich abgewinkelt. Über dem Bauch hängt der goldene Königsschmuck und goldene Wasserpflanzen stehen an seiner Seite. Der üppige Gebrauch von Orange (Gold) soll das Königliche in der Gestalt unterstreichen.

In diesen Bildern wird das, was an einem Frosch typisch ist, betont, die aus dem Kopf heraustretenden Augen und das breite Maul. Das fehlt in Marcs Bild (Abb. 193). Er drückt Froschähnlichkeit mit dem dicken Kopf und den großen, runden Augen aus. Dieser Frosch trägt eine Krone und einen Mantel als Zeichen seiner Königswürde. Der Junge versuchte durch reiche Binnendifferenzierung den schmückenden Besatz der Kleidung hervorzuheben. Der König sieht bedrückt und sorgenvoll aus, das entspricht seiner Situation als Frosch im Brunnen. Zarte Wasserpflanzen, die an Luftblasen erinnern, verstärken den Eindruck, daß er von Wasser umgeben ist.

Wassermanns Schloß (3. Schuljahr)

Anlaß und Intention

Das Märchen und das Lied von der Königstochter Lilofee, die mit einem Wassermann in einem tiefen See lebte, regte zu dem Bild „Wassermanns Schloß" an. Es gab keinerlei Anhaltspunkte für das Aussehen eines Schlosses, das auf dem Grund eines Sees liegt. Die Phantasie der Kinder war gefordert.

Realisation

Die Erzählung und das Lied von der Lilofee beeindruckten die Schülerinnen und Schüler dieses 3. Schuljahres. Es fiel ihnen aber schwer, Vorstellungen von dem Schloß eines Wassermannes in Worten zu konkretisieren. Da half das Gespräch wenig, die Phantasie mußte sich im Zeichen- und Malprozeß entfalten.

Um einen Anfang zu finden, begannen wir mit Frottagen. Die Kinder benutzten dazu gerasterte, grobe Malersiebe, und auch der Wasserbehälter an der Heizung mit seinem aufliegenden Karomuster war sehr hilfreich. Diese Geräte dienten als Unterlagen für die Zeichenblätter.

Mit weißen Wachskreiden wurden die Muster durchgerieben (s. Frottagen S. 69 und 79). In freier Zeichnung entwickelten die Kinder diese Mu-

ster weiter zu schloßähnlichen Gebilden. Dann überzogen sie ihre weißen Wachszeichnungen mit grünen und blauen Deckfarben in lasierendem Farbauftrag. Dadurch traten die Wachslinien und -muster klar hervor. Die Schlösser wurden mit Jacksonkreiden weiterentwickelt. Durch kindliche Phantasie und eine dem Thema entsprechende Technik entstanden märchenhafte Unterwasserschlösser.
Abb. 194 zeigt ein Wassermannschloß, das auf die beschriebene Weise gemalt wurde. Die weißen Wachsstiftlinien bilden das Gerüst des Schlosses, das mit Jacksonkreide mosaikartig weitergestaltet wurde.

Bild 194

Material
- Weißer Wachsstift
- Deckfarben
- Jacksonkreiden
- Zeichenblockpapier DIN A3
- Material für Frottagen
- Haarpinsel Nr. 12

Die Bremer Stadtmusikanten (4. Schuljahr)

Anlaß und Intention
Die Bremer Stadtmusikanten gehören zu den bekanntesten deutschen Märchengestalten. Das Märchen wird erzählt und vorgelesen, und im Theater und in der Schule aufgeführt. Es ist in ein Puppenspiel umgewandelt worden und als Lied vertont. Es ist als Gedicht erschienen und als Plastik in Bronze gegossen.
Diese vielen Formen, in denen es existiert, veranlaßten die Klassenlehrerin eines 4. Schuljahres, es in dieser Vielfalt des Ausdrucks mit ihrer Klasse zu erarbeiten. Die Kinder lasen es in der Originalfassung der Gebrüder Grimm, sie trugen es als Gedicht vor, sangen es als Lied und begleiteten es mit Orffinstrumenten. Sie führten es als Spielstück auf.
Im Kunstunterricht malten sie es großformatig als Bildgeschichte, die an den Wänden des Klassenzimmers angebracht wurde.

Material
- Dispersionsfarben
- Packpapier DIN A2
- Borstenpinsel

Realisation
Das der Klasse so wohlbekannte Märchen wurde im Kunstunterricht unter bildnerischen Gesichtspunkten betrachtet. Es mußte jetzt von den Bildmotiven her erschlossen werden. Wir gingen es Punkt für Punkt durch.
Die Kinder machten Vorschläge, die wir an der Tafel festhielten. Die schwierige Verteilung der Motive regelten wir so, daß jedes Kind seinen Vorschlag auch malen konnte. Einige Kinder hatten mehrere Vorschläge gemacht. Sie wurden von denen, die sich nicht beteiligt hatten, übernommen. Wo es nötig war, wurden im Einzelgespräch die Motive geklärt.
Das großflächige Malen mit pastosen Farben ist auf S. 30 beschrieben worden. Die Kinder dieses 4. Schuljahres hatten gelernt, das Bildmotiv groß auf die Papierfläche zu malen. Dadurch trat ihre Intention klarer in Erscheinung und die Schwierigkeiten mit dem umgebenden Raum verringerten sich.
Farbprobleme tauchten auf, weil das Märchen sowohl Tagmotive als auch Nachtmotive enthielt. Für die Nachtmotive rührten sich die Kinder gedecktere Farben an. Der Eindruck von Nacht gelang besonders gut, wenn irgendwo im Bild Lichtquellen waren.

Ein Junge malte z. B. die Ankunft der vier Tiere vor dem Räuberhaus. In den hellen Fenstern waren die Räuber zu sehen. Die Tiere kamen im Laufschritt gerade vor dem erleuchteten Haus an. Ein Mädchen hielt den Augenblick fest, in dem ein zurückgekehrter Räuber in der dunklen Küche ein Streichholz anreißt. Die Tiere tauchen aus dem Dunkel auf. Die Katze wird den Räuber gleich kratzen, der Hund hat seinen Kopf zum Zuschnappen vorgestreckt, der Esel draußen vor der offenen Tür wartet darauf, den Räuber zu treten, und der Hahn ist schon hochgeflogen, um gleich sein Kikeriki auszustoßen.
Die intensive Beschäftigung mit dem Märchen, die voranging, war eine hervorragende Vorbereitung für die Umsetzung des Märchentextes in Bilder.

Schneewittchen und die sieben Zwerge (4. Schuljahr)

Anlaß und Intention
Es bestehen viele Klischeevorstellungen von so vermarkteten Märchen wie „Schneewittchen und die sieben Zwerge". Sie werden in den bildnerischen Arbeiten der Kinder nicht auftauchen, wenn eine Klasse angehalten wird, in der Handlung neue Motive zu entdecken oder wenn eine bildnerische Technik Klischees nicht zuläßt. Wir stellten Schneewittchen und die sieben Zwerge in Kegelköpfen dar.

Realisation
Wir werteten das Märchen von Schneewittchen inhaltlich nicht aus. Das Schwergewicht lag auf der Charakteristik seiner Gestalten.
Schneewittchen, wie es die Kinder beschrieben, war groß, schlank, lieb, hübsch, hatte schwarze Haare, eine helle Haut und dunkle Augen. Die Zwerge waren in ihren Vorstellungen klein, buckelig, häßlich, hatten lange oder dicke Nasen, einen großen Mund, abstehende Ohren und eine Zipfelmütze. In diesen Wörtern steckt natürlich viel Stereotypes, das aber durch die Art der Darstellung nicht in Erscheinung trat.

Bild 195

Material
- Karton
- Zeitungspapier
- Leim
- Dispersionsfarben
- Borstenpinsel

Die Grundform der Gestalten war ein Kegel. Er wurde aus einem Stück Karton DIN A4 gewickelt, geheftet und am Bodensaum gerade geschnitten, so daß er standfest war. Der Kegel für Schneewittchen war höher und schlanker als die der Zwerge.
Die Kinder überzogen die Grundform mit einer Schicht aus kleinen Zeitungspapierstücken und Tapetenleim. Nase, Ohren, Augen und Mund formten sie aus Papier und Leim, setzten sie an die richtigen Stellen und überdeckten sie mit Papierschichten so, daß sie festsaßen. Es war wichtig, daß die Papierstücke immer gut eingekleistert waren, fest auflagen und glattgestrichen wurden.

Wenn der Kegel das gewünschte Gesicht, die Zipfelmütze und eventuell Haarsträhnen hatte, wurde als letztes eine Schicht aus weichen Papierhandtüchern, die in kleine Stücke gerissen waren, aufgeklebt und geglättet. Die Kegel wurden getrocknet und mit Dispersionsfarben bemalt. Die Kinder beschränkten sich auf etwa vier Farben.
Abb. 195: Für die Zwerge wurden kontrastreiche Farben gewählt, für Schneewittchen nur Weiß, Rosa und Schwarz. Der Anzahl der Schülerinnen und Schüler der Klasse entsprechend gab es sehr viele Zwerge, nicht nur sieben. Sie bildeten eine skurile Gesellschaft, die in der Ausstellungsvitrine ihren Platz fand.

Märchen der Welt

Die Bücherreihe „Märchen der Welt" enthält u. a. Bände mit Märchen unserer europäischen Nachbarn, die für Kinder spannend und völlig neu sind. Sie sind nicht mit Klischees besetzt wie einige unserer deutschen Märchen und lassen neue Vorstellungen entstehen.

Die Trolle von Slaettanes (1. Schuljahr)

Anlaß und Intention
Trolle sind norwegische Märchenfiguren, die mit den Menschen Schabernack treiben. Sie lieben die Menschen nicht und werden von ihnen gefürchtet. Für diese fremden Wesen interessierten sich die Kinder sehr und hörten dem Trollmärchen aufmerksam zu. Sie wollten gern ein Bild von Trollen sehen, aber es gab keins, und sie waren auch in ihrem Äußeren nicht beschrieben worden. Es blieb nichts anderes übrig, als sich selbst ein Bild von ihnen zu machen.

Realisation
Die Trolle waren in ihrer Erscheinung ein Rätsel für die Kinder. Sahen sie aus wie Zwerge oder wie Pumukkel? Aus dem Märchen trugen sie zusammen, was sie schon von ihnen wußten: Die Trolle lebten in einsamen Gegenden in den Bergen. Sie holten sich von den Menschen, was sie haben wollten. Sie verfolgten sie auch und jagten ihnen Angst ein.
Ein Junge meinte, daß sie wild aussehen müßten, weil die Menschen vor ihnen Angst hatten. Wir überlegten,

Material
- Jacksonkreide
- schwarzes Tonpapier DIN A3

Bild 196

Bild 197

wie „wild aussehen“ sein könnte. Die ersten Trollvorstellungen wurden konkretisiert. Abstehende, wüste Haare, großer Mund mit spitzen Zähnen, böse Augen und große Ohren wurden genannt.
Auf der Grundlage der ersten vagen Vorstellungen begannen die Kinder ihre Trollbilder. Sie nahmen zum Teil Handlungen aus dem Märchen in ihre Darstellungen hinein. Eine Bedingung war gestellt, die Trolle mußten groß gemalt werden. In Einzelgesprächen wurden Differenzierungsmöglichkeiten angeregt.
Die ausgestellten Bilder zeigten eine wilde, phantastische Trollgesellschaft, an der die Kinder ihren Spaß hatten, weil sie sich selbst ihre Trolle geschaffen hatten.
Abb. 196: Thomas hat drei wilde Gesellen groß in sein Bild gestellt. Der mittlere ist mit seinem grimmigen Blick der finsterste von ihnen. Die beiden anderen zeigen, daß Trolle auch lachen können. Das wilde Aussehen erhalten sie durch die struppigen blau-roten Haare, die riesigen Augen und die breiten Münder mit langen oder zackigen Zähnen. Sie haben unterschiedliche Gesichtsfarben, die ihre Wildheit unterstreichen. Die großen Tellerohren sind ihr besonderes Merkmal. Ihre Kleidung besteht aus vielen bunten, zusammengesetzten Flicken. Im Hintergrund hat der Junge die bergige Landschaft gemalt, aus der sie kommen. Sie wurde von anderen Kindern in die eigenen Bilder übernommen.
Abb. 197: Nadine wählte ein Motiv aus dem Märchen. Ein Troll überfällt in den Bergen eine Gruppe von Hirten. Er reißt den Kochtopf vom offenen Feuer und frißt ihre Mahlzeit auf. Dieser Troll hat einen bunten Gliederkörper, zackige Beine, spitze Füße und Krallenfinger. Er steckt seinen dicken Kopf fast in den Topf hinein und leckt ihn mit seiner großen Zunge aus. Die Bewegung des Trolls ist sehr prägnant dargestellt. Die Hirten haben sich aus Angst vor ihm zurückgezogen.

La Belle et la Bête - Die Schöne und das Tier (4. Schuljahr)

Anlaß und Intention
Das französische Märchen „La Belle et la Bête“ ist mit der Fülle seiner Bilder erst für ältere Grundschüler geeignet. Ein französisches Schloß und französisches Interieur spielen in ihm eine Rolle, für die sich Zehnjährige schon interessieren. Der krasse Gegensatz zwischen dem fürchterlich aussehenden Tier und dem schönen, jungen Mädchen ist an sich schon ein Malmotiv.

Realisation
Dieses französische Märchen von dem häßlichen, gutmütigen Tier und dem Mädchen, das beginnt, dieses Ungetüm zu lieben, ist sehr spannend und wurde deshalb interessiert von den Kindern des 4. Schuljahres aufgenommen. Wir sprachen über die Malmotive, die in ihm stecken. Es sind viele, denn die Begegnung zwischen dem Tier und der Schönen ist, in welcher Situation auch immer, durch den Kontrast bildnerisch ergiebig.
Wir sahen uns in Büchern französische Schlösser, ihre Räume und Gärten an, die den Rahmen des Märchens bilden. Ihre Motive konnten sich die Kinder selbst suchen.
Sie zeigten bei der späteren Ausstellung der Bilder in großen Zügen den Verlauf des Märchens, ohne als Bildgeschichte angelegt zu sein.
In Fraukes Bild (Abb. 198) sind die Personen des Märchens, ohne alle gegenwärtig zu sein, vereint, la belle, das Tier und die Familie des Mädchens im Spiegel. In dem Zauberspiegel erkennt die Schöne ihre Angehörigen. Sie erfährt durch ihn, daß der Vater wieder zu Hause bei ihren

Schwestern angekommen ist. Im Hintergrund erhebt sich furchteinflößend das Tier, das mit seinen roten Augen, seinen Reißzähnen und seinen Tatzen schrecklich anzusehen ist. Vor das dunkle Tier malte das Mädchen die Schöne, sehr hell in einem bestickten Kleid und mit blonden, geschmückten Haaren, Sie hat ihren Blick auf den Spiegel gerichtet, der verschwommen den Vater und die Schwester widergibt.
Französisches Parkett und der kostbare Spiegelrahmen deuten den Ort, ein Zimmer des Schlosses, an.
Dem Mädchen ist eine interessante Komposition gelungen, die inhaltlich und formal dieses Märchen charakterisiert.

Bild 198

Material
- Jacksonkreide
- schwarzes Tonpapier DIN A3

Der begrabene Mond (3. Schuljahr)

Anlaß und Intention
Geschichten von Geistern und Gespenstern hören die Kinder immer gern. In dem englischen Märchen vom begrabenen Mond gibt es Moorgeister, die den Mond begraben wollen, weil sie sich von seinem Licht gestört fühlen, wenn sie ihr Unwesen treiben. Motive aus diesem Märchen sollten in einer Technik gemalt werden, die die Unheimlichkeit und Geisterstimmung zum Ausdruck bringt.

Bild 199

Material
- Wachsmalkreiden
- schwarze Japanaquafarbe
- Zeichenblockpapier DIN A3
- Haarpinsel Nr. 12

Realisation
Die gewählte Maltechnik ähnelt der Absprengtechnik, die auf S. 110 beschrieben wurde, ist aber einfacher in der Ausführung. Das Bild wird mit Wachskreide so gemalt, daß um die Figuren, Gegenstände, Pflanzen usw. weißer Papiergrund stehen bleibt. Mit einem dicken Haarpinsel und schwarzer Japanaquafarbe wird anschließend das ganze Blatt übermalt, dabei perlt von der Wachskreidezeichnung die flüssige schwarze Farbe ab, und nur der Papiergrund bleibt dunkel stehen.
Nach der Vorführung der Technik wurde das Märchen vorgelesen. Es entstand Spannung, als der Kampf des Mondes gegen die Geister und alle Unbilden des Moores begann. Dieses Motiv wollten die meisten Kinder malen.
Sie personifizierten den Mond, wie es auch das Märchen tat und malten seinen Kampf gegen das Versinken im Moor.
Das Übermalen der Wachszeichnung bereitete den Kindern das größte Vergnügen, weil durch die schwarze Farbe plötzlich jede Wachsfläche und jeder Wachsstrich leuchtend hervortrat.
In Bild 199 hat Bianca den Kampf des Mondes um das Überleben dargestellt. Er will ausbrechen aus dem Gewirr von Ästen und Gestrüpp, die in das Moor gefallen sind und ihn nun festhalten. Viele kleine Moorgeister tanzen schadenfroh um ihn herum. Wie der Kampf des Mondes ausgehen wird, bleibt offen. Es scheint keine Rettung für ihn zu geben, weil er von Quälgeistern umringt ist. Diese Situation hat das Mädchen gut zum Ausdruck gebracht.
Ein anderes Mädchen hat den Augenblick dargestellt, in dem der Mond nicht mehr kämpft. Er sinkt tiefer ins Moor, sein Gesicht ist voller Trauer. Baumwurzeln und Baumgestrüpp halten ihn so fest, daß er sich nicht bewegen kann. Am oberen Bildrand aber erscheinen die ersten Menschen. Sie eilen dem Mond zu Hilfe.
Nicht alle Bilder hatten diese Ausdrucksqualität, aber es gab kein Kind, das mit seiner Arbeit nicht zufrieden war. Das lag natürlich auch an der wirkungsvollen Maltechnik, die durch ihre Kontraste und leuchtende Farbigkeit auf Kinder wirkt.

Medium Bild

Das Kapitel „Medium Buch" weist auf die enge Verbindung von Sprache und Bild hin. Wir hatten Büchern Texte entnommen und in Bilder umgewandelt, d. h. wir hatten Sprache visualisiert.

In unserer Zeit sind Bilder ein ebenso bedeutsames Medium wie Sprache. Oft sind Bild und Sprache aufeinander angewiesen, in den Massenmedien, zum Beispiel im Fernsehen, in Filmen und Zeitschriften.

Bilder gibt es in großer Vielfalt als Kunstwerke und Werbespots, als Fotos und Illustrationen, als Sachzeichnungen und Comics, als Filme und Fernsehübertragungen u.a.m.

Im Kunstunterricht haben wir es vorrangig mit Bildern zu tun. Wir stellen sie her, wir betrachten sie und wir sprechen über sie.

So wie wir Texte in Bilder umgewandelt hatten, wandelten wir auch Bilder in neue Bilder um und bedienten uns auch dabei der Sprache.

Ein Gesicht - viele Gesichter (4. Schuljahr)

Anlaß und Intention

In einem Lesebuch des 4. Schuljahres[52] sind unter dem Titel „Ein Mensch - viele Menschen" Fotos eines Schauspielers abgebildet, in denen die Manipulation eines Gesichtes gezeigt wird. Aus einem normalen, wenig aussagenden Männergesicht wurde durch Mimik, Schminke und Beleuchtung das Gesicht eines freundlichen, liebenswerten Herrn, das eines heruntergekommenen Ganoven und das eines Verbrechers.

Durch diese Bilder wurden die Kinder darauf aufmerksam, daß sich Bildmanipulationen machen lassen und daß sie auf Menschen wirken. Es gibt Werbung, die sich dieser Mittel bedient. Wir beschlossen, solche Manipulationen selbst zu versuchen.

Material

- Fotokopien eines Zeitschriftenbildes
- Filzstifte

Realisation

Die Motivation für diese Arbeit war groß. Man denke nur daran, mit welchem Vergnügen sich Kinder schminken und verkleiden! Hier ein Gesicht zu verwandeln, war etwas Ähnliches.

Das Foto eines Mädchenkopfes wurde fotokopiert. Jedes Kind bekam eine Kopie und konnte den abgebildeten Kopf nach seinen Vorstellungen verändern.

Die Kinder erfuhren durch ihre Arbeit, daß schon sehr wenige Striche genügen, z. B. das Heben oder Senken der Mundwinkel, um den Ausdruck eines Gesichtes zu verändern. Sie lernten, mit welchen Mitteln sie das Foto manipulieren können, um aus ihm das Bild einer Chinesin, Pipi Langstrumpfs, einer Rocklady, eines Clowns, eines traurigen Mädchens, eines harten Typs oder einer Brillenschlange usw. zu machen (Abb. 200). Selbst die Umgestaltung der Umgebung veränderte die Erscheinung der Person.

Bild 200

Auf die Rückseite ihrer Bilder schrieben die Kinder, was sie durch die Veränderung des Gesichtes ausdrükken wollten. Hinter den sechs unteren Bildern stand:

„Das Mädchen traut sich nicht nach Hause, weil es in der Mathematik eine 6 geschrieben hat. Es wird von den Jungen geärgert. Es weint, weil es keine Freunde hat, die es trösten."

„Pipi Langstrumpf ist auf einer Wiese und wartet auf Toni und Anika. Sie freut sich sehr, denn sie wollen wieder in die Birke gehen."

„Das Mädchen ist hochnäsig, berechnend, unnahbar, abweisend. Es zweifelt an dem, was die anderen ihm erzählen."

„Das ist Pipa, der Clown. Sie lebt in einem kleinen Zirkus auf dem Lande. Oft träumt sie von einem großen Zirkus in der Stadt. Aber das geht nicht, denn ihren Eltern gehört der kleine Zirkus. Ihre Mutter ist die Seiltänzerin und ihr Vater versorgt die Tiere und macht die Kasse. Für ihre Eltern ist der Zirkus lebenswichtig, und so fügt sich Pipa in ihr Schicksal."

„Sandra hat eine Brille bekommen. Sie geht damit das erste Mal nach draußen. Sie findet es gar nicht schön, daß sie eine Brille hat. Was die anderen wohl sagen?"

„Anna kommt morgens aus der Disko. Sie hat Angst, nach Hause zu gehen. Was wird wohl ihr Vater sagen?"

Aus diesen schriftlichen Aussagen der Kinder geht hervor, daß zum Teil eigene Wünsche oder Befürchtungen in ihre Bilder hineinflossen. Das war aus den Bildern allein in dieser Deutlichkeit nicht zu ersehen und beweist, wie wichtig die Sprache für das Erklären und Verstehen von Bildern ist.

Wir hefteten alle Arbeiten an die Wand und betrachteten sie gemeinsam. Durch die schriftliche Fixierung ihrer Ausdrucksabsichten auf der Rückseite ihrer Bilder waren alle Kinder gut vorbereitet, um ihre Intentionen den Mitschülern zu erklären.

Es wurde für alle einsichtig, wie unterschiedlich ein Bild verändert und umgedeutet werden kann.

Spaß mit Werbesprüchen (4. Schuljahr)

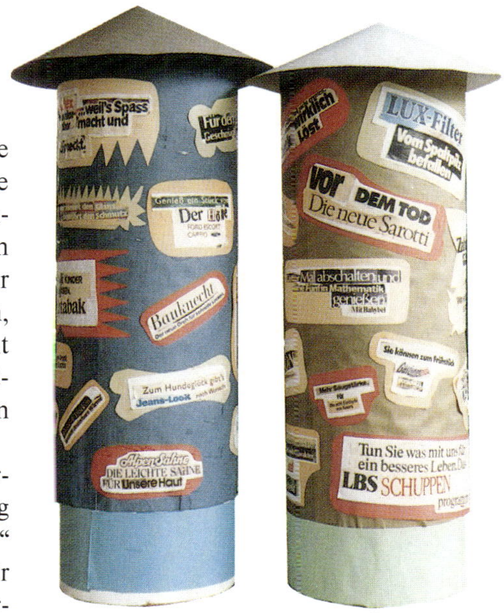

Bild 201

Anlaß und Intention

Kinder gebrauchen Werbesprüche manchmal wie geflügelte Worte. Die Werbung weiß, wie sehr sie auf Kinder wirkt. Manche Mutter kann ein Lied davon singen, weil Sohn oder Tochter ihr beim Einkaufen sagen, warum sie dieses oder jenes Produkt unbedingt kaufen muß. Die Kenntnisse der Kinder stammen aus den Werbesendungen des Fernsehens.

Wir sammelten im 4. Schuljahr Werbesprüche, und in Zusammenhang mit der Geschichte „Der Fernseher" von Helmar Klier[53)] versuchten wir ihre Absichten und Wirkungen herauszufinden.

Die im Sprachunterricht begonnene Arbeit wurde im Kunstunterricht weitergeführt. Wir machten uns einen Spaß daraus, Werbesprüche zu verändern.

Realisation

Über einen Zeitraum von zwei Wochen schnitten die Kinder zu Hause Werbeanzeigen aus Zeitschriften aus und brachten sie mit in die Schule. Wir legten sie auf Tischen aus und machten uns mit ihnen vertraut. Wir beließen sie nicht wie sie waren, sondern schnitten sie so aus, daß sie mit Teilen anderer Werbungen wieder zusammengesetzt werden konnten. Dadurch erhielten sie einen neuen, witzigen, oft gegenteiligen Sinn.

Diese Arbeit machte den Kindern viel Spaß, weil sie mit Texten jonglieren und blödeln konnten und es viel Grund zum Zeigen und Lachen gab. Die Teile wurden als neuer Slogan auf buntes Tonpapier geklebt und ausgeschnitten (Abb. 201).

Eine Gruppe von Kindern fertigte Litfaßsäulen aus großen, runden Waschmittelbehältern an. Sie klebten jeweils zwei übereinander, überzogen sie mit farbigem Tonpapier und bastelten flache Dächer für sie.

Auf diese Litfaßsäulen klebten die Kinder ihre Sprüche. Eine Antiwerbung war entstanden, ein gutes Mittel für alle werbegläubigen Kinder, Werbung nicht zu ernst zu nehmen.

Material

- Aus Zeitschriften ausgeschnittene Werbesprüche
- gelbes, rotes, blaues und grünes Tonpapier
- Klebstoff
- Waschpulvertonnen für die Litfaßsäulen

Bilder umgestalten

„Umgestaltung ist eine praktische Tätigkeit. Sie bezieht sich auf einen konkreten Ausgangspunkt und führt in die aktuelle Kommunikations-und Handlungssituation der Schüler hinein. Im Umgestaltungsprozeß soll die historische Bedingtheit des Ausgangsmaterials (Umgestaltungsobjekt) und die ganz andersartige Bedingtheit dessen erfahren werden, was ich daraus mache (Umgestaltungsprodukt). In den Prozeß praktischen Handelns ist also immer Reflexion eingewoben - und wenn sie nur bis zu dem Nachdenken führt: Warum wurde das Bild damals so gemalt? Was haben andere damit gemacht? . . . Was machen wir damit?"[54)]

Die Umgestaltungsprozesse sind im Kunstunterricht sehr fruchtbar. Unter anderer Zielsetzung hatten wir sie bei dem Foto und bei den Werbesprüchen erprobt.

Hier geht es nun um die Umgestaltung von Kunstwerken, die zur Auseinandersetzung mit ihnen und zu eigener Stellungnahme durch Wahrnehmen - Machen - Kommunizieren anregen soll.

„Die Hoffräulein" von Diego Velasquez - Zwei Umgestaltungen von Pablo Picasso (4. Schuljahr)

Anlaß und Intention

Der Museumsboom zeigt das große Interesse weiter Teile der Bevölkerung an Kunstwerken. Die Eltern nehmen ihre Kinder in die Museen mit. Auch Schulen, in deren Nähe sich Museen befinden, nutzen die Chance, ihre Schülerinnen und Schüler mit Kunstwerken in Berührung zu bringen. Wenn Kunstmuseen zu weit entfernt sind, müssen Reproduktionen die originale Begegnung ersetzen.

Warum Velasquez und Picasso?

Velasquez' Gemälde „Las Meninas", „Die Hoffräulein", gilt als eins der bedeutendsten Kunstwerke der Welt.

Es übt auf Kinder eine starke Anziehungskraft aus.

Das ging auch Pablo Picasso so, als er in seiner Kindheit das Bild zum erstenmal im Prado sah (Abb. 202).

Der Blick wird sofort von der hellen Gestalt der kleinen Infantin und der sie umgebenden Menschengruppe angezogen. Das höfische Zeremoniell, die unterschiedlichen Personen und das Rätsel, wen die Infantin und die Zwergin so genau anschauen, weckt das Interesse.

Die Spur, die von Velasquez zu Picasso führt, kann Kindern die Bedeutung von Auseinandersetzung und Umgestaltung klar machen, um sie auch für sich selbst als sinnvoll zu erleben.

Bild 202

Realisation

Die Klasse saß im Kreis, Reproduktionen des Velasquez-Bildes waren verteilt. Die Kinder lasen spontan die Daten unter dem Bild: Maler, Bildtitel, Jahreszahl, Größe, Museum. Sie staunten über das Format von 318 x 276 cm.

Durch die Daten fand die erste zeitliche und örtliche Einordnung statt. Im Gespräch erschlossen sie sich durch Wahrnehmungen, Vermutungen und Fragen den Inhalt des Bildes. Es kreiste zunächst um die Infantin Margarita und ihre beiden

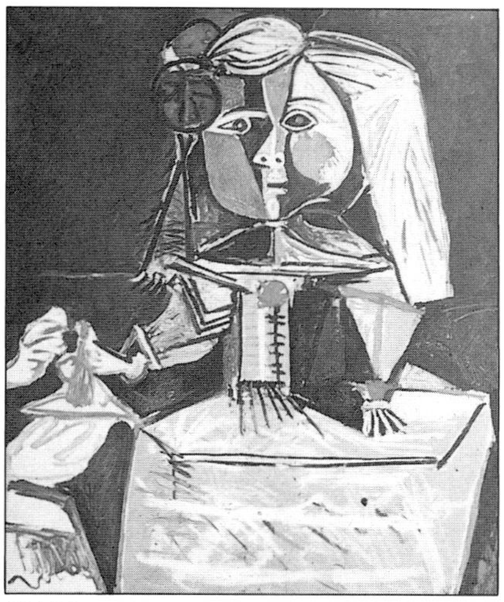

Bild 203

Bild 204

Hoffräulein, ihre Kleidung, ihre Haltung und das spanische Hofzeremoniell. Zwerg und Zwergin in ihrer Stellung am Königshofe fanden großes Interesse, ebenfalls der Maler, dessen Identität mit Velasquez sie vermuteten. Das rote Kreuz des Ordens von Santiago auf seiner Brust, das der König ihm als Anerkennung für das Bild verliehen hatte, wurde später in das Bild hineingemalt. Die Ordensverleihung vergaßen die Kinder nicht. Das rote Kreuz kehrte auf ihren Bildern wieder. Nonne und Wächter blieben im Schatten der Aufmerksamkeit, während der Haushofmeister durch seinen Standort im hellen Türviereck den Blick auf sich zog. Dadurch entdeckte ein Junge, daß der Maler hier sein Prinzip der hellen Gestalten vor dunklem Hintergrund umgekehrt hatte.
Offen blieb das Geheimnis des Bildes: Worauf blicken die Infantin, die Zwergin, das rechte Hoffräulein und der Maler so aufmerksam? Vermutungen wurden geäußert, bis schließlich ein Junge entdeckte, daß an der dunklen Wand im Hintergrund ein Spiegel hängt, in dem ein Mann und eine Frau zu sehen sind. Waren es der König und die Königin? Die Kinder mutmaßten, daß die Personen des Bildes auf das Königspaar schauten, das gerade von Velasquez gemalt wurde. Es gibt keine Überlieferung, die das bestätigt. Aber könnte es nicht so gewesen sein? Daß dieses Bild als Zeitdokument ältere Grundschulkinder, bei denen das historische Interesse erwacht ist, interessiert, ist wohl einsichtig.
Eine Woche später sahen wir uns Dias von zwei Umgestaltungen Pablo Picassos an. Er hat Velasquez sehr verehrt und über 40 Umgestaltungen dieses Gemäldes geschaffen. An Picassos Variationen zu Velasquez' Bild wird deutlich, was Umgestaltung meint und will.
Die Gegenüberstellung von Picassos „Infantin Margarita" und dem Velasquezbild wirkte zunächst befremdend auf die Kinder (Abb. 203). Erst das Picassozitat „Die Wahrheit, das Wesentliche muß man herausbringen" half uns weiter. Unter dem Blickwinkel, was Picasso als wesentlich für sein Margaritabild angesehen und dargestellt hatte, fanden die Kinder heraus, daß er die Haltung des Kindes, den breiten Rock und die schmale Taille betonte, daß das lange Haar kräftiger war und das Kind viel ernster guckte. Der Darstellung des Kopfes schenkten sie besondere Beachtung, als ein Kind die Profildarstellung in der rechten Seite des Gesichtes mit dem Zeigestock nachzog. Die anderen Kinder hatten sie noch gar nicht entdeckt und bisher das Gesicht nur in der Frontalansicht gesehen. Sie fanden alles auf dem Bild einfacher, die Farben viel kräftiger und bemerkten, daß Picasso auch das helle Kind vor einen dunklen Hintergrund gestellt hatte.
Bei der zweiten Umgestaltung Picassos ist die Veränderung gravierender (Abb. 204). Die Kinder fanden die Gestalten aus dem Velasquez-Bild in diesem Bild wieder, bezeichneten aber nur drei als gut erkennbar, Margarita, den Maler und das linke Hoffräulein. Sie wunderten sich über die Größe des Malers. Wollte Picasso damit sagen, der Maler ist der Größte? Margarita erkannten sie im Mittelpunkt des Bildes an ihrer Helligkeit und dem breiten Rock Sie meinten, daß sich Picasso mit dem Hoffräulein am meisten Mühe gegeben hätte. Den Spiegel an der Wand entdeckten sie. Ihren Spaß hatten sie an Picassos Witz, er hatte aus dem großen Hund einen kleinen Dackel gemacht. Die dicke Zwergin aus zwei Kugeln fanden sie auch sehr lustig. Der Raum gefiel ihnen nicht, weil er ganz verändert war. Ein Mädchen meinte, er sähe aus wie eine Rumpelkammer.
Durch die Picassobilder hatten die Kinder gelernt, daß Umgestalten nicht abzeichnen meint, und so gingen sie in ihren eigenen Umgestaltungen sehr frei mit dem Velasquez-Bild um. Die Mädchen neigten dazu, die Infantin Margarita mit ihren Hoffräulein darzustellen.

Material
- Nach eigener Wahl

Bild 205

Bild 206

Bild 207

Abb. 206: Inga stellt Margarita als dominierende Erscheinung groß in den Mittelpunkt ihres Bildes. Zwerg und Zwergin links und rechts bieten sich der Infantin als Spielgefährten an. Die beiden Hofdamen mit ihren weiten, schwingenden Röcken warten im Hintergrund. Links oben im Bild sind gut erkennbar der Maler und seine Leinwand und im Spiegel an der Rückwand der König und die Königin zu sehen.
Inga versuchte, ihr Bild in den Farben des Velasquez zu malen. Sie verwandte vorwiegend ein zartes Beige-Gelb und ein gebrochenes Braun.
Abb. 205: Nadine hatte eine besondere Idee. Sie malte das Bild von hinten, etwa von der Stelle des Spiegels aus. Man sieht Königin und König, die dem Maler Modell stehen. Sie kehren an der Leinwand, auf der der Maler malt, wieder. Margarita mit den beiden Hoffräulein steht im Mittelpunkt, gewinnt aber in der Rückansicht nur geringe Bedeutung für das Bild. Interessanter als Gruppe sind die Nonne und der Wächter. Das Bild ist in kräftigen Farben gemalt, Rot und Gelb sind vorherrschend.
Jans Umgestaltung ist eine Karrikatur des Velasquezbildes und knüpft an das zweite Picassobild an. Die Darstellung des Dackels bei Picasso hatte den Jungen besonders amüsiert. Das brachte ihn auf die Idee, mit seinem faxenmachenden, schwarzen Hund Picassos Witz noch zu übertreffen (Abb. 207).
Die Zwergin steht dick in der Mitte des Bildes. Den Zwerg zeichnete er neben ein Tischchen, auf dem der Krug des Hoffräuleins steht. Die Hofdamen erscheinen nicht in seinem Bild. Der Maler hebt vor Freude die Palette in die Höhe. Er hat, wie Jan dazu erklärte, sein Bild beendet. Das Kreuz des Königs fehlt nicht auf seiner Brust. Wächter, Nonne und Haushofmeister stehen an ihren Plätzen. Infantin, König und Königin sind ganz in den Hintergrund gerückt. Margarita steht an der Wand auf einem Podest. In einem kleinen Bild ist die Königin zu sehen. Es ist in dem großen Bild des Königs aufgehängt, der auf einem Thron am Tisch sitzt und eine Tasse Kaffee vor sich hat.
Der Junge veränderte das Bild von Velasquez grundlegend. Es ist auffallend, daß er die Gestalten der Königsfamilie in den Hintergrund schiebt und die Hoffräulein ganz wegläßt. Die anderen Hofangestellten bleiben an ihrer Stelle, und groß ins Bild bringt er den Maler und die Zwerge. Man könnte an eine Verschiebung der sozialen Rangfolge denken. Jan äußerte sich nicht zu seinen Intentionen. Treffen hier Vergangenheit und Gegenwart in ihren veränderten Gesellschaftsstrukturen aufeinander? Im Bild steckt natürlich auch das Vergnügen zu provozieren und die Lust am Verändern.

Gelmeroda von Lyonel Feininger (4. Schuljahr)

Anlaß und Intention

Am Ende des Schuljahres bereiteten alle Klassen einen Abschiedsgottesdienst für die Schüler vor, die die Schule verlassen würden.

In einem 4. Schuljahr beschäftigten wir uns mit der Kirche, in der der Gottesdienst stattfinden sollte und weiteten das Thema aus. Eine Sammlung und Ausstellung von Kirchenbildern entstand. Sie wurden aus Büchern kopiert oder aus Prospekten und Zeitschriften ausgeschnitten. Wir ordneten sie nach baulichen Gesichtspunkten, ohne von Baustilen auszugehen. Ein Junge aber kannte schon von den Reisen mit den Eltern her gotische Kirchen und brachte diesen Begriff in die Ordnung ein. „Und das ist Romantik, glaube ich", sagte er und zeigte auf eine romanische Kirche. Wir fanden eine Ordnung, die etwa den Stilen entsprach, ohne diese Sicht in den Mittelpunkt zu stellen.

Die Sammlung wurde im Klassenzimmer ausgestellt und vier Kirchenbilder von Lyonal Feininger ebenfalls angebracht. Diese Sammlung war der Ausgangspunkt für eine Umgestaltungsaufgabe zu Lyonel Feiningers Gemälde Gelmeroda (Abb. 208).

Realisation

Eine große Reproduktion von Lyonel Feiningers Gelmeroda wurde an die Wandtafel geheftet. Die Kinder schrieben auf einen Zettel, was sie an dem Bild wahrnahmen und was ihnen spontan dazu einfiel.

Beispiel 1: Ich sehe eine Kirche inmitten einer Stadt, vor der ein kleiner Platz ist, rechts und links stehen Häuser. Die Kirche hat einen langen, spitzen Turm. Die obere Hälfte des Turmes wird plötzlich ganz dünn. Es stehen Leute auf dem Platz. Vielleicht ist es eine Beerdigung, oder es ist Sonntag und alle gehen in die Kirche. Jedes Haus hat verschiedene Farben. Der Himmel ist aus grünen, lila und blauen Vierecken gemacht. Der Maler hat das Bild nicht deutlich gemalt, er hat es zum Teil nur angedeutet.

Beispiel 2: Ich denke, daß der Maler eine Kirche kurz vor dem Gottesdienst malen wollte. In der Kirche hat ein netter Bischof seinen Sitz. Er will jetzt eine Messe halten. Ein paar Pastoren begleiten ihn in die Kirche. Es sind viele schöne Farben. Das Bild wird von oben nach unten immer dunkler. Das Bild ist aus verschiedenen Mustern gemacht. Der Maler könnte die Farben aufgeklebt haben.

Beide Kinder haben das Bild intensiv wahrgenommen. Im ersten Beispiel dominiert die Beschreibung. Im zweiten Beispiel fließen Phantasien in die Beschreibung mit ein, wie man es oft bei Grundschülern findet.

Die meisten Kinder hatten nicht nur das Motiv wahrgenommen, sondern auch die charakteristische Malweise Feiningers erkannt.

Sie spielte bei der Umgestaltung des Bildes eine große Rolle. Von zwei Wörtern gingen wir aus, die an die Tafel geschrieben wurden:

- ☐ transparent
- ☐ Transparent

Die Kinder nahmen zunächst das Substantiv Transparent auf, weil es eine bestimmte Sache ist, die sie kennen. Schwieriger war es mit dem Adjektiv transparent. Sie erkannten es als Eigenschaftswort und fanden auch seine Bedeutung: etwas ist durchscheinend.

Die Transparenz versuchten sie in Feiningers Bild zu entdecken. Sie hatten sie ja schon bei ihren ersten Wahrnehmungen selbst aufgespürt und erkannten sie nun als wesentliches Element in „Gelmeroda".

Die Maltechnik Feiningers ist so diffizil, daß sie von Kindern nicht übernommen werden kann. Sie konnten Transparenz nur mit transparentem Material herstellen.

Klarsichtfolie von einer Projektorrolle bildete den Transparentuntergrund. Sie wurde in Stücke von 25 x 35 cm geschnitten. Die Kinder bekamen dazu Streifen von Folien und Transparentpapier in den auch von Feininger verwendeten Komplemen-

Bild 208

Bild 209

Bild 210

Material
- Klarsichtfolie
- farbige Folien
- Transparentpapier
- Folienklebstoff
- Schere

tärfarben Orange – Blau und Gelb – Violett, dazu noch Hellgrün und Weiß.
Sie nahmen sich das Bild von Gelmeroda oder ein Kirchenbild aus der Sammlung zum Vorbild. Sie konnten aber auch Kirchen aus ihrer Vorstellung entwickeln.
Die Technik mit sich überschneidenden Formen war neu, aber für die Klasse durch Feiningers Bild schon einsichtig geworden. Die Kinder mußten sie auf ihr Transparent übertragen. Sie legten die Stücke aus farbigen Folien und Transparentpapieren so, daß sie sich überlappten und klebten sie erst auf, wenn sie eine befriedigende Lösung gefunden hatten. Auf diese Weise entstanden die Kirchen, die Häuser, die Höfe und der Himmel. Die Größe der Stücke richtete sich nach der Gestaltungsabsicht und der zur Verfügung stehenden Fläche.
Die Kinder schlossen sich bei dieser Arbeit zu Partner- und Dreiergruppen zusammen.
Abb. 209: Zwei Mädchen setzen ihre Kirche aus farblich kontrastierenden Transparentpapierstücken zusammen, durch die das Mauerwerk stark betont wude. Die Kirche steht durch den Aufbau am unteren Bildrand und ihre Farbigkeit als Block im Vordergrund. Die Mädchen lehnten sich nicht an Kirchenabbildungen an, sondern entwickelten einen eigenen Kirchenbau. Die Häuser der Stadt sind in ihrer Helligkeit in den Hintergrund gerückt und vermitteln den Eindruck, daß die Kirche inmitten des Ortes steht.
Abb. 210: In dem Transparent einer Dreiergruppe ist die Kirche in anderer Weise in den Ort einbezogen. Rechts und links sind wie in Feiningers Bild Häuser andeutungsweise zu erkennen und rahmen die Kirche ein. Sie ist in den Hintergrund gerückt. Dadurch entstand ein großer Vorhof. Die Kinder benutzten ein Kirchenfoto als Vorlage. Die kleinen, grünen Transparentpapierstücke, aus denen sie die Kirche aufbauten, überlappen sich. Durch die Einfarbigkeit des Mauerwerks tritt die Kirche nicht so stark hervor wie im Transparent der Mädchengruppe.
In beiden Bildern sind in Anlehnung an Feiningers Bild transparente Überlagerungen auch am Himmel zu sehen.
Die farbliche Wirkung der Transparente unterscheidet sich durch die Verwendung eines anderen Materials sehr von Feiningers Bild. Dieses Bild gab den Anstoß, Transparente einmal anders zu gestalten als bisher (s. S. 66). Die subtile Transparenz in Feiningers „Gelmeroda" wurde gerade durch den Gegensatz zu den Transparenten von den Kindern sehr bewundert. Sie konnten sich kaum vorstellen, wie er sie mit deckenden Farben so malen konnte.

Intention
Wenn Kinder bauen und formen wird deutlich, welchen Anreiz zur Tätigkeit ein Material ihnen bietet. Sie erproben es und versuchen im spielerischen Umgang, etwas mit ihm anzufangen. Diese Lust am Ausprobieren von Werkstoffen gibt dem Kunstunterricht wesentliche Impulse.

Tapetenbilder (2. Schuljahr)

Realisation
Wir hatten alte Tapetenrollen und Tapetenmusterbücher in der Schule. Die Kinder brachten noch einige Tapetenreste von zu Hause mit.

Wir überlegten uns, was wir mit Tapeten im Kunstunterricht anfangen könnten. Sicher nicht die Wände des Klassenraumes bekleben. Aber mit Tapeten etwas kleben, wollte die Klasse am liebsten. So begannen wir mit Tapetenbildern.

Das Tapetenmaterial lag auf Abstelltischen, und Tapetenkleister wurde nach dieser Entscheidung bereitgestellt. Die Kinder holten sich ihr Material und tauschten auch untereinander beliebte Muster aus. Sie rissen die Tapeten und klebten sie in Stükken auf. Dabei waren zwei unterschiedliche Ansätze zu sehen. Einige Kinder begannen menschliche Figuren, Tiere oder Blumen auf ihre schwarzen Tonpapierbögen zu kleben, andere fingen ohne ein Motiv an einer Stelle des Bogens an, Tapetenstücke nebeneinander zu setzen. Manchmal entstanden durch Zufall dabei tier- oder pflanzenähnliche Gebilde, die dann bewußt weitergestaltet wurden. Auf diese Weise ist zum Beispiel ein sehr eindrucksvoller Bär entstanden (Abb. 212). Tobias verfolgte in seinem Bild von Anfang an eine bestimmte Vorstellung. Er wollte ein Kind darstellen (Abb. 211).

Der ganze Bogen wurde von allen Kindern mit gerissenen Tapetenstükken beklebt, so daß der schwarze Tonpapiergrund verschwand. Sie entwickelten im Laufe der Arbeit das Bestreben, etwas Figürliches darzustellen, so daß am Schluß hauptsächlich Bilder von Tieren und Kindern entstanden waren.

Da die Tapeten farblich nicht sehr konstrastreich waren, umzogen die Kinder die einzelnen Tapetenstücke mit schwarzem Filzstift. Die Linien um die Gestalten wurden besonders kräftig gezeichnet.

Material
- Tapeten
- Leim
- schwarzes Tonpapier DIN A3
- schwarze Filzstifte

Bild 211

Bild 212

Bild 213

Bild 214

Bild 215

Reliefs aus Ytongsteinen (4. Schuljahr)

Realisation

Im Sommer, am Ende des 4. Schuljahres, nahmen wir uns vor, aus den weichen Ytongsteinen etwas zu machen. Die Arbeit fand an warmen Sonnentagen auf dem Schulhof statt. Die Klasse arbeitete an den Sitzbänken oder auf dem mit Plastikfolie ausgelegten Boden des Schulhofes. Im Klassenraum hätte es zu viel Staub gegeben.

Die Kinder hatten von zu Hause unterschiedlich große Schraubenzieher, kräftige Scheren und Sandpapier mitgebracht. Jedes Kind bekam einen Ytongstein und konnte nun sein Steinbild aus ihm machen. Vorgegeben war nur ein Rahmen von 2–3 cm Breite, der um der Festigkeit willen um den Stein herum stehen bleiben sollte.

Die Kinder begannen damit, die Rahmenbreite mit einer Ritzlinie abzuteilen. Sie benutzten dazu Schraubenzieher oder geschlossene Scheren. Sie ritzten dann ihr Motiv innerhalb des Rahmens in den Stein ein und fingen an, die Flächen zwischen Rahmen und Motiv mit ihren Schraubenziehern auszuheben und auszukratzen, so daß langsam deutlich wurde, was sie darstellen wollten. Tiere waren ein beliebtes Motiv, vom Eichhörnchen bis zum Drachen waren sie vertreten. Es entstanden aber auch Köpfe und Pflanzen.

War der Grund ausgehoben, begann die Arbeit am Motiv. Die Körper der Tiere wurden gerundet, ihre Köpfe hervorgehoben und die Beine ausgearbeitet (Abb. 215).

Das Loch im Schenkel der Katze ist eine Arbeitsspur, eine „Probebohrung" des Jungen zu Beginn der Arbeit. Solche Arbeitsspuren bleiben stehen und stören auch nicht, denn Perfektionismus kann man bei Grundschülern nicht erwarten.

Die entstehenden Köpfe hatten entweder wie die anderen Reliefs einen Rahmen (Abb. 213), oder sie wurden ohne Rahmen aus dem Stein gearbeitet. Vollplastisch konnten sie nicht werden, weil die Ytongsteine zu flach waren (Abb. 214). Die fertigen Reliefs wurden mit Sandpapier überarbeitet, damit Kratzspuren verschwanden und die Poren im Stein sich zusetzten.

Das plastische Arbeiten mit Ytongsteinen ist durchaus schon für Grundschüler geeignet, weil das Material so weich ist und die Werkzeuge, die wir benutzten, nicht so gefährlich sind, wie z. B. Messer. Es gab keine Verletzungen.

Beim Experimentieren mit Material brauchen die Kinder die Begleitung der Lehrerin oder des Lehrers in besonderem Maße. Technische Hilfen sind zu geben beim Gebrauch von Werkzeugen. Kinder erkennen manchmal nicht, wann sie mit ihrer Arbeit aufhören müssen, oder umgekehrt, sie hören schon auf, ehe ihre Arbeit ganz fertig ist. Es kommt vor, daß sie nicht sehen, was bei ihren Experimenten entsteht, z. B. erkannte das Kind den Bären auf seinem Bild erst, als es darauf aufmerksam gemacht wurde (Abb. 212). Es sind manchmal nur Kleinigkeiten, auf die man die Schülerinnen und Schüler hinweisen muß, um ihnen zu helfen, die Aussage ihrer Bilder und Plastiken zu verdeutlichen.

Material

- Ytongsteine
- Schraubenzieher
- Scheren
- Sandpapier

Sandbilder (3. Schuljahr)

Material
- Aquariumsand
- Leim
- Zeichenblockpapier DIN A3
- Borstenpinsel
- Deckfarben
- Haarpinsel Nr. 12

Bild 216

Bild 217

Realisation
Wir hatten feinen Aquariumsand in unserem Klassenzimmer, den wir nicht mehr gebrauchten. Deshalb überlegten wir uns, ob wir im Kunstunterricht etwas mit ihm anfangen könnten. Draußen könnten wir mit ihm etwas bauen, aber im Klassenraum mußten wir eine andere Möglichkeit finden, mit ihm umzugehen. Da Kinder gern mit Stöckchen in den Sand zeichnen, knüpften wir daran an und stellten Sandpapier zum Zeichnen her. Jedes Kind machte es sich selbst. Das Einstreichen des Zeichenblattes mit Leim und das Aufstreuen des Sandes war ein wichtiger Vorgang, der die Qualität des Sandbildes mitbestimmte. Eine gleichmäßig dick aufgetragene Leimschicht und gleichmäßig aufgestreuter Sand waren gar nicht wünschenswert. Die Kinder schafften das sowieso nicht.
Gerade die Unregelmäßigkeiten in den Sandgründen belebten die Bildfläche. In Abb. 216 und Abb. 217 kann man die Striche des Leimpinsels an den Sandverdichtungen verfolgen. Es gibt Stellen, an denen kaum Sand haftet und Stellen, an denen eine dickere Leimmasse ihn festgehalten hat.
Die Technik des Sandzeichnens und -malens ist bei einer später ausgeführten Arbeit, den Sandblumen, S. 109, beschrieben worden. Sie kann dort nachgelesen werden und wird hier nicht wiederholt.
Die Schüler und Schülerinnen wußten, daß ihre Spurenzeichnungen im feuchten Sandbild nicht korrigierbar waren. Sie zeichneten deshalb sehr einfache Formen, die zudem dem Material Sand am besten entsprachen.
Auf der körnigen Sandschicht wirkten die Farben lebendiger als auf einem glatten Papier.
Für Grundschulkinder eignet sich Sand als Gestaltungselement in Bildern sehr gut.

Freie Arbeit

Der Terminus Freie Arbeit wird hier in der Einschränkung auf ästhetische Aktivitäten verwandt. Die Schülerinnen und Schüler sollen in der Freien Arbeit selbstgesteuertes, verantwortliches Handeln lernen. Das bedingt Freiheit bei der Wahl und der Planung einer Arbeit aber auch Durchhaltevermögen bei ihrer Ausführung.
Im ästhetischen Bereich ist der Grad an Selbstbestimmung bei jeder Arbeit hoch. Er wird in der Freien Arbeit noch erweitert, nicht nur Freiheit in der Motivwahl, sondern auch im Thema. Die bedingte Freiheit in der Materialwahl wird zu einer absoluten, soweit die Mittel vorhanden sind. Der Arbeitsprozeß ist selbstgesteuert und kann sich in Einzelarbeit oder in der Verbindung mit Partnern vollziehen. Die Rolle der Lehrerin oder des Lehrers bleibt die eines Ratgebers, wenn Rat erbeten wird oder nötig ist.
Man kann generell nicht sagen, welche Themen und welche Arbeitsweisen Kinder bei Freier Arbeit wählen. Man kann aber in ihren Bildern erkennen, was für ein Kind gerade aktuell ist. Insofern ist das Malen und Zeichnen aufschlußreicher als das Bauen und Basteln, das auch in Freier Arbeit oft gewählt wird. Jungengruppen bevorzugten zum Beispiel Holzsteck- und Stabilbaumaterial. Konstruktionen entstanden, die über einen längeren Zeitraum weitergebaut wurden und bei denen sich die Partner durch Absprache auch abwechselten.
Was einige Kinder in Freier Arbeit zeichneten und malten, ist in den Abbildungen auf der folgenden Seite zu sehen.

Diese fünf Bilder kann man als Mitteilungen der Kinder über sich selbst, ihre Erlebnise, Freuden und Wünsche ansehen. Die Freie Arbeit ist hier ein Ventil für das, was sie im Augenblick bewegt, im Augenblick interessiert und was ihnen im Augenblick wichtig ist. Diese Funktion der Freien Arbeit sollte man nicht unterschätzen.

Bild 218

Bild 219

Bild 220

Bild 221

Bild 222

Abb. 219: Robert zeichnete sich beim Trampolinspringen, das er besonders gern tat. Die Freunde warten schon, sie wollen auch an die Reihe kommen. Um die Situation noch zu verdeutlichen, brachte er Sprechblasen mit den Ausrufen der Kinder im Bild an.

Erni und Bert waren am Vortage im Fernsehen erschienen. Anja aus dem 1. Schuljahr zeichnete sie in Aktion. Es machte ihr offensichtlich viel Spaß, zu erzählen, was sie alles gesagt und getan hatten und sich die Szene durch das Bild wieder vor Augen zu führen (Abb. 221).

Auch in den anderen Schuljahren wurden Fernseherlebnisse vom Vortage gezeichnet oder gemalt, wenn die Kinder sehr beeindruckt waren. Dabei stand der Wunsch, das noch lebendige Fernsehgeschehen mitzuteilen, im Vordergrund (Abb. 220).

Corinna aus dem 3. Schuljahr stellte die Scheibe des Fernsehers dar mit einer Szene aus der „Schwarzwaldklinik“. Ihr Held war Professor Brinkmann. Sie zeichnete ihn mit der Spritze in der Hand an den Krankenbetten von zwei kleinen Mädchen.

Abb. 222: Mitten in ihrem Zimmer steht Martina mit ihrer Katze. Sie zeigt auf dem Bild alles, was im Zimmer für sie bedeutsam ist, die Puppe, die Goldfische, den Läufer mit seinem Zackenmuster, die Palme, den Blick durch das Fenster auf den Garten, die Bücher und den Schrank.

Abb. 218: Spielfiguren aus Plastik, die den Namen „Masters of the Universe“ haben, zeichnete Stefan. Er wünschte sie sich brennend. Einen Spielzeugkatalog, in dem sie angeboten wurden, hatte er im Ranzen. In seinem Bild erfand er für sie eine Handlung in einer unwirtlichen Umgebung.

Literatur

[1] WITTENBRUCH, WILHELM: Das pädagogische Profil der Grundschule. Heinsberg: Agentur Dieck 1984, S. 45

[2] KECK, RUDOLF W: Schulleben – eine reale Utopie innerer Schulreform. In: unterrichten/erziehen 1984, H. 1, S. 8–10

[3] BURGHARDT, HERMANN: Grundschulpraxis des Kunstunterrichtes. Ravensburg: Maier 1971, Buchdeckel

[4] STAUDTE, ADELHEID: Primarstufe, Ästhetische Erziehung für alle Kinder. In: Kunst + Unterricht 107/1986, S. 35–37

[5] HENTIG, HARTMUT VON: Über die ästhetische Erziehung im politischen Zeitalter. In: Deutsche Schule 1967/10, S. 584–585

[6] ders.: a.a.O., S. 587

[7] OTTO, GUNTER: Aneignung und Veränderung der Wirklichkeit auf dem Wege über die Phantasie. In: Kunst + Unterricht 60/1980, S. 20

[8] HENTIG, HARTMUT VON: a.a.O., S. 589

[9] STAUDTE, ADELHEID: Sinn-volle ästhetische Erziehung: wahrnehmen, begreifen, gestalten. In: Die Grundschulzeitschrift 8/87, S. 5

[10] STAUDTE, ADELHEID: „Mit allen Sinnen lernen . . .“ In: Kunst + Unterricht 87/1984, S. 12

[11] dieselbe: a.a.O., S. 13

[12] dieselbe: Sinn-volle ästhetische Erziehung: wahrnehmen, begreifen, gestalten. In: Die Grundschulzeitschrift 8/87, S. 5

[13] MEYER-DRAWE, KÄTE: Leiblichkeit als Dimension von Wahrnehmung und Rationalität. In: Kunst + Unterricht 107/1986, S. 10

[14] OTTO, GUNTER/MARIA: Ästhetisches Verhalten. In: Kunst + Unterricht 107/1986, S. 13–19, und Ästhetisches Verhalten lehren als Aufgabe der Grundschule. In: Grundschule 6/1986, S. 14–16

[15] dieselben: Sammeln – Machen – Verstehen. In: Grundschule 7/8/1986, S. 69–70

[16] dieselben: Ästhetisches Verhalten lehren als Aufgabe der Grundschule. In: Grundschule 6/1986, S. 16

[17] SCHÜTZ, ALFRED/LUCKMANN, THOMAS: Strukturen der Lebenswelt. Frankfurt: Suhrkamp 1984, Bd.2, S. 16

[18] MAYER, WERNER G: „Tat“-Sachen. Heinsberg: Agentur Dieck 1987, S. 18

[19] derselbe: a.a.O., S. 14–16

[20] LICHTENSTEIN-ROTHER, ILSE: Innere Differenzierung – ein Auftrag der Grundschule. In: Grundschule 14/1982, S. 14

[21] BAUER, HERBERT F.: Grundlegende Bildung und Fachpropädeutik. In: Günter Schorch: Grundlegende Bildung, Bad Heilbrunn: Klinkhardt 1988, S. 102

[22] MAYER, WERNER G.: a.a.O., S. 56

[23] PFEUFFER, PETER: Grundlegung sozialer Handlungsfähigkeit und -bereitschaft. In: Günter Schorch: Grundlegende Bildung. Bad Heilbrunn: Klinkhardt 1988, S. 70

[24] MAYER, WERNER G.: a.a.O., S. 58

[25] SCHÜTZ, HELMUT G.: Projektorientierter Unterricht im ästhetischen Bereich. In: Criegern, Axel von: Handbuch der Ästhetischen Erziehung. Stuttgart: Kohlhammer 1982, S. 61

[26] STRUCK, PETER: Pädagogik des Schullebens. München: Urban und Schwarzenberg 1980, S. 17

[27] EBERT, WILHELM: Erschließung der ästhetischen Wirklichkeit. In: Grundschule 12/1980 H. 7, S. 290–291

[28] GRÖZINGER, WOLFGANG: Kinder kritzeln, zeichnen, malen. München: Prestel 1952, S. 68

[29] EBERT, WILHELM: Zum bildnerischen Verhalten des Kindes im Vor- und Grundschulalter. Ratingen: Henn 1967, S. 60

[30] HENTIG, HARTMUT VON: Über die ästhetische Erziehung im politischen Zeitalter. In: Deutsche Schule 1967/10, S. 585

[31] EBERT, WILHELM: Zum bildnerischen Verhalten des Kindes im Vor- und Grundschulalter. Ratingen: Henn 1967, S. 46

[32] AISSEN-CREWETT, MEIKE: Räumliche Vorstellung und Darstellung bei Kindern. In: Kunst + Unterricht 105/1986, S. 18

[33] Religion 1, Alles ist neu. Lahr/Frankfurt: Kaufmann/Diesterweg 1977, S. 7

[34] OTTO, GUNTER: Über das erneute Interesse der Kunstpädagogik an der Wahrnehmungstheorie. In: Kunst + Unterricht 40/1976 a, S. 26–35

[35] EBERT, WILHELM: Zum bildnerischen Verhalten des Kindes im Vor- und Grundschulalter. Ratingen: Henn 1967, S. 125

[36] MÜHLE, G.: Kinderzeichnung. In: Pädagogisches Lexikon Stuttgart 1961, S. 482

[37] BURG, KARL-HEINZ/CLAUSEN, CLAUS: Lernorte außerhalb des Klassenzimmers II, S. 18, Arbeitskreis Schule

[38] WEHRMANN, VOLKER: Die Schule in Lippe 1800–1945, Landesverband Lippe, Detmold 1980, S. 105

[39] STAGUHN, KURT: Didaktik der Kunsterziehung, Frankfurt: Diesterweg 1967, S. 281

[40] Entwurfsfassung der Richtlinien und Lehrpläne für die Grundschule in Nordrhein-Westfalen 1983, K/T 17

[41] OTTO, GUNTER/MARIA: Auslegen. Seelze, Friedrich 1987, S. 51–52

[42] OTTO, GUNTER: Durch Bilder lernen. In: Kunst + Unterricht 68/1981, S. 26

[43] EBERT, WILHELM: Spiel und Spielobjekt. In: Grundschule 13, 1981, H. 10, S. 407

[44] GLASER, HUBERT: Entwicklung und Förderung des historischen Verständnisses. In: Grundschule 5/1986, S. 24

[45] HARTWIG, HELMUT: Sehen lernen, Bildgebrauch und Zeichnen. In: Hartwig, Helmut: Sehen lernen. Köln: DuMont 1976 d, S. 112

[46] EBERT, WILHELM: Erschließung der ästhetischen Wirklichkeit. In: Grundschule 12, 1980, H. 7, S. 291

[47] BEILNER, HELMUT: Der regionale Aspekt im Geschichtsunterricht. In: Pädagogische Welt, Januar 1988, S. 5–8

[48] MEIER-LEMGO, KARL: Geschichte der Stadt Lemgo, Lemgo: F.L. Wagner 1962, S. 65

[49] Rahmenrichtlinien, Primarstufe – Sekundarstufe I Kunst. Der Hessische Kultusminister, Frankfurt: Diesterweg 1983, S. 38

[50] STAGUHN, KURT: Didaktik der Kunsterziehung, Frankfurt: Diesterweg 1967, S. 54

[51] derselbe: a.a.O., S. 250

[52] ZEIS, ANTJE: Ein Mensch – vier Menschen. In: texte deutsch 4, Braunschweig: Westermann 1979

[53] KLIER, HELMAR: Der Fernseher. In: texte deutsch 4, Braunschweig: Westermann 1979

[54] OTTO, GUNTER: Das Mona Lisa Poster. In: Kunst + Unterricht, Heft 34, Dezember 1975, S. 25

AISSEN-CREWETT, MIKE: Räumliche Vorstellung und Darstellung bei Kindern. In: Kunst + Unterricht, 105/1986, S. 14-19

dieselbe: Musisch-Ästhetische Erziehung in der Grundschule. In: Grundschule 7 + 8/1987, S. 29-36

dieselbe: Das Ästhetische in der physischen Welt. In: Grundschule, 9/1987, S. 38-43

CRIEGERN, AXEL VON: Handbuch der Ästhetischen Erziehung, Stuttgart: Kohlhammer 1982

EBERT, WILHELM: Zum bildnerischen Verhalten des Kindes im Vor- und Grundschulalter. Ratingen: Henn 1967

derselbe: Erschließung der ästhetischen Wirklichkeit. In: Grundschule 12 (1980) H 7, S. 290-291

derselbe: Spiel und Spielobjekte. In: Grundschule 13 (1981) H 10, S. 406-408

GROSSMANN, G. ULRICH: Fachwerkbau. Landschaftsverband Westfalen-Lippe 1987

GRÜNEWALD, DIETRICH: Bildgeschichte und Comics. In: Kunst + Unterricht/SH 82, S. 93-97

derselbe: Malen, Zeichnen, Formen, Bauen. In: Kunst + Unterricht 107/1986, S. 29-31

HARTWIG, HELMUT: Sehen lernen. Köln: DuMont 1976 a

HINKEL, HERMANN: Zur Bedeutung und Funktion der Kinderzeichnung. In: Kunst + Unterricht 51/1978, S. 24-36

HENTIG, HARTMUT VON: Über die ästhetische Erziehung im politischen Zeitalter. In: Deutsche Schule (1967) 10, S. 580-600

MAYER, WERNER G.: „Tat"-Sachen. Heinsberg: Agentur Dieck 1987

MEYER-DRAWE, KÄTE: Leiblichkeit als Dimension von Wahrnehmung und Rationalität. In: Kunst + Unterricht 107/1986, S. 10-12

OTTO, GUNTER: Kunst als Prozeß im Unterricht. Braunschweig: Westermann 1964

derselbe: Didaktik der ästhetischen Erziehung. Braunschweig: Westermann 1974 a

derselbe: Auslegen. Ästhetische Erziehung als Praxis des Auslegens in Bildern und des Auslegens von Bildern. Seelze: Friedrich 1987

derselbe: Das Mona Lisa Poster. In: Kunst + Unterricht H 34 1975, S. 25-28

derselbe: Das erneute Interesse der Kunstpädagogik an der Wahrnehmungstheorie. In: Kunst + Unterricht 40/1976 a, S. 26-35

derselbe: Die Aneignung und Veränderung der Wirklichkeit auf dem Wege über die Phantasie. In: Kunst + Unterricht 60/1980, S. 18-21

derselbe: Bilder von Familien. In: Kunst + Unterricht 90/1985, S. 13-19

OTTO, GUNTER/MARIA: Ästhetisches Verhalten. In: Kunst + Unterricht 107/1986, S. 13-19

dieselben: Ästhetisches Verhalten lehren als Aufgabe der Grundschule. In: Grundschule 6/1986, S. 14-18

dieselben: Sammeln - Machen - Verstehen. In: Grundschule 7/8 1986, S. 68-72

OTTO, GUNTER/SCHULZ, WOLFGANG: Intentionen und Themen. In Kunst + Unterricht 109/1987, S. 34-37

REGEL, GÜNTHER: Alterstypische bildnerische Verhaltensweisen? In: Kunst + Unterricht 109/1987, S. 44-46

SCHORCH, GÜNTHER: Grundlegende Bildung. Erziehung und Unterricht in der Grundschule. Bad Heilbrunn: Klinkhardt 1988

SCHÜTZ, ALFRED/LUCKMANN, THOMAS: Strukturen der Lebenswelt. Frankfurt: Suhrkamp 1984

SCHULZ, WOLFGANG: Allgemeine Didaktik und ästhetische Erziehung. In: Kunst + Unterricht 107/1986, S. 8-10

SCHULZE, THEODOR: Ästhetische Erziehung in der Schule? In: Kunst + Unterricht 107/1986, S. 22-24

STAGUHN, KURT: Didaktik der Kunsterziehung. Frankfurt: Diesterweg 1967

STAUDTE, ADELHEID: „Mit allen Sinnen lernen . . ." In: Kunst + Unterricht 87/1984, S. 8-14

dieselbe: Primarstufe. In: Kunst + Unterricht 107/1986, S. 35-37

dieselbe: Maske und Maskierung. In: Grundschule 7/8, 1986, S. 50-53

dieselbe: Zeichen und Malen nach Vorbildern. In: Grundschule 11/1986, S. 34-38

dieselbe: Von Aufklärung bis Genuß - Was kann Kunst lehren? In: Kunst + Unterricht 109/1987, S. 21-22

dieselbe: Sinn-volle ästhetische Erziehung: wahrnehmen, begreifen, gestalten. In: Die Grundschulzeitschrift 8/1987, S. 4-5

STRUCK, PETER: Pädagogik des Schullebens. München: Urban & Schwarzenberg 1980

WIENECKE, GÜNTER: Ansprüche Ästhetischer Erziehung heute. In: Kunst + Unterricht 119/1988, S. 4-5

ZACHARIAS, WOLFGANG: Netzwerke für Spielen und Lernen in der Lebenswelt. In: Grundschule 7 + 8/1987, S. 69-75

Richtlinien und Lehrpläne

Baden-Württemberg
Bildungsplan für die Grundschule,
Lehrplan Kunst
Stuttgart: 1984

Bayern
Lehrplan für die Grundschule in Bayern, Kunsterziehung.
Donauwörth: Auer 1982/1987

Hessen
Rahmenrichtlinien
Primarstufe, Sekundarstufe I, Kunst.
Frankfurt: Diesterweg 1983

Niedersachsen
Rahmenrichtlinien für die Grundschule, Kunst.
Hannover: Schrödel 1985

Nordrhein-Westfalen
Richtlinien Grundschule
Kunst/Textilgestaltung.
Köln: Grevenverlag 1985

Rheinland-Pfalz
Lehrplan Grundschule, Kunst.
Mainz: 1984